Aufmerksame Wege

"– und er ging seine Straße
fröhlich."

Hab' einen gesegneten
Weg,
lieber Martin.

[signature] München
Juli 2003

Gerhard Münderlein (Hrsg.)

Aufmerksame Wege

Erfahrungen evangelischer Christen mit
den Exerzitien des Ignatius von Loyola

Claudius Verlag

Die Deutsche Bibliothek – CIP-Einheitsaufnahme

Aufmerksame Wege : Erfahrungen evangelischer Christen mit den
Exerzitien des Ignatius von Loyola / Gerhard Münderlein (Hrsg.). –
München : Claudius Verl., 1999
ISBN 3-532-62244-0

© Claudius Verlag München 1999
Alle Rechte, auch die des auszugsweisen Nachdrucks,
der fotomechanischen und elektronischen Wiedergabe
sowie der Übersetzung, vorbehalten.
Umschlaggestaltung: Werner Richter
Satz: hanseatenSatz-bremen
Druck: Clausen & Bosse, Leck

ISBN 3-532-62244-0

Inhalt

Vorwort 9

GERHARD MÜNDERLEIN
Neue Wege in der evangelischen Spiritualität 11

Erfahrungsberichte
Mein Weg zu und durch die Ignatianischen Exerzitien

BARBARA DIETZFELBINGER
»Dir geschehe wie du willst.«
Exerzitienerfahrungen 25

DIETRICH KOLLER
Ignatius von Loyola in Neuendettelsau
Die Gnade, an der Gnade mitwirken zu dürfen 32

HANS LÖHR
Exerzieren mit Lukas in Sarepta
Erfahrungen mit den Ignatianischen Exerzitien
im Pastoralkolleg 38

MARIE-LOUISE MERZ
Erstarrtes zum Lebensstrom bringen 41

EVMAREI MÜNDERLEIN
»Gottes Güte verkosten«
Stationen eines Exerzitienweges 44

GERHARD MÜNDERLEIN
Gehirnwäsche oder Seelenreinigung?
Ignatianische Exerzitien 52

ANDREAS FALKNER SJ
Ignatianische Exerzitien im Leben der evangelischen Kirche 57

SR. REINHILD VON BIBRA CCB
SR. ADELHEID WENZELMANN CCB
Ignatianische Exerzitien im evangelischen Kloster 82

MARIA REICHEL
Spiritualität in Beziehung
Exerzitienbegleitung als geistlicher Übungsweg 97

Aspekte der Exerzitien

GERHARD MÜNDERLEIN
Aspekte therapeutischer Methoden in den Exerzitien 115

DIETRICH KOLLER
Die Bedeutung der Eucharistie in den Exerzitien 130

WOLFGANG DIETZFELBINGER
Ignatianische Exerzitien evangelisch gesehen 136

WOLFGANG DIETZFELBINGER
Exerzitien im Pastoralkolleg 150

IRENE DILLING
Das Kirchenjahr als geistlicher Übungsweg
Exerzitien im Alltag – Ein Werkstattbericht 159

GOTTFRIED WOLFF
Im Schatten der atheistischen Macht
Exerzitien in der ehemaligen
Deutschen Demokratischen Republik 167

PERTII REPO
Mein Weg zu den Exerzitien – in Finnland 178

ELEONORE VON ROTENHAN
Mit Leib und Seele beten
Die Bedeutung des Leibes für den Exerzitienweg 184

Anhang

1. Notizen zum Stattfinden von Ignatianischen
   Exerzitien im evangelischen Bereich,
   vor allem im evangelischen Bayern 191

2. Notizen zu »Gemeinschaft Christlichen Lebens« (GCL) 192

3. Notizen zu »Gruppe für Ignatianische Spiritualität« (GIS) 193

4. Adressen 194

5. Adressen der Mitarbeiter/innen 195

Vorwort

Der Titel »Aufmerksame Wege« ist bewußt sprachlich sperrig gewählt: Er will Aufmerksamkeit erregen. Sie soll einem Weg gelten, den der Gründer des Jesuitenordens Ignatius von Loyola gewiesen hat. Er tat dies auf dem Boden unzähliger, auch unbekannter Wegbereiter der Jahrhunderte vor ihm. Nun findet dieser Weg der »Geistlichen Übungen«, allgemein »Ignatianische Exerzitien« genannt, eine überraschende Fortsetzung, die sicherlich Aufmerksamkeit verdient. Seit einem guten Jahrzehnt fassen die Exerzitien im Bereich evangelischer Spiritualität in erstaunlichem Umfang Fuß, finden Antwort, gewinnen Gestalt. Es ist nicht selbstverständlich, daß sich dieser Weg als begehbar erweist. Denn diese Vorgänge ereignen sich nicht etwa im »Heimatland« des Verfassers, sondern in dem von seinem Orden seinerzeit aufs härteste bekämpften Gebiet, dem der reformatorisch geprägten Frömmigkeit. Zudem zeigt die auf viele Menschen so abweisend, ja gefährlich erscheinende Mauer »Jesuiten« und »Jesuitische Frömmigkeit« plötzlich offene Tore für spirituell Suchende jeder Art. (Ein Kuriosum, das aber vielleicht typisch ist, sei hier genannt. Die sieben Teilnehmer/innen eines Exerzitienkurses in Oktober 1998 waren: eine katholische Theologin und sechs evangelische Christen, davon fünf Pfarrer/innen.)

Dieser für viele Menschen neue und unbekannte Weg ist es, der Aufmerksamkeit und Neugierde erregen sollte, bei denen, die ihn noch nicht kennen. Sein Ziel ist die Verlebendigung und Neugestaltung des eigenen geistlichen Lebens. Das grundlegende Anliegen der Frömmigkeit aller Zeiten, in Beziehung zu Gott zu kommen, kann durch die Exerzitien in sehr präziser Art eine gültige individuelle Form finden. Aber nicht nur auf die Frömmigkeit soll sich diese Aufmerksamkeit richten, sondern, durch sie bewirkt, ebenso auf das soziale und politische Leben. Spiritualität bezieht sich nicht nur auf die eigene Person oder die eigene Kirche, sondern auf die gesamte Welt in allen ihren Bereichen.

Über diesen Weg, und über die auf ihm gemachten Erfahrungen, berichten je nach ihrer persönlichen Entwicklung im Folgenden die Autorinnen und Autoren. Diesen Berichten folgen andere Beiträge, die sich mit verschiedenen Aspekten der Exerzitien befassen. Am Schluß findet sich ein Informationsteil, der die bisherige Entwicklung der Exerzitien im evangelischen Raum skizziert. Schließlich werden Adressen genannt, die vor allem für Menschen nützlich sind, die praktische Erfahrungen machen wollen.

Zwei Ziele hat sich dieses Buch gesetzt: Es will einerseits Hilfe bieten für alle, die nach einer Vertiefung ihres spirituellen Lebens suchen. Andererseits soll es eine Diskussion in Gang setzen. Je kontroverser sie verläuft, desto ergiebiger und erfreulicher dürfte sie sich auswirken. Ein so wenig selbstverständlicher Vorgang, nämlich die Akzeptanz eines genuin römisch-katholischen geistlichen Weges im Bereich evangelischer Frömmigkeitsausübung sollte nicht unkommentiert bleiben.

Meinen herzlichen und persönlichen Dank möchte ich Herrn Dr. Wolfgang Dietzfelbinger aussprechen. Er hat mir – und vielen anderen – durch seinen Mut zu dem ungewöhnlichen Schritt, die Ignatianischen Exerzitien im Evang.-Luth. Pastoralkolleg Neuendettelsau im theologischen Fortbildungsprogramm anzubieten, neue und fruchtbare geistliche Dimensionen für mein Leben gegeben.

Allen Mitarbeiterinnen und Mitarbeitern dieses Sammelbandes danke ich sehr herzlich für ihre Bereitschaft, Arbeitskraft und Geduld. Herzlicher Dank sei auch dem Landeskirchenrat der Evang.-Luth. Kirche in Bayern für einen namhaften Druckkostenzuschuß gesagt. Nicht zuletzt danke ich besonders meiner Frau, aber auch Freunden und Freundinnen, für ihre liebevolle und kritische Begleitung des gesamten Vorhabens.

Gerhard Münderlein

GERHARD MÜNDERLEIN

Neue Wege in der evangelischen Spiritualität

Aus welchen Gründen ich mich im Frühjahr 1991 zur Teilnahme an dem Kurs »Ignatianische Exerzitien« anmeldete, den das evang.-luth. Pastoralkolleg Neuendettelsau ausgeschrieben hatte, kann ich heute nicht mehr sagen. Sicher waren es keine Beweggründe theologisch-wissenschaftlicher Art. Schon immer hatte ich die traditionelle Überbetonung des lehrhaft-dogmatischen Moments im Leben unserer Kirche kritisch betrachtet. Die Erfahrungen des praktischen Amtes haben diese Erfahrungen bekräftigt. So hatte mich vor etwa zwei Jahrzehnten meine innere Entwicklung zur Meditationsbewegung geführt, seit Jahren pflege ich die Form der christlichen Kontemplation. Von Exerzitien – über die ich nur sehr wenig wußte – versprach ich mir eine Konkretisierung des geistlichen Lebens. Diese Erwartung hat sich voll bestätigt. Seither nehme ich jedes Jahr an einem zehntägigen Exerzitienkurs teil – allein oder in einer Gruppe.

Jetzt kann ich gelassen feststellen, daß sich mein Leben seither in manchen Punkten geändert hat. Damit meine ich keineswegs, ich hätte eine »Bekehrung« im bekannten Sinn der Erweckungsfrömmigkeit erlebt. Jedoch haben sich neue Erlebens- und Denkstrukturen eröffnet, die vorher verschlossen waren und die seither mein spirituelles Leben prägen.

Angelehnt an meine eigenen Erfahrungen versuche ich im folgenden einige Gründe zu benennen, die den Ignatianischen Exerzitien eine solche Verbreitung im evangelischen Bereich ermöglicht haben.

Die neue Entwicklung

Den gegenwärtigen Stand der ökumenischen Zusammenarbeit kann man sehr verschieden beurteilen. Was die offiziellen Beziehungen der Kirchen anbelangt, bleibt es überwiegend bei freundlicher Distanz. Solange keine grundsätzlichen Positionen verändert werden, sind auf lange Zeit hinaus sicher keine größeren Veränderungen zu erwarten.

Anders dagegen steht es auf der örtlichen Ebene, auf der vor allem durch die Übereinstimmung und Zusammenarbeit der verschiedenen Persönlichkeiten viel Bewegung und Nähe entstehen kann.

Eine solche Annäherung, verbunden mit vertrauensvoller Zusammenarbeit gibt es seit einigen Jahren auf dem Gebiet der Frömmigkeitsausübung. Dabei ist keineswegs genau zu erkennen, wer eigentlich diese Veränderungen im Vollzug des Glaubens und seiner Lebensäußerungen bewirkt hat. Einzelne Namen und Gruppierungen sind zu benennen, aber ansonsten wird wohl eine Entwicklung deutlich, die sich an vielen Orten und in verschiedener Gestalt vollzieht. Es handelt sich um ein sehr bemerkenswertes Aufeinanderzugehen der beiden großen Konfessionen auf dem Gebiet der Frömmigkeit.

Die Ignatianischen Exerzitien finden Lebensraum im Frömmigkeitsbereich der Kirchen der Reformation. Das äußerst Bemerkenswerte daran wird deutlich, wenn man sich die Situation der vergangen Zeiten vor Augen hält.

Weite Kreise in den evangelischen Kirchen, vor allem natürlich die Theolog/innen jeder Richtung, aber auch kirchlich interessierte und informierte Kreise, vor allem des intellektuellen Mittelstandes waren und sind in bestimmter Weise geprägt. Gegenüber allem, was sich mit dem Namen Ignatius von Loyola und den Begriffen Jesuiten und jesuitische Frömmigkeit verbindet, herrscht Vorsicht und Reserviertheit. Genauer gesagt: Es hat sich durch die Jahrhunderte ein Wall von Mißtrauen und Ablehnung aufgebaut, in dem nicht nur beträchtliche Ängste, sondern auch tiefsitzende Aggressionen stecken. Das hat seinen guten Grund.

Im Strom der theologischen Ausbildung, seiner Weitergabe und Umsetzung in den Gemeinden wird eine – meist nicht von präzisem Wissen gestützte – Grundstimmung vermittelt, die sich als emotional stark wirksamer Faktor erweist. Dazu gehört folgendes, das natürlich noch solider wissenschaftlicher Überprüfung bedürfte:

Der Jesuitenorden und speziell seine Art der Frömmigkeit, die sich wiederum am deutlichsten in den Exerzitien äußert, veranlaßte die evangelischen Gläubigen lange Zeiten hindurch – allerdings traditionell, meist nicht aus eigener Kenntnis heraus – zu kritischer Distanz. Hier schlagen sich Erfahrungen nieder, die unsere Kirchen und ihre Glieder gemacht haben, vor allem in den Zeiten der Gegenreformation. Da ging es um schärfste Auseinandersetzungen, nicht nur theologischer, sondern oft genug massiver politischer Art, in der sehr häufig durchaus nicht nur mit fairen Mitteln gekämpft wurde – allerdings auf beiden Seiten. Bevorzugtes Mittel zur Durchsetzung kirchlicher Ansprüche, auch politischer Machtansprüche, war die »Seelenführung«, die sich besonders in den Beichtstühlen vollzog. Wenn seither auch immer stärker deutlich erkannt wurde, daß sich hier im Lauf der vergangenen Jahrhunderte Entscheidendes geändert hat, herrscht doch auf evangelischer Seite immer noch beträchtliche Reserviertheit, da auch vernarbte Wunden noch lange schmerzen.

Umso erstaunlicher mutet die Tatsache an, daß im letzten Jahrzehnt im Bereich evangelischer Frömmigkeit ein ausgesprochenes Interesse an den »Ignatianischen Exerzitien« erwuchs. Dabei handelt es sich nicht nur um eine intellektuelle theoretische Beschäftigung, sondern viele Menschen fühlen sich von dieser besonderen Form von Spiritualität angezogen und nehmen auch aktiv daran teil. Wie gesagt ist der Anteil der Pfarrer/innen ungewöhnlich hoch; viele von ihnen gehen nicht nur in ihrem persönlichen Glaubensleben diesen Weg, sondern haben sich zu Exerzitienbegleiter/innen ausbilden lassen. Natürlich sind auch Nichttheologen, darunter in der Mehrzahl Frauen, die seit längerer Zeit als Exerzitienberater/innen tätig sind. Die Exerzitienarbeit ist also nicht nur eine Sache »der Jesuiten«. Sie alle wollen also nicht nur diese spirituellen Möglichkeiten nützen, sondern sie auch anderen zugänglich machen oder zumindest dabei behilflich sein.

Diese Annäherungen an die geistlichen Übungen spielen sich nicht etwa in einer »geistlichen Subkultur« ab, sondern gehören inzwischen zum »offiziellen Bereich« kirchlicher Aktivitäten. Offenbar hat sich die Bewegung, die sich um die Erneuerung und Vertiefung der Exerzitien bemüht und die in der katholischen Kirche seit langem besteht, nun auch in die evangelische verlagert. Die einzelnen Entwicklungen lassen sich nur schwer feststellen; deutlich wird, daß die Aktivitäten aus unterschiedlichen Wurzeln herauswachsen und von verschiedenen Menschen und Gruppierungen getragen werden.

Versucht man das hier Genannte zu überblicken und einzuordnen, stellt sich die Frage: Wie sind diese Vorgänge zu erklären, was geschieht hier?

Veränderungen

Wie mir scheint, hat sich in den letzten Jahrzehnten eine grundlegende Veränderung der religiösen Überzeugungen und vor allem der Erwartungen und der Frömmigkeitsausübung vollzogen. Die letzten Jahrhunderte waren überwiegend geprägt von den Fragestellungen nach der »Richtigkeit der Glaubensüberzeugungen« (»Orthodoxie«). Als letzter großer Repräsentant dieser Richtung ist wohl Karl Barth zu verstehen mit seiner unbedingten Betonung des »Wortes Gottes«. Aber vielleicht zeigt schon sein Mitstreiter Rudolf Bultmann mit dem Entwurf der »existentialen Interpretation« der Bibel den beginnenden Umschwung an. Ihm geht es um die Betroffenheit und Gestaltung der eigenen Existenz. So tritt in der nachfolgenden Zeit immer stärker die Frage nach der Erfahrbarkeit Gottes und der Praktizierbarkeit des Glaubens in den Mittelpunkt des Interesses und der Bedürfnisse. Das ist sicher philosophisch-soziologisch einzuordnen in die seit der Romantik einsetzende Individualisierung des gesamten Lebens und seiner Vorgänge (vgl. die sog. »Individualisierungstheorie« von U. Beck u.a.). Von daher sind neben verschiedenen anderen Einflüssen auch Phänomene wie New Age, Charismatikertum und Esoterik zum Teil zu verstehen.

In dem Maße, in dem sich das Fragen der Menschen nicht mehr primär auf die »Richtigkeit« der Glaubensinhalte richtet, sondern auf ihre Praxis, erregen Exerzitien größeres Interesse. Das gilt sowohl im nichtkirchlichen religiösen Bereich, wie sich an Beispielen zeigen ließe (z.B. nichtchristliche Meditationspraktiken, Yoga u.a.m.) aber auch innerhalb des traditionellen kirchlichen Lebens. So meine ich, daß in dieser gewandelten geistlichen Situation einer der Gründe liegt, warum die Exerzitien des Ignatius neuem Interesse begegnen. Damit ist aber noch nicht erklärt, warum sie trotz ihrer strengen Form und ihren hohen Anforderungen solche Anziehungskraft entwickeln – und das über die Grenzen der röm.-kath. Kirche hinaus.

Die geistlichen Übungen selbst haben im Kern mit der veränderten modernen Bedürfniswelt wenig zu tun. Natürlich sind sie von Anfang an streng auf die individuelle Frömmigkeitsausübung ausgerichtet. Aber sie selbst verstehen sich nur als Konsequenz des Anspruches Gottes auf den Menschen: »Der Mensch ist geschaffen, um Gott, unseren Herrn, zu loben, ihm Ehrfurcht zu erweisen und zu dienen und mittels dessen seine Seele zu retten; ...« (Ignatius von Loyola: Geistliche Übungen, hg. von Peter Knauer, Styria-Verlag; [abgek.: ExB] 23). Sie bleiben streng zentriert – im Rahmen des kirchlichen Lebens – auf die absolute Hinwendung zu Jesus Christus und Gott. Alles Leben soll ausgerichtet sein »auf Dienst und Lobpreis seiner göttlichen Majestät« (ExB 46).

Zu dem gewachsenen Interesse an den Exerzitien gerade im evangelischen Bereich findet sich m.E. noch eine andere Wurzel. Ein solcher spiritueller Weg, wie er in den geistlichen Übungen dargelegt wird, existiert im Leben der reformatorischen Kirchen schlechterdings nicht. Wir kennen sehr verschiedene Formen offizieller und persönlicher Art. Dazu gehören natürlich sämtliche Gottesdienste in ihren unterschiedlichen Ausprägungen, von den hoch liturgischen über charismatische bis hin zu absolut freien Gestaltungen. Wir kennen die persönliche Bibellektüre und das Gespräch in Gruppen, persönliches Gebet oder solches in Gemeinschaft, die Meditation und das Seelsorge- oder Beichtgespräch u.a.m. Aber eine so präzis geformte Anweisung zur Ermöglichung eines eigenen persönlichen geistlichen Weges im Gespräch mit einer begleitenden Person gehört bisher nicht zur evangelischen Tradition. Hierbei wiederum ist es die erstaunliche Verbindung von genauer Wegweisung und der Freiheit des eigenen Gehens, welche die Exerzitien so anziehend macht. Hinzu kommt noch die Möglichkeit der Gespräche mit einer das innere Geschehen begleitenden Person. Auch hierbei löst wieder die Mischung von Verbindlichkeit und Freiheit Impulse und Kräfte aus.

Gerade diese Wegbegleitung durch eine kompetente Person hat mir – und, wie ich aus Gesprächen weiß, vielen anderen ebenso – das Glaubensleben sehr viel unmittelbarer nahegebracht und die Distanz, vor allem die intellektuell-dogmatische, abgebaut. So machte ich eine sehr wesentliche Erfahrung. Vor dem Kennenlernen der Exerzitien war mein Glaubensleben einerseits auf die traditionellen kirchlichen Lebensformen ausgerichtet und andererseits primär intellektuell-theoretisch geprägt – bei einem Theologen nicht weiter verwunderlich . Erst durch die Exerzitienerfahrungen habe ich gelernt, nicht nur über die persönliche Ausformung meines Glaubenslebens nachzudenken und ihre Gestaltung zu verändern, sondern auch offen und ohne Scheu im gegebenen Rahmen darüber zu sprechen. In dem verbindlichen Gegenüber zu mir selbst und dem Begleiter fielen Hemmungen weg, die sonst Gespräche über religiöse Erfahrungen leicht tabuisieren. Die Konturen der eigenen Frömmigkeit wurden klarer erkennbar, damit natürlich auch die Lücken und die dunkleren Seiten. Dabei ist mir sehr wichtig zu betonen, daß die Exerzitienfrömmigkeit sich inhaltlich und formal sehr wesentlich von der sog. erwecklichen, pietistischen Frömmigkeit unterscheidet, die uns im evangelischen Bereich bekannt ist.

Das alles hängt sicher nicht nur damit zusammen, daß beim Erleben der Exerzitien die Ebene des überwiegend rationalen und lehrhaft geprägten Denkens fast völlig beiseite bleibt, sondern vor allem daran, daß hier verschiedene Ebenen miteinander verbunden werden. Es verknüpft sich die denkerische Durchdringung des eigenen Glaubens (natürlich anhand der Bibel) mit der Erlebnis- bzw. Erfahrungsebene. Wesentlicher Punkt ist das »Hineingehen« in das Leben biblischer Texte, bzw. ihr »Hereinnehmen« in das eigene Erleben. Wichtig ist für mich, daß dabei die Verlebendigung biblischer Stoffe nicht nur innerpsychisches Ereignis bleibt, sondern zum spirituellen Erleben wird.

Zu diesen Elementen kommen noch zwei weitere Faktoren, die sich für den evangelischen Gläubigen ähnlich neuartig und anziehend auswirken: Es geht um die präzise Bearbeitung des spirituellen Weges nach ganz bestimmten konkreten Anweisungen. Allerdings geschieht dies in Verbindung mit großer Freiheit bei der Wahl der einzelnen Schritte. Noch ein anderes Moment kommt hinzu, nämlich die wesentliche Bedeutung der täglichen Eucharistiefeier und ihre Wirkungen.

Was nun die Durchführung der Exerzitien anbelangt – und hier meine ich die Art, wie sie in den Gruppierungen »Gemeinschaft christlichen Lebens« (GCL) und »Gruppe Ignatianische Spiritualität« (GIS) gehandhabt wird – ist es wohl wichtig darauf aufmerksam zu machen, daß das Exerzitienbuch zwar sehr genaue inhaltliche Konkretionen des geistlichen Weges gibt, ja vorschreibt, als ganzes aber offenbar sehr variabel gehandhabt werden kann, also mehr eine Methode beschreibt als sie bindend vorschreibt. So ist meiner Kenntnis nach keiner der Exerzitant/innen von seiner/m Begleiter/in gezwungen worden, den von Ignatius vorgegebenen Weg dem Wortlaut entsprechend zu gehen. Auch nicht in einzelnen Passagen oder Unterabteilungen der ja für dreißig Tage angelegten Anweisung. Es werden den Exerzitanten wohl überwiegend biblische Texte empfohlen, aber diese können von ihnen auch frei gewählt werden, wie ich es häufig machte. Die Texte werden dann allerdings nach Möglichkeit nach den ignatianischen Anweisungen durchgearbeitet. Natürlich geht es dabei in keiner Weise um ein Verstehen der Texte im Sinn üblicher Auslegungen, sondern um die Verbindung der Textsituationen und ihrer Inhalte mit dem eigenen Leben. Dabei entfalten sich dann die unterschiedlichsten Wirkungen und Erfahrungen.

Gerade die präzisen methodischen Vorgaben geben Anlaß zu weiteren Überlegungen. Methoden können sehr verschieden gehandhabt werden, je nach Art und Zielsetzung dessen, der sie verwendet. Wie steht es damit?

Methodische Entwicklungen

Es ist denkbar, daß jemand die »Grundlegung« des Ignatius, die unbedingte Ausgerichtetheit des Lebens »auf Dienst und Lobpreis der göttlichen Majestät« (ExB 46), in dem Sinn verstehen könnte, es gehe um eine rigorose Sünden- und Gehorsamsethik, die zudem letztlich abzielt auf die Botmäßigkeit der röm.-kath. Kirche gegenüber, die ja – ihrer Vorstellung nach und besonders in der Person des Papstes – die Majestät Gottes repräsentiert So ist es wohl vor allem in der Gegenreformation geschehen, wo es dann um die Macht der Kirchen ging. Von daher ist demzufolge natürlich die kritische Einstellung der evangelischen Kirchen gegen Ignatius, seinen Orden und damit auch gegen die Exerzitien zu verstehen.

Im Lauf der Zeit gab es verschiedene Ausformungen bei der Durchführung der Exerzitien. Eine davon war offenbar bis in die letzte Zeit hinein verbreitet. Sie bevorzugte einen stark intellektuell-rationalen Weg, der mit der Verbindung von religiöser Information (Vorträge) und Zeiten der Stille arbeitete.

Die zu GCL und GIS (s. dazu S. 191ff) gehörenden Exerzitienbegleiter/innen haben die Methodik der Geistlichen Übungen ganz anders geformt. Beide Gruppierungen verstehen die Exerzitien als seelsorgerliches Geschehen. Von daher steht das sorgsame und vorsichtige Begleiten des geistlichen Wachstums der Exerzitanten absolut im Vordergrund. Es geht um ein Kennenlernen des eigenen Glaubens, ein Verstehen seines Werdens und seiner Gestalt, um das Aufnehmen, Annehmen, Ausprobieren der Anstöße, die aus der Hl. Schrift herauswachsen, im begleiteten Gehen auf dem spirituellen Weg und damit um die Ermöglichung und Pflege eines sehr persönlichen Verhältnisses zu Jesus Christus.

Aus dem Gesagten wird sichtbar, daß spirituelle Vorgänge, sogar ihre methodischen Seiten sehr schwer zu beschreiben sind. Sie müssen selbst erfahren werden. Es gibt ja auch nicht die »eine Methode« für alle Menschen in anderen Lebensbereichen. Jeder einzelne muß seinen Weg, seine Art und Struktur selbst erkennen und notfalls so lange suchen, bis sie/er sich wohlfühlt. Wohlfühlt in dem Sinne, daß sie/er den deutlichen Eindruck hat, daß auf diesem Weg und mit diesem Menschen ein förderliches Wachstum als möglich erscheint.

Schon diese notgedrungen kurzen Hinweise sollen allen, die sich auf die Exerzitien einlassen wollen, eine Konsequenz nahelegen: Es ist sicherlich günstig, sich vorher darüber Gedanken zu machen, welche Form und Tradition von Exerzitien einem entspricht und sich darüber zu informieren, wer diese anbietet.

Inhalte – auch kritisch gesehen

Was nun die Inhalte der Exerzitien anbelangt, ist sicher noch anderes zu bedenken. Man kann sich ja zunächst auch literarisch mit den geistlichen Übungen befassen und Literatur, vor allem aber das Exerzitienbuch zu lesen versuchen. (Mir wurde allerdings gleich zu Anfang gesagt, daß es kein für eine normale Lektüre geeignetes Buch sei; ich kann die Richtigkeit dieses Hinweises bestätigen.) Doch auch nach etlichen eigenen Erfahrungen ist es immer noch gut Erläuterungen, Hinweise, Aufklärungen zu hören gerade zum Text dieses Buches. Er wird wohl den meisten Lesern in der Wortwahl (es handelt sich ja zudem um eine Übersetzung) und in der Vorstellungswelt zunächst vielfach schroff erscheinen, abweisend, geprägt von mittelalterlichem Lebensstil.

Ich nenne hier einige Stellen, die mir selbst Schwierigkeiten bereiten, stelle ihnen dann aber einige andere gegenüber, die ein völlig anderes Bild zeigen.

Es sind vor allem die theologisch-thomistisch geprägten Denkstrukturen, die uns Evangelischen fern liegen und ebenso der Wortlaut, der an manchen Stellen sehr befremdlich klingt. Dabei wird spürbar, daß Ignatius in eine völlig andersartige Zeit gehört. Diese Distanzprobleme schaffen Verstehensprobleme – aber nicht nur hier. Sie plagen uns ebenso oder noch mehr z.B. beim Erforschen des Neuen und vor allem des Alten Testamentes. Nur sorgfältige Interpretation kann hier Zugänge klären und erleichtern.

Allerdings gibt es auch einige Anweisungen, bei denen ich es vorziehe eine gewisse Vorsicht und Distanz einzuhalten. Dazu gehört z.B. das Gespräch mit Christus am Kreuz (ExB 53f); ich habe hier persönliche und theologische Bedenken, die natürlich näher zu erläutern wären. Ähnliches gilt für die sogen. Höllenmeditation (ExB 65ff) und die häufigen und massiven Anweisungen, die Feststellung der eigenen Sünden, ihrer Art und Schwere mit großem Nachdruck zu betreiben (z.B. ExB 24ff).

Aber gerade zu diesem Punkt läßt sich sehr klar zeigen, von welch ausschlaggebender Bedeutung es ist, wie die Texte und ihre Inhalte interpretiert werden. Zugleich wird nachvollziehbar, mit welch seelsorgerlicher Einfühlsamkeit die hier beschriebene Exerzitienarbeit vorgeht, ohne an theologischer Klarheit und persönlichem Anspruch zu verlieren.

In einem Gespräch mit meinem Begleiter über das Sündenverständnis und die eigene geistliche Befindlichkeit dazu stellte ich die Frage nach einer näheren Beschreibung und Definition, wie hier Sünde zu verstehen sei. Unter Hinweis auf ExB 533 erläuterte mein Begleiter folgendes: In diesem Abschnitt der Autobiographie erzählt Ignatius, wie er durch einen Schiffbruch in Todesnot und Todesangst geriet. Er berichtet, daß er in diesen Augenblicken »keine Furcht wegen seiner Sünden haben (konnte), noch davor verdammt zu werden. Doch verwirrte ihn der Gedanke, daß er die Gaben und Gnaden nicht gut verwandt habe, die Gott unser Herr ihm zugeteilt hat«. Das bedeutet aber, daß bei Ignatius nicht die einzelnen Tatsünden als Normübertretungen »Verwirrung und Schmerz« hervorriefen, sondern *die* Situationen seines Lebens, in denen er die Einladungen und Gaben Gottes nicht beachtete oder ausschlug. Damit wird Sünde also nicht als aktiver Verstoß gegen eine Norm, ein Gesetz verstanden, sondern sie wird beschrieben als eine Beeinträchtigung des Beziehungsgeschehens zu Gott, meines alltäglichen Verhaltens ihm gegenüber. Das Vergessen Gottes, die Mißachtung seiner gnädigen Angebote und Zuwendungen verdient weitaus mehr Aufmerksamkeit als einzelne Tatsünden.

Daraus ergibt sich eine neue Blickrichtung, eine Betrachtung der Sünde(n), die nicht im kasuistischen Sinn nur nach Gut – Böse, Richtig – Falsch blickt, sondern eine andere Dimension eröffnet. In der kritischen Reflexion des eigenen Lebens stellen sich dann Fragen wie: Wo begegnete mir Gott, bzw. Jesus – und in welcher Form? Welches Aussehen und welchen Umfang hatte diese Begegnung? Wenn ich die Einladungen nicht erkannt oder sie ausgeschlagen habe – was waren die Gründe dafür? Mit welchen Widerständen versperrte ich mir selbst den Weg – und wie läßt sich das ändern?

Wenn von diesem Grundverständnis aus gedacht wird, läßt sich natürlich sehr viel leichter über die eigene Gottesbeziehung und ihre Komplikationen nachdenken und reden. Denn das Mißlingen von Beziehungen und Begegnungen bei allem guten Willen kennen wir ja von unseren täglichen Kontakten mit anderen Menschen. Warum sollte es in unserer Beziehung zu Gott anders sein? Wie gehe ich dann um mit ihm, mit mir, wenn es zu einer solchen Störung gekommen ist?

Damit komme ich zu den Inhalten, die mir den Zugang zu den Exerzitien leicht machten und neue Aspekte des Glaubenslebens eröffneten. Der Ausgangspunkt aller Anweisungen liegt in der schon immer vorgegebenen und erfahrenen Gnade Gottes. Davon sind die Übungen geprägt.

Typisch dafür ist die Anweisung, wie man die geistlichen Übungen zu beginnen habe (ExB 75):

»Ein oder zwei Schritte vor dem Ort, wo ich zu betrachten oder mich zu besinnen habe, stelle ich mich für die Dauer eines Vaterunsers hin, indem ich den Verstand nach oben erhebe und erwäge, wie Gott, unser Herr, mich anschaut ...« Diese Anweisung hörte ich noch niemals ohne den ausdrücklichen Zusatz »... wie Gott mich *liebevoll* anschaut.« Man beachte die Art der Handhabung der Methode und ihre spirituelle Basis!

Hier scheint mir ein wesentlicher Unterschied vorzuliegen zum Beginn des evangelischen Gottesdienstes, der allerdings der röm.- kath. Messe durchaus entspricht. Hier steht am Anfang das explizite Sündenbekenntnis. Natürlich hat das gewichtige theologische Gründe. Aber für das geistliche Erleben, das ja auch immer psychisches Erleben ist, scheint mir ein Anfang geeigneter und hilfreicher zu sein, der ansetzt bei der liebevollen Zuwendung Gottes zum Menschen; diese seine Liebe fordert nicht nur, sondern fördert vielmehr die Liebe zu Gott und Jesus.

Als weiteres Beispiel sei genannt die »Betrachtung, um Liebe zu erlangen« (ExB 230 – 237). Als ihre Grundlage gilt: »Die Liebe muß mehr in die Werke als in die Worte gelegt werden« (ExB 230) und: die Liebe ist immer zweiseitig, Mitteilung und Gabe von den beiden, die in Beziehung treten (ExB 231). Eine der dazu vorgesehenen Übungen beinhaltet: »Erwägen, wie Gott sich mit allen geschaffenen Dingen... für mich müht und arbeitet ... wie in den Himmeln, Elementen, Pflanzen, Früchten, ... usw., indem er Sein gibt, erhält, belebt und wahrnehmen macht usw.« (ExB 236). Hier werden die alltäglichen Erfahrungen und Ereignisse in unmittelbaren Zusammenhang gebracht mit dem unablässig liebevoll für mich »arbeitenden« Gott.

Wurzeln in der Mystik

Zum Schluß möchte ich nochmals auf den frömmigkeitsgeschichtlichen Hinweis zurückkommen, von dem oben schon die Rede war. Vielleicht erleichtert er den in der evangelischen, reformierten Tradition Stehenden den Zugang, sicher trägt er bei zum Verstehen der überraschenden Akzeptanz der Ignatianischen Exerzitien.

Die »geistlichen Übungen« sind in keiner Weise geprägt durch die in ihren Anfängen stehende Reformation, sie haben auch nichts mit dem späteren Kampf gegen sie zu tun. Die weitgehend negative Einstellung zu »Jesuiten« und »Jesuitentum« ist jedoch weitgehend davon bestimmt. Ignatius schrieb seine Anweisungen nach seiner schweren Verwundung und Bekehrung stark beeinflußt von der Lektüre geistlicher Bücher der Mystik. Dazu gehören auch »Das Leben Jesu ...« von Pedro de la Varga (1521) und vor allem Ludolf von Sachsens (1300 – 1378) »Vita Christi«. Hier finden sich wesentliche Elemente der ignatianischen Übungen vorgeformt. Sie stehen in der schon viel älteren Tradition der imitatio Christi. Ignatius hat sie gesammelt, ausgewählt und mit bemerkenswertem Scharfblick und Verständnis für menschliche Wesenszüge, auch Eigenarten, zusammengestellt, ganz unter seiner Maxime, ein Leben zu führen zu Lob und Preis der Majestät Gottes.

Es führt also die Spur der »geistlichen Übungen« über die Trennung der Kirchen zurück in die Glaubenspraxis der mittelalterlichen Kirche. Das ebnet die Konfessionsgrenzen ein. So können die Exerzitien, im biblischen evangelischen Sinn verstanden und angewendet, zu einer wesentlichen Bereicherung evangelischer Spiritualität beitragen.

ERFAHRUNGSBERICHTE

Mein Weg zu und durch die Ignatianischen Exerzitien

Barbara Dietzfelbinger

»Dir geschehe wie du willst.«
Exerzitienerfahrungen

Wenn sie mich fragten und wirklich neugierig waren, habe ich gelegentlich versucht zu erzählen, was ich während der Exerzitien dankbar erlebe. Dennoch ist es fast nicht möglich und nur schwer zu vermitteln, was sich vollzieht. Hinzu kommt, daß wir Protestanten ungeübt sind, über persönliche Glaubensprozesse zu sprechen. Um das zu verdeutlichen: vor langer Zeit besuchte mich ein junges Ehepaar, das wissen wollte, ob es sich lohne Kinder zu haben oder nicht. Ich beschrieb daraufhin, wie es in einem kinderreichen Haushalt zugeht, was wunderschön und interessant und was nervig und konfliktreich ist. Am Ende des Gesprächs stellten sie fest, sie müßten die Entscheidung nun doch wohl selbst fällen, um zu erfahren, ob es sich lohnt.

Ich habe eine Weile gezögert, bis ich mir den Ruck gab, schriftlich festzuhalten, was mir begegnet ist. Andrerseits liegt mir daran, andere einzuladen, sich auf diesen spirituellen Weg einzulassen.

Im folgenden werde ich mich auf eine kleine Wegstrecke konzentrieren, die ich in zehn Tagen zurückgelegt habe:

Ich beginne mit dem Äußeren: Die Stunden eines Tages sind damit gefüllt, biblische Texte zu betrachten, mit dem umzugehen, was sie in mir wecken, um vor Gott zu bringen, gerade auch was sich daraus an Klagen, Dank, Bitten und Einsichten ergibt. Die Worte des Textes haken sich ein in die Alltagserfahrungen. Sie rufen Erinnerungen wach an Personen und Ereignisse aus der Lebensgeschichte. Verschüttetes wird spürbar und kann im Licht göttlicher Barmherzigkeit angesehen werden. Dazu braucht es Zeit, Rückzug und möglichst wenig Worte und Störungen von außen. Etwa eine knappe Stunde steht zur Verfügung, um mit einer Begleitperson zu sprechen. Ich habe in diesen Tagen gelacht und geweint, ich habe tiefstes Mitleid empfunden und überschwengliche Freude. Ich habe mich geschämt und war voller Zorn. Ich habe gekämpft und gehadert, wurde getröstet und war gelassen. Täglich nahm ich an der Eucharistiefeier teil, zu der ich als Protestantin eingeladen war.

Die innere Seite: Es war nicht das erste Mal, daß ich mich mit der ausländischen Frau beschäftigte, die Jesus in ein Gespräch verwickelt hat und ihn dazu brachte, seine Meinung zu ändern (Matthäus 15, 21–28). Es wird erzählt, wie sie mit einer dringlichen Bitte zu Jesus kommt. Als Ausländerin und als Frau hat sie es nicht leicht, die Barriere der Abwehr zu überwinden. Jesus vertritt das Traditionsargument, sie hingegen sucht Heilung für ihre Tochter. Ihre Art zu argumentieren hatte mich immer wieder einmal in schwierigen Auseinandersetzungen ermutigt, nicht aufzugeben, sondern beharrlich mein Ziel zu verfolgen. Jesus nennt ihr Verhalten Glauben. Ich war schon oft durch diese Worte getröstet worden, wenn ich mutlos zu werden drohte. Nach meinem Verständnis der biblischen Geschichte liegt darin ein Zuspruch. In aller Ruhe wollte ich sie wieder einmal betrachten. Das war meine Vorgabe, mit der ich zu den jährlichen Exerzitien fuhr.

Mt 15, 21–28: Und Jesus ging weg von dort und zog sich zurück in die Gegend von Tyrus und Sidon. Und siehe, eine kanaanäische Frau kam aus diesem Gebiet und schrie: »Ach Herr, du Sohn Davids, erbarme dich meiner! Meine Tochter wird von einem bösen Geist übel geplagt.« Und er antwortete ihr kein Wort. Da traten seine Jünger zu ihm, baten ihn und sprachen: »Laß sie doch gehen, denn sie schreit uns nach.« Er antwortete aber und sprach: Ich bin nur gesandt zu den verlorenen Schafen des Hauses Israel.« Sie aber kam und fiel vor ihm nieder und sprach: »Herr, hilf mir.« Aber er antwortete und sprach: »Es ist nicht recht, daß man den Kindern ihr Brot nehme und werfe es vor die Hunde.« Sie sprach: »Ja, Herr, und doch fressen die Hunde von den Brosamen, die vom Tisch ihrer Herren fallen. Da antwortete Jesus und sprach zu ihr: »Frau, dein Glaube ist groß, dir geschehe wie du willst.« Und ihre Tochter wurde gesund zu derselben Stunde.

Am Anfang hatte ich die Vorstellung, ich könnte mich direkt in diese Szene hineinstürzen, mit dabeisein, die Rolle der Frau übernehmen, nachspüren, wie ihr zumute ist und mit Jesus und seiner Gruppe diskutieren. Es gelang nicht. Der Text sperrte sich und nahm mich nicht auf. Ich fand keinen Platz für mich und war enttäuscht. Nichts kam ins Schwingen. Ich nahm verschiedene Anläufe und beklagte meine verschlossene Seele. Selbstzweifel nagten an mir. Erst allmählich klärte es sich in mir, daß es nicht um ein Entweder-Oder ging, den Text auf Anhieb zu verstehen oder überhaupt nicht, sondern um einen behutsameren Weg. Die ignatianische Anweisung, »mit der Sicht der Vorstellungskraft den körperlichen Raum zu sehen, wo sich die Sache befindet, die ich betrachten will« (EB 47) wies mir den neuen Zugang. Ich versuchte nun, mich in kleinen Schritten, dem *Geschehen* anzunähern, ohne inneren Streß. Ich stellte mir also die Landschaft um Tyrus und Sidon vor, obwohl ich nie dort gewesen bin, ich spürte den warmen Sommerwind, der mir durch die Haare fuhr und die Sonne auf der Haut. Ich roch Lavendelduft, wie einst auf einer Ferienreise durch die Provence und später bekam ich würzigen Rotwein zu kosten. Aber das geschah erst am Ende. Im Hintergrund sah ich das Haus, auf das Jesus mit den Seinen zuging. Nun suchte ich meinen Ort in diesem Rahmen. Wohin gehörte ich? Wo sollte ich mich plazieren? Ich wartete. Neugierig überließ ich mich dem Fluß der Geschichte. Die trieb mich an den Rand. Ich wurde zur Zuschauerin, die sich verschämt hinter einem blühenden Ginsterbusch versteckte und sehnsüchtig die Gruppe der Vorüberziehenden betrachtete. Ich wagte nicht aus meinem Versteck hervorzutreten. Ich kam mir vor wie ein Kind, ausgeschlossen von der Welt der Erwachsenen. Wenn ich einmal groß bin dann... Mein Gott, bin ich denn wirklich so weit weg? fragte ich mich. War denn bisher alles Täuschung gewesen? Theologiestudium, Glaube, Zugehörigkeit zur Kirche? Auf solchen Abstand war ich nicht gefaßt gewesen. Ich hatte mich näher am Zentrum gewähnt. Wie läßt sich der Abstand überwinden? Würde ich denn je an das Ziel meiner Sehnsucht gelangen, um meine Bitte vorzutragen? Diese Lage war schier unerträglich, brachte jedoch einige biographische Einsichten. Andeutungsweise sei erwähnt, daß mich am stärksten die kindlichen Gefühle irritierten, die ich wahrnahm, als ich da hinter meinem Ginsterbusch hockte. Das verstand ich erst sehr viel später, daß da ja die Tochter saß, deren Mutter Jesus bitten wollte, sie zu heilen.

Beinah abgestürzt
zur Demut ermahnt
laß ich mir dennoch
die Flügel nicht stutzen
der mir Flügel geschaffen
gibt auch die Thermik
die trägt
Gott sei Dank. (Christl Holz)

Ich begann von Neuem. Die Geschichte hielt noch einiges für mich bereit. Das spürte ich. Äußerst hilfreich war dabei die ruhige geistliche Begleitung, die aufmerksam geschehen ließ, was sich entwickelte. In der

Gruppe der Jüngerinnen und Jünger fand ich mich hilflos; auch ich fühlte, daß manche Grenze nicht überschritten werden kann. Doch die Frau dauerte mich. Meine Versuche, Blickkontakt mit ihr aufzunehmen, gelangen nicht. Es war nicht mein genuiner Platz.

So wurde allmählich die Zeit reif, sich in die Gestalt der kanaanäischen Frau hineinzuversetzen. Meine Lebensgeschichte verwob sich aufs Neue mit dem heiligen Geschehen. Ich begleitete die Kanaanäerin auf ihrem Weg. Ich sah, wie sie ihr Haus verließ. Ich fühlte ihre entschiedene Absicht, daß jetzt endlich etwas geschehen müsse. Ihre energischen Schritte wurden zu den meinigen. Ich folgte einer Intuition, einer Vision, einer Sehnsucht und realen Informationen. Natürlich hatte ich schon viel gehört von dem umherwandernden Jesus und seiner Gruppe, von seinen heilenden Kräften. Es hatte sich herumgesprochen, daß er uns Frauen in einer Art und Weise begegnete, wie wir es bisher nicht gekannt hatten, daß er für Kinder ›was übrig hatte‹. Das hatte ich in Kopf und Herz, als ich dahin lief. Etwas in mir ahnte, das war richtig, es würde gut ausgehen. Er würde mich nicht fortschicken.

Wie bringe ich mein Anliegen vor? Mein Herz klopft vor Aufregung. Ich sehe die Gesichter der männlichen Gruppenmitglieder vor mir, verschlossen, abweisend, schroff. Institutionelle Kirche, wie ich sie oft erlebt habe. Ich könnte jedem einzelnen einen Namen geben. Ach, ich bin wieder einmal lästig! Die Gefühlsskala der kanaanäischen Frau ist mir vertraut. Was für ein Bild entwirft mein Inneres von Jesus? Ich spüre mehr als ich sehe, daß ich erwartet werde. So, als sagte eine Stimme: da bist du ja. Lauter als beabsichtigt schreie ich heraus, welche Sorgen ich mit meiner Tochter habe. Sind es Ablösungsprobleme, Erziehungsschwierigkeiten? Wie oft haben Mütter ihre Töchter für krank erklärt, wenn die anfingen, eigene Wege zu gehen. Ich weiß es gar nicht so genau, worum es eigentlich geht bei ihr. Ich nenne es Dämon, weil es zerstörerisch ist. Der Herr schweigt. Es ist, als hielte alles den Atem an. Die Schöpfung macht eine Denkpause. Er wird das Wort wieder nehmen, dessen bin ich sicher. Was die anderen sagen, berührt mich kaum. Meine Angst ist verschwunden. Jetzt geht es nur um die Antwort. Da lohnt es sich dranzubleiben. Tradition und Veränderung liegen im Streit. Ich will nicht mehr von den Brosamen leben, die von der Herren Tische fallen. Ich will an dem Tisch sitzen, der für alle gedeckt ist.

Dann bin ich doch überwältigt. Hat je zu mir jemand gesagt: Frau, dir geschehe wie du willst? Das war mehr als ich erwartet hatte. Meine Botschaft, mit der ich aufwuchs, die ich mitbekommen hatte, hieß : »ich will« gibt es nicht, nicht für Mädchen. Wer »ich will« sagt, so hatte ich von Kindesbeinen an gehört, ist egoistisch, rücksichtslos und entfernt sich vom göttlichen Willen. War das nicht ein Lebensskript von vielen Frauen? Nun schwindet das Zerstörerische dahin. »Und die Tochter wurde gesund zu derselben Stunde.« Ganz nebenbei entsteht eine Zeichnung, die ich »Abschied von den Vätern« nenne.

Sie laden uns ein, Tochter und Mutter, mit ihnen zu essen und zu trinken. Der würzige Rotwein schmeckt köstlich. Ich sollte mich stärken für den Heimweg. Vergessen ist, wie ich mich sehnsüchtig hinter dem Ginsterbusch verborgen hatte. Hier sitzt eine Gottestochter mit am Tisch.

Am letzten Tag der Exerzitien besuche ich die Messe. Das Tagesevangelium wird verlesen: Die kanaanäische Frau. »Manipulation«, sagt es in mir. »Eine freundliche Geste der Begleitperson an die scheidende Exerzitantin; das gibt es ja gar nicht...!« Ein Blick ins Lektionar belehrt mich eines Besseren.

So ist mit den Exerzitien ein Prozeß in Gang gekommen, von dem ich nur bedauere, daß er mir in einer sehr späten Phase meines Lebens zugänglich geworden ist. Eine verbraucht und matt gewordene Gottesbeziehung hat frischen Glanz erhalten. Dafür bin ich dankbar. Sie beschwingt mich. Ein weiter Raum tut sich auf, voller Überraschungen, den ich noch längst nicht abgeschritten habe.

Modelle

Ich habe zwei Modelle Ignatianischer Exerzitien kennengelernt: Einzelexerzitien und Exerzitien in der Gruppe.

Einzelexerzitien

Unterbringung in einem einfachen Einzelzimmer in der Frankfurter Innenstadt bei der Gruppe für Ignatianische Spiritualität. Der Tag wird strukturiert durch die mittägliche Eucharistiefeier, das anschließende Mittagessen und die Gesprächszeit von ca. 45 Minuten mit der Begleitperson. Es wird erwartet, daß die Exerzitanten vier Einheiten von mindestens einer Stunde in Gebet und Betrachtung eines Textes verbringen mit anschließender Reflexion. Dazwischen ist Zeit zum Spazierengehen, Schwimmen, Handarbeiten, kreativem Gestalten etc. Gesprochen wird nur mit der Begleitperson. Es ist also Aufgabe der jeweiligen Personen, für sich einen individuellen Stundenplan zu entwerfen, in dem sowohl die vorgegebenen Termine, die Gebetszeiten und die Ruhepausen ihren Platz haben. Die Mahlzeiten werden allein eingenommen.

Exerzitien in der Gruppe
Unterbringung in Einzelzimmern in einem katholischen Exerzitien- und Bildungshaus. Der Gruppe steht ein eigener Raum zur Verfügung für Eutonie und ein anderer für Gebet und die gemeinsame tägliche Eucharistiefeier. Die Mahlzeiten werden separat vom übrigen Tagungsbetrieb in einem Speisesaal eingenommen. Während des Mittagessens erklingt meditative Musik. Der Tagesablauf ist also von vornherein stärker strukturiert durch das Angebot eines gemeinsamen Morgengebetes, der Eutonie, durch die gemeinsamen Mahlzeiten, die abendliche Eucharistiefeier und das Gespräch mit der Begleitung. Die persönlichen Gebetszeiten fügen sich da hinein.

Überraschenderweise wächst aus der Gruppe eine geistliche Kraft, die die eigenen Bemühungen vertieft. Am Ende gestanden wir uns, wie sehr wir Anteil genommen haben an den spürbaren Gemütsbewegungen der einzelnen, auch füreinander gebetet hatten, ohne ein Wort gewechselt zu haben.

Vorgeschichte

W. war nach Frankfurt gefahren. »Wenn du es nicht aushältst, komm wieder«, hatte ich zum Abschied gesagt. Er kam nach zehn Tagen zurück, ein wenig durchsichtig. Bald darauf wechselten wir den Wohnort und die Arbeitsplätze. Das brachte vieles in Bewegung. W. übernahm die Leitung des Pastoralkollegs in Neuendettelsau.

Im Sommer 1991 wurden dort zum ersten Mal Ignatianische Einzelexerzitien angeboten. Zwar nahm ich nicht daran teil, spürte jedoch, daß sich da ein Weg für mich auftat, den ich begehen sollte. Den entscheidenden Schritt tat ich nach einem Traum. Offensichtlich war der innere Prozeß weit genug gediehen, um aktiv zu werden. Ich meldete mich sofort zu Vorgespräch und Einzelexerzitien an. Äußerst irritiert war ich, als sich der vereinbarte Termin wegen eines Mißverständnisses verschob. Hernach deutete ich mir dieses Ritardando als heilsame Besinnungsphase. Es war kein überstürzter Entschluß, als ich vor sieben Jahren zum ersten Mal nach Frankfurt zur Gruppe für Ignatianische Spiritualität fuhr.

Nach den Wirkungen der regelmäßigen Teilnahme an Exerzitien

seit einigen Jahren gefragt, zögere ich zu antworten. Was da innerlich in Gang gekommen ist, trägt sehr individuelle Züge. Ich müßte manches aus meiner Lebensgeschichte preisgeben, um die Bewegung zu verdeutlichen. Wenn du dich auf Gott einläßt, mußt du dich auch auf dich selbst einlassen. Licht und Schatten sind nicht voneinander zu trennen. Soviel sei angemerkt: Auf diese ausgesparte Zeit im Jahr lebe ich zu. Von den Tagen des Schweigens und Betens zehre ich lange. Manchmal meine ich, ich sei lebendig geworden.

DIETRICH KOLLER

Ignatius von Loyola in Neuendettelsau
Die Gnade, an der Gnade mitwirken zu dürfen

In Neuendettelsau geboren zu sein und an der Augustana-Hochschule studiert zu haben und seit 35 Jahren im Dienst der bayerischen Landeskirche zu stehen, schützt mich nicht davor, in die geistliche Harmlosigkeit zu geraten, die Wilhelm Löhe unserer lutherischer Kirche ersparen wollte. Ein evang.-luth. Geistlicher in Bayern kann leicht spirituell unterentwickelt oder gar verwahrlost bleiben, gäbe es nicht außerbayerische und außerlutherische Traditionen. Manches aus der Fülle der Ökumene hat mich – gerade durch die Vermittlung meiner Kirche! – erreicht. Zuletzt die Spiritualität der Geistlichen Exerzitien des Ignatius von Loyola. Schon lange hatte ich gemerkt, daß ich in einer lutherischen Falle der mißverstandenen Gnade saß, nämlich in der ehrenwerten Angst vor dem Synergismus. Schon Bonhoeffers Wort von der teuren Gnade und seine Warnung vor der billigen Gnade empfand ich als erste lutherische Kurskorrektur des real existierenden Luthertums. Ich bin während der zehn Tage im Hause der Stille auch auf den Dorffriedhof an Löhes Grab gegangen und habe dort mit neuem Verstand die Inschrift gelesen:»Ich glaube die Gemeinde der Heiligen.« Ignatius von Loyola und Wilhelm Löhe – keine unvereinbaren Gegensätze? Ich möchte einen kleinen Erfahrungsbericht über meine ersten Exerzitien geben, indem ich zwei Fragen beantworte:
I. Wie ging es mir mit dem Übungscharakter der Exerzitien?
II. Welche geistlichen Prozesse wurden durch die Methodik der Exerzitien ausgelöst?

I.

Es hat mir gutgetan, unter voller Wahrung der theologischen Wachsamkeit, einmal statt nur des Kopfes auch den Körper in Gewahrsamkeit zu bringen. Dazu halfen das achttägige Schweigen und die täglichen 30

Minuten Eutonie im Angebot des Kurses, aber auch meine eigene bewußte Festlegung der Essensmenge und der Schlafzeit aufgrund einer Empfehlung des Ignatius (Anweisung 83 und 84). Dann galt es, einen festen Übungsplatz zu finden, in der Kapelle oder im Zimmer, am besten verdunkelt (Anw. 83 und 84). Dann galt es eine Körperhaltung finden, die mir entspricht: sitzen, stehen, liegen, knien, oder auch der Lotossitz. Also legte ich mir eine Decke auf den Boden und zog vor jeder Übung die Vorhänge zu. Dann die Zeit einteilen: vier bis fünf Übungen am Tag, jede einzelne soll eine Stunde dauern. Ob ich das schaffe? Der Appetit wächst mit den Übungen, und es geht viel leichter als gedacht. Das gemeinsame Schweigen bei Tisch oder in der Kapelle, den ganzen Tag hindurch, stellt sich als große Hilfe heraus. Ich muß nicht höflich verbal reagieren und funktionieren. Ich kann ungestört nach innen horchen. Heilsam für geistliche Berufsredner und theologische Salonlöwen.

Als Grundhaltung empfiehlt Ignatius die liebende Aufmerksamkeit, mit der »die Seele« ihren »Schöpfer und Herren« und seine Liebe entdecken kann. Ignatius hat ja einen Sündenbegriff, der sich nicht so sehr aus der moralischen Normverletzung, sondern (gut lutherisch) am Beziehungsgeschehen zwischen Christus und der Seele orientiert.

Ich finde Freude an drei Zusatzanweisungen für jede »meditaciòn«.

1. Am Abend vorher vor dem Einschlafen »daran denken, zu welcher Stunde und mit welchen Ziel ich aufzustehen gedenke, indem ich die Übung, die ich zu machen habe, kurz durchgehe.« (73)

2. Ein oder zwei Schritte vor meinem Medidationsplatz eine Weile stehen und erwägen, wie Gott mich liebend anschaut; ich bin ein Angesehener Gottes und soll darauf eine Antwort suchen. (75)

3. Nach der Übung eine viertel Stunde lang auf den Ort und die Art der Übung zurückschauen: Wie ging es mir? War ich stumpf? Was hat mich bewegt? Wohin? (77)

Für die Übungen selbst habe ich das Angebot folgender Schritte gerne benutzt:

1. Das Vorbereitungs-Gebet (23 und 46): Ignatius nennt es: Bitten um das, was ich begehre. Was ist damit gemeint? Jeder von uns formuliert für sich selbst, evtl. mit Hilfe des Exerzitienbegleiters, ein eigenes feststehendes und immer beizubehaltendes Gebet, mit welchem ich in Verbindung mit der Grunddynamik meines Lebens in der jetzigen Lebensphase trete, also mit dem tiefsten »Begehren«. Jede Übung wird so vom Kraftzentrum her begonnen, welches nach Ignatius darin besteht, daß die Grundtendenz des Geschöpfes immer, wenn auch aus Irrwegen, wenn auch nur unbewußt, danach aus ist, seinen Schöpfer zu finden, so wie der Schöpfer darauf aus ist, mit seinem Geschöpf in unmittelbare Verbindung zu treten. Am einmal gefundenen Vorbereitungsgebet hielt ich wie an einem Schatz fest und nahm es als weitergehende dynamische Energie mit nach Hause.

2. *Die Zurüstung des Schauplatzes (47)*: Da bei der Betrachtung eines biblischen Textes sowieso immer eine Vorstellung abläuft, ist es gut, sich von vornherein einen festen Ort im Geschehen zu wählen, von dem man die Szene verfolgen kann: den Tempelplatz oder das Ufer am See oder die Herberge des Meisters. Durch die Imagination beteilige ich mich ganzheitlicher als nur mit dem reflektierenden Verstand.

Mit dem Gedächtnis reiche ich zurück in meine Geschichte, ja in die Heilsgeschichte; dies kann ich dann mit dem Verstand ordnen und mit dem Willen erfüllen – so jedenfalls versteht sich die spätmittelalterliche Psychologie des Ignatius.

3. *In eine Zwiesprache mit Christus eintreten (53 und 54):* Dies ist der Abschluß jeder meditaciòn oder contemplaciòn. »Wie ein Freund mit seinem Freund oder wie ein Diener mit seinem Herrn.« Das Zwiegespräch soll zur Konkretion eines wirklichen Sprechens gebracht und mit dem objektiven Vaterunser persönlich abgeschlossen werden.

Alles, was zum Übungscharakter der Exerzitien gehört, habe ich nicht als Zwangsjacke, sondern als Wohltat empfunden. Den Sinn der Anweisungen begriff ich freilich erst durch die Praxis selbst. Mir war es, als würde die göttliche Gnade gerade darauf warten, ihr das leere Gefäß der Übungen darzubieten.

II.

Ich will die Frage nach den geistlichen Prozessen in drei Punkten beantworten:

1. *Das Evangelium fängt an, konkret zu mir zu sprechen:* Durch den Aufbau des Schauplatzes (composiciòn viendo el lugar) wird die Imagination so in Gang gesetzt, daß die biblischen Orte, Personen und Stimmen sich wie in einem innerseelischen Bibliodrama verlebendigen. Dabei verlangt Ignatius, daß die »historia« »wahrheitsgetreu« und unverfälscht erfaßt wird (2). Ich habe z.B. die Peinlichkeit im Hochzeitssaal zu Kanaa erlebt und ihre Bedeutung begriffen, nämlich daß die Peinlichkeit des leeren Tisches und der ausgehenden Liebe nicht durch eigene Ersatzaktivität und Kreativität überspielt und gemanagt werden darf, will ich zur Erfahrung des neuen Weines, einer neuartigen Liebe

gelangen. Ich war nachts dem Nikodemus nachgeschlichen, wie er zu Christus geht. Ich habe dem seltsamen Gespräch der beiden Meister zugehört und verstanden, als Nikodemus schon ärgerlich-traurig-resigniert und voll Selbstmitleid aufbrechen wollte, daß die Wiedergeburt des alt gewordenen Menschen nicht geistig mit dem Kopf noch moralisch mit dem Willen noch asketisch mit dem Körper noch sakramental mit der Tauf- und Konfirmationsliturgie machbar ist, sondern ein unverfügbarer Seinsvorgang ist, nämlich ein heilsgeschichtliches »Muß« (wie auch Christus sterben und auferstehen »mußte«). Gut zu wissen, daß die Wiedergeburt kein ethisches oder religiöses »Muß« der Selbstanstrengung ist, sondern ein Zulassen der göttlichen Gnade. Ignatius gibt die Anweisung, eine Übung zu wiederholen und dann die Wiederholung zu wiederholen. Auf diese Weise wurden mir erstmals die inneren Zusammenhänge der merkwürdig offenen Nikodemusperikope Joh 3, 1–21 klar. Ich kann das hier freilich nicht ausführen.

Das Innere brachte meist so klare Dialoge, daß ich sie hinterher protokollieren konnte. Ich habe sie dann auszugsweise dem Exerzitienbegleiter vorgelesen, um zu prüfen, was ist hier eine mir geschenkte existentielle Wahrheit, was ist hier Klischee oder rein seelische (falsche prophetische) Rede; wo treibe ich Allotria, wo »treibe« ich »Christum«?

2. *»Der Exerzitienbegleiter hilft mir, daß die Übung Übung und die Gnade Gnade bleibt«:* Ignatius spricht nirgends vom Exerzitienmeister und rät von fertigen Vortragsmeditationen dringend ab, die der Schüler dann zu inhalieren hätte. Der Übende findet durch eigenes verstandesmäßiges Eindringen und durch Erleuchtung »mehr Geschmack und geistliche Frucht, als wenn der, der die Übung gibt, den Sinn der Geschichte viel erklärt und ausgeweitet hätte« (2). Die tägliche Einzelgesprächsstunde bei einem Jesuitenpater voll geistlicher Erfahrung, taktvoller Menschlichkeit und humorvoller Natürlichkeit hat mir sehr geholfen, meinen eigenen Prozeß in der Nachfolge Christi zu finden, getreu der Grundannahme des Ignatius, daß der Schöpfer und Herr sich selbst der fragenden Seele mitteilen will. In diesem Urvertrauen ist Ignatius gewiß mehr als ein guter Psychologe. Er ist Mystiker. Ich äußere meine Zweifel gegenüber dem zwanghaften, perfektionistischen Charakter des Ignatius, mein Mißtrauen gegenüber meinen eigenen Willenskräften, meine Skepsis gegenüber den guten Vorsätzen, die ich in einzelnen Übungen gefaßt habe. Ist da nicht das Scheitern einer Leistungsreligion schon vorprogrammiert? Da werde ich erinnert an die Hernhuter Losung des 1. Mai: »Es ist erschienen die heilsame GNADE Gottes ... und nimmt uns

in ZUCHT . . .« (Titus 2). Und an meine Meditation von Philipper 2: Der paränetische Rahmen des Hymnus vom absteigenden und erhöhten Christus (Verse 6–11) beginnt mit der Aufforderung: Seid so gesinnt, wie Jesus Christus, der sich Entäußernde, auch war (Vers 5) und endet mit der Aufforderung: Also schaffet, daß ihr selig werdet, mit Furcht und Zittern. Denn Gott ist es, der beides in euch bewirkt, das Wollen und das Vollbringen (Vers 12f). Also ist es eine Gnade, an der Gnade mitwirken zu dürfen. Was nur ich selber tun kann, tut die Gnade nicht. Was nur die Gnade tun kann, brauche ich nicht zu machen. Darf ich aber als lutherischer Theologe absehen von der Irrtumsneigung und der Verkehrtheit des von der Sünde Adams geprägten Willens? Gewiß nicht. Hier wurde mir wichtig,

3. *was Ignatius lehrt über die Unterscheidung der Geister (313–336)*: Diese Unterscheidung wurde mir wichtig zur Seelsorge an der eigenen Seele. Welcher Geist ist jetzt gerade bei mir im Vordergrund? Der Geist des Selbstmitleids oder Nüchternheit? Falsche Demut (als Kompensation versteckten Hochmutes) oder echte Entäußerung? Selbstannahme oder Selbstbestrafung? Liebe oder Symbiotik? Hochmut oder Würde? Liebe zur Armut oder Verliebtheit in materiellen oder geistlichen Reichtum? Falsche Selbsttröstung statt Ausharren in gottgewollter Trostlosigkeit? Trotziges Verharren in einer selbstquälerischen Untröstlichkeit oder Bereitschaft, sich vom Parakleten trösten zu lassen? Scheinreue oder Schuldgefühle oder echte Sündenerkenntnis und Reueleid? »Luzifer, der Todfeind unserer menschlichen Natur«, gestaltet sich je gerne in einen religiösen »Engel des Lichtes« um und verwirrt und verführt die Seele. Unterscheidung der Geister – das ist ein besonders befreiendes Lehrstück in der ignatianischen Schule der Nachfolge Christi.

Nun möchte ich zusammenfassen: Der Rektor des Pastoralkollegs hat sich um unsere Pfarrerschaft verdient gemacht. Die Konsequenzen solcher Exerzitien sind noch gar nicht abzusehen: für die Pfarrerfortbildung und die spirituelle Begleitung der Theologiestudenten; für die Seelsorgepraxis (Unterscheidung der Geister!); für die Stille Zeit des Christen (Imaginieren und Meditieren der Bibel); für Predigt, Katechese und Bibelstunde (Keine Konsumentenhaltung der Gemeinde pflegen, sondern der Selbstmitteilung des Geistes mehr Raum schaffen!); für die Theologie (Gnadenverständnis!), für die therapeutische Arbeit (integrieren von geistlichen Prozessen!). Wie wenig kennen Theologen und Gemeindemitglieder ihre Bibel, einfach, weil uns die Methodik und der Übungscharakter der Schriftbetrachtung fehlt! Gegen Ende meiner Exerzitien bin ich in die Dorfkirche gegangen und habe den Taufstein betrachtet, an dem ich getauft wurde. In meiner Kirche habe ich die Taufgnade erfahren und die rechtfertigende Gnade. Nun aber auch in neuer Form die gratia sanctificans (die heiligmachende Gnade).

Zitate und Abschnittsnummern nach Ignatius von Loyola, Geistliche Übungen, übertragen von Adolf Haas, Herder-Bücherei 1966, Band 276
Erstveröffentlichung in: Korrespondenzblatt, hrsg. vom Pfarrer- und Pfarrerinnenverein in der Evang. – Luth. Kirche in Bayern; Mai 1991

Hans Löhr

Exerzieren mit Lukas in Sarepta
Erfahrungen mit den Ignatianischen Exerzitien im Pastoralkolleg

Das Haus der Stille mit dem stündlich pfeifenden Bummelzug vor dem Gartenzaun. »Wie lieblich ist der Maien« dieses Jahr. Kaum ein Wölkchen trübt den Himmel. Damit der Herr die Sonne auch in mein finstres Herze lasse blicken und es sich auch für mich »möge schicken, im Geist fruchtbar zu sein«, sitze ich mit 14 weiteren Exerzitanten in der Vorstellungsrunde. Zum ersten und letzten Mal sollen wir miteinander reden. Dann heißt es schweigen. Mein Einwand, wie der, der die Zunge geschaffen hat, das gutheißen könne, findet wenig Resonanz. Ein paar waren schon im ersten Kurs dabei und sind Feuer und Flamme. Mich kühlt ihre Begeisterung eher ab.

Am ersten Morgen erkundige ich mich – das Schweigen gleich unterbrechend – irritiert nach dem Programm. Offenbar hatte ich das am Abend nicht mitbekommen. Doch es gibt kein Programm. Es ist mir freigestellt, womit ich mich den Tag über beschäftigen möchte. Im Einzelgespräch am Nachmittag werde dann darüber geredet. Ich gehe auf mein Zimmer mit dem Namen »Sarepta«, nehme meine Bibel und lese noch einmal nach, wie das Mehl im Topf nicht verzehrt wurde und dem Ölkrug nichts mangelte. Und in der Tat, in Sarepta sitze ich in den nächsten Tagen wie in der Witwe Mehltopf und Ölkrug. Weil aus dieser Perikope (2. Könige 17, 7–24) auf Lukasevangelium 4 verwiesen wird und über meinem Bett Lukas 1, die Verkündigung an Maria, hängt, nehme ich das als Fingerzeig, nunmehr zusammen mit Lukas und seinem Evangelium zu exerzieren.

Mein Begleiter in diesen Tagen, ein Jesuit – der leider nicht meinem Vorurteil entspricht, weil er dazu sowohl äußerlich als auch innerlich zu abgerundet ist – zeigt sich mit meiner Entscheidung zufrieden. Wir sprechen über die Weise, wie die Bibel gelesen werden kann. Ich erzähle ihm, was ich dazu von Karl Steinbauer gelernt habe, und er macht mich auf einen Abschnitt im Exerzitienbuch des Ignatius aufmerksam, in dem ich vieles wiederfinde, was mir vertraut ist. So also lese ich Lukas, schaue dabei ab und zu in den Nestle (= griechischer Text des neuen Testaments) und in den Schmoller (= Konkordanz zum NT) hinein und versuche mit allen Sinnen in mir lebendig werden zu lassen, was der Evangelist erzählt.

Reglementiert werde ich nur von den Essenszeiten und dem Einzelgespräch, auf das ich mich aber freue, weil es die einzige Gelegenheit am Tag ist, wo ich reden kann. Sonst teile ich mir die Zeit nach Belieben ein, strampele auf dem Pastoralkollegsradl durch die fränkischen Lande oder lege mich in die Sonne. Ich finde Gefallen an den Stundengebeten des evangelischen Breviers und schaue zwischendurch mal in Luthers Briefe von der Veste Coburg, die ich mir vorsorglich als Talisman gegen die finsteren Machenschaften der Jesuiten mitgenommen habe. Zwischendurch suche ich die Kapelle auf, setze mich einige Zeit brav auf den Schemel und lausche der »Stimme verschwebenden Schweigens«.

Ich habe noch nie so viel geschwiegen, gebetet und Bibel gelesen wie in diesen Tagen und ich muß gestehen, es hat mir gut getan. Auch habe ich als Pazifist, der ich gerne wäre, noch nie so viel exerziert. Allerdings ist das schon ein merkwürdiges Exerzieren, bei dem du selbst bestimmst, was du wann tun willst und sich der Feldwebel als ein freundlicher Begleiter entpuppt, der mit dir darüber spricht, wie es dir damit geht.

Ach so, die Indoktrinationen. Die hat es auch gegeben, täglich, meistens 20, einmal sogar 22 Minuten. Sie hießen Instruktionen und dabei wurde erläutert, wie die Anweisungen des Ignatius verstanden werden können und worauf es ihm ankam. Manches hat mir eingeleuchtet, manches nicht. Schön finde ich den Gedanken, daß die Dinge, mit denen man sich in den Exerzitien befaßt, »von innen her verkostet« werden sollen sowie das »Gebet der liebenden Aufmerksamkeit«, in dem ich auf mich selber achthabe und mich vor Gott bringe. Wo der Weltbezug bleibt? möchte man hier vielleicht fragen, doch den bringe ich als evangelischer Christ von Hause aus mit.

Besonders wertvoll wurde mir ein Bild, das der Rektor des Pastoralkollegs, Dr. Dietzfelbinger, für den Gottesdienst am Sonntag abend aufgebaut hatte. Er sprach über Johannes 13, die Fußwaschung. Uns vor Augen lag über einen Schemel gebreitet eine blaue Arbeitsschürze und daneben stand eine Waschschüssel mit Wasser. Später wurde auf die Schürze noch die Dornenkrone gelegt. Da hat sich mir erschlossen, worin sich mein Glaube von allen anderen Religionen unterscheidet und weshalb es ein Geschenk ist, Christ zu sein: Der König mit der Dornenkrone wird zum Diener, bückt sich und wäscht mir – mir! – in Demut die Füße. Ich habe dieses Bild oft und lange angeschaut, geschaut. Es ist für meinen Glauben zentral geworden.

In den Instruktionen hieß es, daß jeder an seiner ihm eigenen Tradition anschließen solle. So war dies wohl auch der größte Ertrag der Exerzitien für mich, daß ich viel Zeit hatte für biblische Geschichten, Choräle, Gebete und Katechismusstücke, aus denen die Stadt meines Glaubens gebaut ist. Ich hatte Zeit, viele alte »Häuser« wieder zu betreten und mich in ihnen aufzuhalten, die mir schon fast fremd geworden waren. Ich bin wieder mehr heimisch geworden in dieser »Stadt«, bin in manchen Winkel, in dem ich als Kind gespielt, den ich als Jugendlicher auf der Suche nach der großen weiten Welt verlassen hatte, wieder zurückgekehrt und habe ihn neu schätzen und lieben gelernt. Und mir ist der Freund aus Nazareth auf eine überraschende Weise nahegekommen. Dazu hätte es nicht unbedingt der Ignatianischen Exerzitien bedurft. Aber sie waren es nun einmal, die mich dahin gebracht haben, und deshalb bin ich froh, daß ich mich, so weit ich es eben wollte, darauf eingelassen habe.

Marie-Louise Merz

Erstarrtes zum Lebensstrom bringen

Ich sitze im ICE – meine Gedanken richten sich hin auf zehn Tage Einzelexerzitien in einem abgelegenen evangelischen Kloster. Da nütze ich die Zeit um meiner Tochter einen Brief zu schreiben, um sie teilhaben zu lassen an dem, was ich mir wünsche für die kommenden zehn Tage nämlich: – um mit den Worten von Ignatius zu sprechen – »mit der tiefsten Sehnsucht meines Herzens mit Gott Verbindung aufzunehmen, darauf zu warten und darauf zu bauen, daß er sich mir mitteilt«. Als ich ganz bewegt und durchblutet an Leib, Geist und Seele von den Exerzitien heimkomme, erwartet mich ein Antwortbrief dieser Tochter: »Liebe Mutti, ich beneide Dich darum, daß Du Dir die Zeit nimmst und diese Möglichkeit hast. Es ist eigentlich auch eine tiefe Sehnsucht von mir und ich komme so oft nicht zur Ruhe, bin aushäusig, setze meine Energien in fragwürdige Begegnungen und bin auf der Suche. Auf der Suche – wonach?«

Auf der Suche bin ich wohl seit vielen vielen Jahren. Jetzt habe ich etwas für mich wichtiges gefunden. Endlich einmal nimmt mich jemand an der Hand und führt mich ein Stück Weges – trotz meines Alters -, öffnet mir Augen und Herz für Spuren Gottes in meinem Leben, für Verknüpfungen mit ihm.

Angekommen an dem Ort, wo die Exerzitien stattfinden, gehe ich zu Beginn hinaus in die nähere Umgebung, versuche meine Gedanken loszulassen, die noch zu Hause sind. Langsamen Schrittes fühle ich mich ein ins Hier und Jetzt, komme an. Bäume begegnen mir, alte, dikke, rissige Stämme – immer wieder beschnitten. Aus dem zerfurchten Stamm wachsen neue kräftige Äste, vier, fünf oder sechs. Bin ich das, ist das meine Situation, meine Familie, meine Kinder und Kindeskinder?

Im Kloster beegnen mir in der alten Krypta, die als Gottesdienstraum dient, junge Schwestern, die das alte Gemäuer mit ihren Gesängen und Gebeten neu beleben.

Ja, so eine Krypta möchte ich haben im Wurzelgeflecht meines Baumes, damit meine Kinder wissen, woraus sie schöpfen können und ihre Kraftquellen finden.

Im ersten Begleitgespräch erzähle ich von meinem Spaziergang und den Bildern, die sich mir in der Natur gezeigt haben. Mein Baum mit der Wurzelkrypta führt hin zu dem Text Hesekiel 47 – meiner Gebetsübung für den nächsten Tag. Dieses Bild vom Strom berührt mich sehr. Altes aus meiner Lebensgeschichte bringe ich zu diesem Strom des Lebens, der, wohin er auch kommt, heilt und Leben zurückbringt. Sogar das Tote Meer macht er wieder lebendig. »... und alles, was darin lebt und webt, wohin der Strom kommt, das soll leben.« (Hesekiel 47,9). Gesunde Bäume wachsen am Ufer und die Blätter dienen als heilende Arzneien. Fische gibt es reichlich.

Da taucht etwas fast Vergessenes, Altes in mir auf. Ein kaum beachtetes Ereignis, das unterschwellig unbearbeitet in mir ruhte, in Träumen sich immer wieder bemerkbar machte und unverstanden von mir weggelegt wurde.

Ja klar, ich will dieses alles zum Strom bringen, der heilt und belebt! Freude durchwärmt mich. Ich alter Baum stehe mit meinem Wurzelgeflecht, in dem sich das Bild der Krypta verbirgt, am heilenden Wasser und bringe meine Sorgen, alte Schuld, Versäumtes und Totes zu diesem Lebensstrom.

Im Einzelgespräch bekommt das aufgetauchte Problem sein Gewicht und einen Ort, wo es gut aufgehoben ist. Ich habe in meinem Leben vieles nicht wichtig genommen und nicht mit liebender Aufmerksamkeit betrachtet.

Nun führt mich der Text an einen Ort, wo ich mich im Heilkraftfeld Jesu bewegen darf und kann. Dankbar verneige ich mich vor Ihm, meinem Gott, der mich so lebendig macht. Mein Weg geht weiter und immer begleitet mich dabei der Strom, zu dem ich zu jeder Zeit hingehen kann, auch jetzt noch, lange nachdem die Exerzitien vorbei sind.

Dann werde ich zum Jakobsbrunnen geführt (Johannes 4). Jesus sitzt am Brunnen. Wie werde ich ihm begegnen? Der stehengelassene Krug der Samariterin wird zu meinem Krug. Mein Großvater fällt mir ein. Er war Ofensetzer und Hafnermeister. Wie viele Krüge hat er gemacht?

Nun steht mein Krug am Brunnen, ganz nahe bei Jesus. Lebendiges Wasser will er mir geben – trotz allem. Ich strecke meine Hände aus danach mit allen meinen Sinnen, meinem Wollen und Fühlen. »Ja, gib mir lebendiges Wasser und laß mich ganz lange bei dir in der Nähe sein.«

Ein großes Nachholbedürfnis tut sich auf. Es ist wirklich möglich, Gottes Nähe so konkret zu spüren! Ich höre, wie mein Herz schneller klopft und mein Körper zu vibrieren beginnt. Ehrfurcht, Dank und Freude durchfluten mich. Etwas Wesentliches wird in mir belebt. Begegnet Gott mir selbst, der in mir wohnen will und mich durchatmet?

Wie sieht dieses »lebendige Wasser« eigentlich in meinem Leben aus? Viel Zeit habe ich hier, ihm nachzuspüren. Als Texthilfe bekomme ich 2. Korinther 4,1–6. Immer wieder begegnet mir der alte beschnittene Baum mit seinen kräftigen Trieben und jungen Ästen und begleitet mich mit seiner Symbolsprache durch die Tage. Ich male das Wurzelgeflecht meines Baumes, Ich sehe eine Krypta, aber auch einen dunklen Keller mit vielen Räumen. Doch meine Erfahrung am heilmachenden Strom (Hesekiel 47) läßt mich mit begleitender Hilfe auch in solche Räume treten. Ich weiß nicht, wie lange der Weg noch sein wird, wo er entlang führt und was alles noch lebendig werden will.

Für mich ist es ein guter Weg, den ich so durch meinen Exerzitienbegleiter geführt werde. Er hat mir eine Tür geöffnet, durch die ich eintreten kann in einen großen Raum, in dem Gottes weites Herz spürbar ist.

So ist mein Leben kostbarer geworden. Eine neue geistliche Dimension hat sich mir eröffnet, von der ich während meiner evangelischen Sozialisation nur wenig erfahren hatte. Ich wünsche mir, daß meine Kinder in unserer evangelischen Kirche solche Wege finden können, wo das Geschenk der Gottesbegegnung möglich sein kann.

Evmarei Münderlein

»Gottes Güte verkosten«
Stationen eines Exerzitienweges

Mit der schwierigen Entscheidung, welche Erfahrungen aus meinen Exerzitien ich hier beschreiben will, war ich lange beschäftigt. Es geht ja dabei um einen persönlichen inneren Weg. Zudem gehören Exerzitienerfahrungen in einen individuellen Lebenszusammenhang und sind von daher auch schwer mit anderen zu teilen. Ich werde deshalb aus länger zurückliegenden Exerzitien berichten, einige mir wichtige Stationen auswählen und sie mit der für mich notwendigen Zurückhaltung beschreiben.

Mein Wunsch ist es, andere neugierig zu machen auf diese Art geistlicher Begleitung.

Erste Station: Ein Anfang

Ich stehe im Atrium des Tagungshauses und schaue zu, wie das Wasser des Brunnens leise über die Steinkugel fließt. Ich sammle mich für das Gespräch mit meinem Exerzitienbegleiter, das in ein paar Minuten beginnt.

Jede Teilnehmerin, jeder Teilnehmer hat einen festen Gesprächstermin am Tag von einer dreiviertel Stunde: Zuwendung und Sicherheit während einer Zeit des Schweigens, der äußeren Stille und inneren Bewegung.

Zu diesen Exerzitien komme ich mit dem Wunsch, mich mit Tod und Sterben neu auseinanderzusetzen. Anlaß ist die gerade überstandene lebensbedrohliche Herzoperation eines mir sehr nahestehenden Menschen, der bereits klinisch tot war. Mich hat das Ereignis ängstlich und überfürsorglich hinterlassen und ich hadere mit Gott, der mir dieses und ähnliche Probleme schon zugemutet hat.

Pater F., mein Begleiter für diese zehn Tage, hört mein Anliegen aufmerksam an, fragt nach und schlägt mir vor, Psalm 71 zum Einstieg zu lesen und darüber zu meditieren.

Oft ist es am Anfang schwer, sich auf einen Text einzulassen. Die mitgebrachte Unruhe stört. Ich gebe mir deshalb Zeit. Beim Nachdenken über diesen Psalm merke ich, daß hier eine Beterin Gott ihre Lebensgeschichte erzählt. Sie berichtet von einem Leben in großer Nähe zu Gott und in ebenso großer Entfernung von ihm. Sie sagt: »... Er hat mich aus dem Leib der Mutter gezogen ... verlasse mich nicht in meinem Alter, wenn ich schwach werde ... Du läßt mich erfahren große Angst und machst mich wieder lebendig ... meine Lippen und meine Seele sollen fröhlich sein ...«

Wie es mir immer wieder bei Exerzitien geht, tut sich plötzlich anhand des Textes mein eigenes Leben auf. Da ist meine Geburt, meine Familie, der Krieg, das zerbombte Haus, Kinderängste, Kinderfreuden, Erwachsenwerden, Älterwerden, Krankheit und Not, aktuell die Sorge um den Menschen, der mir nahe steht. Mich regt der Text an, darüber nachzudenken, was aus den dunklen Erfahrungen meines Lebens bisher Gutes geworden ist, um in der Meditation mit Jesus darüber ins Gespräch zu kommen.

Exerzitien ermöglichen mir eine persönliche, nüchtern-klare Beziehung zu Jesus. Seine Kraft und die Kraft der Menschen, die mit ihm zu tun hatten, Worte, die gesprochen wurden, Erfahrungen die damals gemacht wurden, kann ich als Stärkung und zur Klärung meiner jetzigen Fragen gebrauchen. Mein Vorwurf gegen Gott, mein Selbstmitleid »warum muß ich so viel tragen?«, wandelt sich. Ich fange langsam an zu sehen, daß ich in der Vergangenheit aus allen Nöten wieder voll in ein reiches Leben gekommen bin. Verzichte und Abschiede mußte ich machen, Zuwachs und Zugewinn habe ich bekommen. Diese veränderte Sicht, angeregt durch den Psalm, gibt Kraft.

So ist mein Einstieg in das mitgebrachte Thema. Der Anfang macht Druck und Angst: Komme ich rein? Kann ich mich einlassen? Auch das gehört dazu.

Zweite Station: Eine Mitte

Die Geschichte von Martha und ihrem Bruder Lazarus (Joh 11) begleitet mich während der nächsten Tage.

Pater F. empfiehlt mir, mit allen Sinnen in diese Geschichte einzutauchen, indem ich den Ort des Geschehens, die Straßen, die Häuser, die

Landschaft in mir entstehen lasse, Geräusche höre, Gerüche rieche, Hitze und Kälte spüre, Menschen, die um den Weg sind, wahrnehme und dann herausfinde, welcher Personengruppe, welcher Person ich mich mit meinen Lebensfragen nahe fühle, mit welcher ich mich identifizieren kann. Diese Vorgabe lockt mich.

Zunächst bleibe ich in Distanz zu dieser Geschichte, dann wird sie mehr und mehr bunt und bewegt. Mit meinem inneren Auge bin ich in Bethanien, in dem kleinen Haus der beiden Schwestern Martha und Maria. Ich sehe sie im schattigen, kühlen Innenhof sitzen und höre sie weinen und klagen. Mich zieht es unmittelbar in die Nähe von Martha, und ich spüre, daß ich in ihre Schuhe schlüpfen möchte, erleben möchte, was sie gerade erlebt hat, auch wenn es mir Angst macht.

Und nun bin ich Martha, verzweifelt und tieftraurig über den Tod meines Bruders Lazarus. Ich bin zwar eine tüchtige Frau, aber in meiner gesellschaftlichen Situation komme ich ohne Mann im Haus nicht aus, und ich habe große Angst vor der Einsamkeit. Ich bin zornig auf Jesus, den Freund meines Bruders. Er hat ihn nicht vor dem Tod bewahrt. Ich bin zornig auf meinen Bruder, weil er mich im Stich gelassen hat. Und dann endlich betritt Jesus mein Haus und begrüßt mich mit den Worten: »Ich bin die Auferstehung und das Leben...«. Diese Sätze erreichen mich nicht. Was sollen sie mir nützen, wo doch mein Bruder tot ist? Dann sehe ich Tränen in Jesu Augen. Auch er ist traurig wie ich. Auch er hat einen Freund verloren. Jetzt weiß ich, daß er mich versteht.

Da plötzlich sehe ich Lazarus aus seinem Grab wanken, schwach, aber lebendig, fast zu schwach zum Leben. Ich, Martha, weiß in diesem Moment: Jesus hat meinen Bruder wieder zum Leben erweckt, weil ich ihn brauche. Er hatte den Tod schon hinter sich und war darin geborgen. Jetzt muß er sich dem Leben wieder neu stellen.

In mein Staunen trifft die Aufforderung Jesu: »Macht seine Binden los und laßt ihn gehen«; für mich, Martha, heißt das: Dein Bruder lebt wieder und er wird seinen eigenen Weg finden und gehen und nicht den, den du dir in deiner Fürsorglichkeit vorstellst.

Im Gespräch mit meinem Begleiter nach einem langen Tag des Bedenkens, wird mir deutlich, was ich durch Martha erfahren habe. Mir fällt der Satz ein: »Laß ihn gehen, der Herr hat Gnade zu seiner Reise gegeben.« Martha muß loslassen, sich auf ihr eigenes Leben besinnen und den, den sie liebt, seiner eigenen und Gottes Führung überlassen. Das heißt: Jeder von uns ist für sein eigenes Leben verantwortlich. Es heißt aber auch: Jedes Leben wird unter Gottes Schutz gelebt. Das entlastet und hilft mir in meiner Thematik von Tod und Sterben den Anspruch zu lassen, an Gottes Stelle treten zu können und durch Überfürsorglichkeit das Leben eines anderen erhalten zu wollen.

»Ich bin die Auferstehung und das Leben«; dieser Satz aus der Geschichte von der Auferweckung des Lazarus drängt sich plötzlich wieder in den Vordergrund. Wenn Jesus nicht nur lebt, sondern das Leben selber ist, kann keine und keiner in seiner Nähe tot sein. »Die Aufforderung zum Leben, besonders zum Leben heute und jetzt ist damit gemeint«, sagt mein Begleiter. Das gilt für all die kleinen Tode und für jeden Tag, der verabschiedet wird, auch für das Älterwerden – eine kostbare Perspektive.

Der Psalm 71 vom Anfang als Lebensweg über Hügel und durch Täler taucht noch einmal auf. Man kann darüber gehen, in ein Leben mit mehr Vertrauen, mit der Kraft der Martha, mit ihrem Mut zu fordern, aber auch mit ihrer Enttäuschung, Angst und Zorn.

Mit dieser Beispielgeschichte von Maria und Martha möchte ich zeigen, wie belebend, stärkend aber auch beunruhigend diese Form des inneren Bibliodramas wirkt. In der Identifikation mit biblischen Gestalten kommen eigene Kräfte, verdeckte helle und dunkle Gefühle ans Licht. Ihr Durchleben kann zu einer neuen Bejahung des Lebens führen, zumindest dazu beitragen.

Dritte Station: Ein Abschied

Die vertiefte Auseinandersetzung mit Trauer, Tod und Leben auf dem Hintergrund der Passionsgeschichte prägt die letzten Exerzitientage.

Hier noch eine Sequenz daraus: Pater F. empfiehlt mir, die Geschichte von Maria Magdalena am Grab in mir zu bewegen. Ich sehe sie als Freundin von Jesus über das Gräberfeld gehen. Sie versucht, die Trauer hinter sich zu lassen, will ihren Freund suchen und finden. Da hört sie ihren Namen »Maria« und sieht ihn. Damit ist für sie Ostern angebrochen. Die Trauer bleibt zurück. Trauern, um sich dann wieder dem Leben zuwenden zu können ist die Botschaft. Gräberfeld und Ostern liegen nur einen Steinwurf auseinander. Jetzt kommt mir das Wort aus der Marthageschichte noch einmal ins Herz »Ich bin die Auferstehung und das Leben«. »Dreh dich um, Maria«, höre ich in der Meditation Jesus sagen, »gehe ins Leben, es gehört dir. Ich habe es liebevoll bereitet und du sollst dich darin freuen.« Ich bin erschöpft, keine Euphorie, aber wichtige Arbeit.

Diese Exerzitien klingen aus mit der Geschichte vom Weizenkorn (Joh 12, 24). Gott legt es zärtlich in die Erde und wartet es liebevoll. Ich kann mir gut vorstellen, das Weizenkorn zu sein und in der Dunkelheit und Wärme der Erde zu liegen. Ich fühle mich ruhig und geduldig in der Hoffnung, daß irgend etwas wachsen wird. Ich erinnere mich noch, wie eine tiefe Wärme in mich strömt und ich weinen kann, diesmal Tränen der Rührung über so viel Zuwendung Gottes.

Beim Abschied sage ich meinem Begleiter, daß ich mich sehr entlastet fühle, aber trotzdem meine Sorge um den lieben Menschen nicht ganz loslassen will. Mein Vertrauen ist noch nicht stark genug. »Du kannst ja Deine Hand ruhig noch ein wenig unter Gottes Hand halten, wenn es Dir hilft«, sagt er mit einem Lächeln.

Wie ist es mit diesem Thema weitergegangen?

Ich komme müde und angefüllt heim, fühle mich entlastet. Die Lebensfreude ist wieder in den Vordergrund getreten. Viel habe ich gehadert, getrauert und gekämpft in diesen Tagen und dabei viel Unterstützung bekommen. Es war gut, mich mit dem eigenen Älterwerden und Sterben auseinandersetzen zu müssen.

Diese Exerzitien geben mir einen neuen Impuls, meine vernachlässigte Meditation am Morgen wieder regelmäßig zu üben, sie als Teil des Tages einzuplanen und damit die Beziehung zu Gott regelmäßig zu pflegen.

Nach Wochen spüre ich eine innere Kraft wachsen, die es mir möglich macht, meine Sorge um den mir nahen Menschen loszulassen und damit die zu große Fürsorge. Und was besonders erstaunlich ist: Es wird plötzlich Raum für mich selber, für meine Gesundheit, für meine Zeit, für Dinge, die mir Freude machen.

Exerzitien – eine Zeit in der Zeit

Mir sind die Exerzitien am Übergang zum Älterwerden begegnet und haben mir geholfen, vieles aus meinem vergangenen und gegenwärtigen Leben neu zu deuten und die Zeit des Älterwerdens bewußter zu gestalten. Eines habe ich über die Jahre immer wieder erlebt: Ich komme ein bißchen freier und gelöster zurück als ich in diese Wochen hineingegangen bin.

Ignatius war mir bekannt, aber nicht im Zusammenhang mit seinen geistlichen Übungen. Ich war neugierig auf diesen Weg und froh, dieses Angebot in der evangelischen Kirche zu finden.

Inzwischen gehören zehn Tage Exerzitien zum Rhythmus jeden Jahres. Ich bin davon nicht abhängig geworden, brauche sie aber zur stärkeren Strukturierung meines inneren Lebens. Das stellt einen Ausgleich dar zu den ständigen Planungen und Verplanungen im Arbeitsleben. Das Bedürfnis in einer klareren Beziehung zu Gott zu bleiben ist gewachsen und gelingt mir dann am besten, wenn ich mir diese Aus-Zeit immer wieder nehme, trotz oft großer Schwierigkeiten.

Zehn Tage Schweigen empfinde ich als etwas Besonderes. Ich habe viel mit Menschen zu tun, auch durch meinen beraterischen Beruf, bin oft auf andere ausgerichtet. Die Regel, während der Exerzitien nicht zu sprechen, aufmerksam zu werden auf mich, meine Seele und auf meinen Körper, Zeit zu haben, die Beziehung zu Gott zu überprüfen, berührt mich immer wieder. Solche Zeiten fehlen mir in meinem alltäglichen Arbeitsleben sehr. Dazu gehört ein guter Anfang und ein guter Abschluß der Tage, ebenso, daß ich mir Zeit nehmen kann zum Nachdenken, zur Meditation, zum Gebet. Dazu gehört auch, daß ich die Freiheit habe zu tun, was mich freut, spazieren zu gehen, mit dem Rad loszufahren, Kreatives zu machen, zu schlafen, wenn mir danach ist, kurz: die Zeit mir einzuteilen, wie es mir bekommt. Wohltuend empfinde ich auch den geregelten Tagesablauf mit Essen, Körperarbeit (meist Eutonie), Gottesdiensten, Eucharistie. Auch schweigend zu essen macht aufmerksam auf Geschmäcker, Gerüche, auf die unausgesprochenen Wünsche der Tischgenossen.

Bin ich in einer Gruppe – ich kenne auch Einzelexerzitien – sind andere immer wieder um mich; ich habe nichts weiter mit ihnen zu tun, habe aber teil an der gemeinsamen Konzentration, dem Geist, der um den Weg ist, der trägt.

Während ich das hinschreibe, spüre ich innerlich den Raum, der so entsteht, der mich zur Ruhe kommen läßt, Platz läßt für alles, was aus mir herauswill, was durch Druck und Arbeit vernachlässigt war. Begleitet und frei gelassen zu sein weckt bisweilen Gefühle wie in der Nähe einer guten Mutter zu leben.

Die andere Seite: Wenn ich in der Stille allein bin, können Trauer und Angst hochkommen; das geht oft nicht ohne Schmerzen ab. Trotzdem habe ich die Sicherheit, daß mein Begleiter für mich jeden Tag für eine bestimmte Zeit da ist. Bei ihm kann ich mich entlasten, er kennt meine Schritte auf meinem geistlichen Weg, unterstützt mich mit Können, geistlicher Kraft und Liebe. Er bietet mir Hilfe durch Texte aus der Bibel an, ohne mich damit zu bedrängen. Ich entscheide, was mich anspricht, was nicht. In diesem Rahmen spiegelt sich vielleicht etwas von dem, was Jesus uns sagt: Du bist aufgehoben und frei, als Ebenbild Gottes bist du es wert, Zeit für Dich zu nehmen, um dir über deine Einmaligkeit klar zu werden.

Exerzitien – eine Zeit der Begegnung mit Jesus

Die Überschrift mag pietistisch klingen, ist es aber nicht. Jesusbegegnung geschieht auf diesem geistlichen Weg der Exerzitien ganz selbstverständlich. Mir ist ein Jesus begegnet, der mir die Möglichkeit anbietet, seine Kräfte, die in den Geschichten der Bibel stecken, für mich zu nutzen. Ich sehe neue Wege, mich des Lebens zu freuen und es zu bewältigen. Jesus wird real vorgestellt als Gegenüber, Freund, Gesprächspartner. Er kommt durch sein Leben auf dieser Welt, durch seine Unangepaßtheit, seine Angst vor dem Sterben, seine Zweifel, seine Risikobereitschaft und seine Zuwendung dem meinen sehr nahe und vermittelt Vertrauen in seine und die eigene Kraft, macht Angebote um mit ihm in Beziehung zu treten.

Gelegentlich dachte ich darüber nach, ob »sündigen« oder »aus der Reihe tanzen«, was ja auch seine Reize hat, überhaupt noch möglich ist, wenn die Gottesbeziehung so tragfähig geworden ist. Eine seltsame Überlegung. Inzwischen meine ich, Gott ist ganz anders gewährend, als ich es mir vorstelle. Das wird mir besonders deutlich bei dem Praktizieren des »Gebetes der liebenden Aufmerksamkeit«, das eine sehr offene und geistliche Form der täglichen Selbstreflexion ist. Es ist wesentlicher Bestandteil der Ignatianischen Exerzitien und gut in den Alltag einzubauen.

Im Tagungshaus hängt eine Jesusikone auf Augenhöhe. Oft stand ich davor, Auge in Auge; begleitet hat mich die Vorstellung: Jesus sieht dich an in deiner ganzen Würde (so sagt es auch Ignatius). Mein Rücken hat sich gestreckt und ich fühlte, was es bedeutet, wenn einer mir meine Würde, meinen Wert zuspricht und meine Besonderheit wahrnimmt, mich wirklich ansieht. Wann passiert das sonst? Hier gibt es oft ein großes Defizit aus Kindertagen und plötzlich wird es aufgefüllt.

Exerzitien – eine begleitete Zeit

Mein Exerzitienbegleiter ist Jesuitenpater, einer der viel über Ignatius gearbeitet hat, aber auch offen ist für das lutherische Gedankengut. Mir tut es gut, in einer ökumenischen Situation zu sein und zu erleben, was uns verbindet. Bei Einzelexerzitien konnte ich täglich die Eucharistie mitfeiern und habe es mit Freuden getan. Zur festgesetzten Zeit, habe ich täglich eine halbe bis dreiviertel Stunde Gespräch mit dem Begleiter; dieses Setting gibt Sicherheit für die Zeit, in der ich mit mir allein bin.

Ich habe erfahren, wie wohl es tut, einen Menschen auf Zeit neben sich zu haben, der mit Einfühlsamkeit, Klugheit, geistlicher Kraft und therapeutischem Können neben mir geht, mir wirklich zuhört, hört, was in mir in Bewegung gekommen ist, der mir Mut macht, durch Trauer und Schmerz zu gehen und mich an meinem Leben zu freuen.

Pater F. lädt am Abend regelmäßig zu Instruktionen über die Ignatianischen Exerzitien ein. Dabei spricht er über die Biographie des Ignatius, Entstehung, Aufbau, Absicht, Praxis dieser Übungen, u.a. über das Gebet der liebenden Aufmerksamkeit, Regeln für die Meditation von Texten und stellt somit die geistlichen Übungen in einen größeren Zusammenhang. Es wird immer wieder deutlich, daß es um einen Weg der imitatio Christi geht, sein Lebensweg als Vorbild für unser Leben. Ich finde diese Information sehr hilfreich.

Durch meine Ausbildung habe ich reichlich Therapieerfahrung gemacht. Auch hier werden ja Lebensthemen bearbeitet. Bei den Exerzitien erlebe ich, daß es eine geistliche Ebene gibt, auf deren Hintergrund Themen von Schuld und Gnade, von Tod und Leben, Vertrauen, Angst und Geliebtsein eine viel tiefere Dimension bekommen, als es in anderen therapeutischen Settings meiner Erfahrung nach möglich ist. Mein Teil ist, daß ich hineingehe in die Geschichten, mich ihnen und damit Gott überlasse, daß ich die vorgegebenen Übungen ernst nehme und damit arbeite. Gelingt das nicht, hat das auch seine Berechtigung und wird Thema. Es gibt keine Bewertung, aber durchaus heilsames Nachfragen, wenn ich in meinem inneren Prozeß nicht weiterkomme und zumache.

Dieser Wechsel von Freiheit und Ordnung und Disziplin ist für mich auch ein Abbild dessen, wie ich gut leben kann.

Ich spüre einfach, daß Vertrauen nachwachsen kann, Leben heil werden kann. Ich denke, Vertrauen brauche ich als Kind zum Leben und ich brauche es wieder vermehrt als Hilfe zum Älterwerden und letztendlich um loslassen und sterben zu können.

Gerhard Münderlein

Gehirnwäsche oder Seelenreinigung?
Ignatianische Exerzitien

Mit ziemlich gemischten Gefühlen machte ich mich auf den Weg nach Neuendettelsau. Der Rahmen war klar: 325. Kurs des Pastoralkollegs: »Ignatianische Exerzitien«. Begleiter: Pater Dr. Andreas Falkner SJ, Frankfurt, und Frau Christel Holz, Dipl. Theol., Dipl. Psych., aus Werdenfels bei Regensburg. Was würde das wohl werden, wie würde es mir ergehen?

Zunächst der äußere Rahmen. Unendlich viel Ruhe und Zeit. Das heißt: Zurruhekommen, Abschirmungsmöglichkeiten nach außen, Konzentration auf das Innenleben. Stille und Schweigen auch in der Gruppe von 16 Frauen und Männern, vom ersten Abend an. Als feste Zeiten gab es nur die (schweigenden) Mahlzeiten; dazu: Stille Zeit in der Kapelle 7.30 Uhr bis 8.00 Uhr; Instruktionen, d.h. Erklärungen zur Methodik und Sinn und Inhalten der Exerzitien von 20.00 Uhr bis ca. 20.30 Uhr, anschließend Abendandacht. Dazu als Angebot eutonische Übungen von 14.30 Uhr bis 15.00 Uhr. Am Samstagabend und am letzten Abend Abendmahlsgottesdienst, nach dem das Schweigen aufgehoben wurde. An diesem Abend auch Tagungsauswertung.

Dazu täglich ein Gespräch mit dem Begleiter/Begleiterin, dem/der man zugeteilt war. Dieses bestimmte den inneren Rahmen. Dieses »innere Leben und Erleben« empfand ich als Wellengebirge von Ruhe und Anspannung, Konzentration und Erschöpfung. Natürlich sind Inhalte dieser inneren Wege nicht mitteilbar.

Um das Fazit vorwegzunehmen: Von Gehirnwäsche keine Spur; ich erlebte diese Tage als Seelenreinigung, als zum guten Teil mich selbst überraschende Schritte zur Klärung, zur Veränderung und zu Neuansätzen meines Glaubens.

Wesentliche Voraussetzung dazu war einerseits die Haltung meines Begleiters (da ja keiner von anderen etwas erfährt, kann ich nur von meinen persönlichen Erfahrungen sprechen), ebenso meine ich, auch meine

Bereitschaft, rückhaltlos offen zu sein, mir, dem Begleiter und neuen Impulsen gegenüber.

Darin liegt ja die Chance: Noch nie in meinem Leben habe ich so ausführlich und intensiv mit jemandem über meinen Glauben geredet. Und zwar nicht primär über Glaubensinhalte – das ist ja unsere spezielle Theologenversuchung, der Weg zum Ausweichen –, sondern über Vorgänge, Erlebnisse, Empfindungen, Hemmungen, Widerborstiges.

Natürlich bedarf es großer Erfahrung und Weisheit der Exerzitienbegleiter. Sicher steht der Weg zur Gehirnwäsche jederzeit offen, vor allem, wenn man die Übungsanweisungen des Ignatius vor Augen hat und sehr wörtlich nimmt. Da ist viel zu spüren vom mittelalterlichen hierarchischen Druck und Angstmachen vor Hölle und Verdammnis. Aber es finden sich auch ganz andere Worte. Obwohl ich meine, daß mein Begleiter manches Schroffe in den Texten in seiner Interpretation abmilderte, läßt es sich nicht leugnen: Das Vorbereitungsgebet jeder Übung soll darauf gerichtet sein, den »Herren um Gnade zu bitten, damit all meine Absichten, Handlungen und Betätigungen rein auf Dienst und Lobpreis seiner göttlichen Majestät hin geordnet seien« (ExB 46). Und als Anweisung zu den inneren Gesprächen mit Gott (!) heißt es, sie sollten geführt werden »indem man eigentlich spricht, so wie ein Freund zu einem anderen spricht...« (ExB 54). Gegenüber des Gesprächs ist immer »der Schöpfer und Herr«, der sich selber mitteilen will, indem er uns »zu seiner Liebe und Lobpreis umfängt und uns auf den Weg einstellt, auf dem wir fortan besser dienen können« (ExB 15). Schöpfer und Herr: also nicht primär der Herr des Jüngsten Gerichts, sondern der liebevolle Schöpfer, der durch den Heiligen Geist Neues schafft. Die Drohung mit der Verdammnis soll sozusagen nur als »Sekundärmotivation« dienen.

Das kann ich so akzeptieren; mir ist aber klar, daß dabei alles von der seelsorgerlichen Haltung abhängt, uns selbst gegenüber, in Gesprächen, Predigten, sonstigen Äußerungen – und eben auch bei solchen geistlichen Übungen. Hier wird sehr schnell deutlich, wo Gesetz und wo Evangelium herrscht. Die Tendenz, die »Sekundärmotivation« überzubetonen, ist in den Kirchen allenthalben deutlich spürbar – ganz im Gegensatz zu diesen Exerzitien! Hier fand ich nichts davon.

Von besonderer Bedeutung ist, daß unsere Begleiter uns nicht stur auf die ignatianischen Texte ansetzten, sondern sehr sorgsam individuell ja nach Bedürfnis und Wunsch vorgingen.

So kam es, daß sich sehr intensive persönliche Begegnungen mit Bibeltexten ereigneten – fernab jeder rein intellektuellen Exegese.

Wie nun die »Seelenreinigung« vor sich geht, was sich da im Inneren und im Äußeren ereignet, läßt sich nur sehr schwer beschreiben. Sie geschieht wohl so, daß Verkrustungen sich ablösen, vor allem theologisch-intellektuelle, biographische, hierarchische und das eigentliche religiöse Leben zutage tritt. Manchmal sehr unvermittelt, auch in merkwürdiger Form, manchmal recht zäh und zögerlich. Es erscheint in seiner durch das Leben hindurch gewachsenen Klarheit, teils auch in amorphen Zuständen. Hier liegen für den Übenden die Chancen, durch die Übungen, Bibelbetrachtungen, Gebete und die Gespräche mit dem/der Begleiter/in neue Strukturen und Inhalte zu finden, Klärungen zu vollziehen.

Das Schwierige dabei ist, daß jeder im Schweigen ganz auf sich gestellt ist, also alle Seelenarbeit alleine machen muß. Sie/er hat aber die Möglichkeit des Gesprächs mit der/dem Begleiter/in. Den Vorteil dieser Methode sehe ich darin, daß auf die Selbständigkeit des einzelnen gebaut wird. Infantilisierung ist nicht gefragt und nicht geboten. Zudem bewahrt das Gespräch vor dem Abirren in Unwesentlichkeiten oder Absurditäten.

Es zeigte sich, vor allem in der Schlußauswertung, wie hilfreich das gemeinsame Erleben in der Gruppe und ihre tragende Solidarität empfunden wurden. Merkwürdig: Da leben Leute im Schweigen nebeneinander her und geben doch einander durch das gemeinsame Erleben Kraft und Anregung.

Was dabei herauskommt, ist schlechterdings nicht vorauszusehen, wie die Erfahrungen zeigen. Das Bemerkenswerte für mich dabei war, daß sich Dimensionen eröffneten, die ich so nicht erwartet hatte.

Noch einige Bemerkungen mehr zum Methodischen und der Form der Exerzitien: Überrascht hat mich, daß die Texte des Exerzitienbuches trotz fast zwanghaft pedantischen Anweisungen gleichzeitig Freiheit gewähren. Freiheit drückt sich auch im Tagesablauf aus. Jede/r kann mit der gegebenen Zeit anfangen, was er will; es gibt keine Kontrolle als das eigene Interesse. Deshalb fielen mir auch die Übungen leicht, äußerlich und innerlich. De facto habe ich mich an keine der sehr exakten Anweisungen exakt gehalten – und siehe da, es war sehr gut für mich, auch nach Meinung meines Begleiters.

Äußerst bemerkenswert finde ich, daß Ignatius Möglichkeiten seelischer Arbeit und ihrer therapeutischen Unterstützung einsetzt, die bei uns praktisch erst seit höchstens 20 bis 30 Jahren bekannt sind und angewendet werden. Es sind dies intensive Imaginationen (vgl. u.a. ExB 121ff), bei uns bekannt in vielen Variationen von der » aktiven Imagination« bei C. G. Jung bis zum »Katathymen Bilderleben« bei C. H. Leuner. Die andere Arbeitsweise ähnelt einer der Gestalttherapiemethoden, nämlich dem Führen eines Gesprächs (inneres Gespräch; so in fast jeder Übung).

Wichtig war mir, nach Unterschied und Ähnlichkeit zur religiösen (christlichen) Form der Meditation, speziell der Kontemplation (im mystischen Sinn) zu fragen. Beide Weisen der Verinnerlichung wollen Menschen Wege zeigen und ermöglichen, sich aus der gottfernen »Welt« (im johannäischen Sinn) des Alltags zu lösen und in die Welt der Unmittelbarkeit zu Gott zu gelangen, ja mit ihm eins zu werden. Ist das Ziel auch dasselbe, so sehe ich die Wege als sehr verschieden an. Beide Wege lassen sich im Vollzug sicher sehr schwer verbinden. Aber m. E. schließen sie sich nicht aus.

Welchen Weg der bewußt gestalteten Frömmigkeit jeder einzelne gehen will, muß er selbst entscheiden. Da spielt die eigene biographische Tradition, die persönliche Eigenart mit ihrer Denk- und Erlebnisstruktur wohl die entscheidende Rolle. Es gibt außerdem ja nicht nur diese beiden Formen der Spiritualität.

Allerdings muß man – so höre ich – sehr darauf achten, wer welche Exerzitien anbietet. So gibt es offenbar Tagungen, in denen weitgehend mit Vorträgen gearbeitet wird – ein krasses Gegenbeispiel zu unserer, sehr auf die persönlichen Momente achtenden Woche.

Daß aber uns Pfarren mehr not tut als nur das Studium, gewisse fachliche Fortbildung und das Leben in der gewohnten kirchlichen Tradition, hat sich mir in diesen Tagen erneut gezeigt. Bei aller meiner kargen Kenntnis der Exerzitien, bei aller Vorsicht und gelegentlichem Mißtrauen (das übrigens die Frage nach den Inhalten meiner religiösen Sozialisation und die dadurch verursachten Abwehrmechanismen hervorrief), bei aller Fremdheit der ignatianischen Formulierungen und Gedankenwege, habe ich reichen Gewinn erhalten und bin ein Stück eines neuen Weges gegangen.

Zum Schluß: Deutlich gemerkt habe ich, in welchen entsetzlichen Klischees gegenüber Ignatius wir Evangelischen (Theologen/innen) verhaftet sind; sie rühren sicher von der weiteren Entwicklung der Jesuiten und ihrer Praktiken, speziell in der Gegenreformation, her. Dagegen hilft wohl nur eine gründliche Lektüre der Exerzitien, allerdings mit kundiger Interpretation. Im ganzen meine ich allerdings, daß eine kräftige »Entmythologisierung«, d. h. existentiale (existentielle?) Interpretation der Exerzitientexte, unumgänglich ist.

Als Beispiel noch eine konkrete Anweisung aus den Exerzitien. Vor jeder Übung – und ich möchte als »Übung« auch die Alltagsarbeit verstehen, eine besondere Aufgabe, auch ängstigender oder anstrengender Art – stelle man sich hin für die Zeitdauer eines Vaterunsers, erhebe den Sinn nach oben und »erwäge« (d. h. stelle sich konkret vor), wie Gott, unser Herr, mich liebevoll anschaut (ExB 75). – Das nenne ich eine wahrhaft evangelische Glaubensanweisung.

Erstveröffentlichung in: Korrespondenzblatt, hrsg. vom Pfarrer- und Pfarrerinnenverein in der Evang.-Luth. Kirche in Bayern; Juni 1991

ANDREAS FALKNER SJ

Ignatianische Exerzitien im Leben der evangelischen Kirche

Ohne daß ich es gesucht hatte, fügt es sich, daß ich in diesem Jahr das neunte Mal eingeladen bin, im Rahmen der Fortbildung von Pfarrerinnen und Pfarrern der Evangelisch-Lutherischen Landeskirche in Bayern begleitete ignatianische Einzelexerzitien im Team mit einer Kollegin anzubieten. Vor allem von Erfahrungen, die ich da, aber auch von solchen, die ich in anderen evangelischen Landeskirchen machen durfte, werde ich erzählen. Dabei bin ich mir der Schweigepflicht, unter die ich mich im Begleiten einzelner ohne weiteres stelle, sehr wohl bewußt.

Vorbemerkungen

Die theologische Erörterung dieses ökumenischen Tuns wird in diesem Beitrag über Fragestellungen kaum hinausgehen. Soweit neben der Einführung in die Begleitung Geistlicher Übungen – Ignatius sprach von *exercitia spiritualia*, und sein famoses Büchlein trägt auch diesen Titel – und deren Durchführung noch Zeit bleibt, beschäftigt mich die Geschichte der Geistlichen Übungen. Sie fasziniert mich und bringt mir etwas nahe, das für Martin Luther ebenso wie für Ignatius von Loyola sehr bedeutungsvoll war und viel Aufmerksamkeit fand. Martin Luther nennt es einfach *das* Evangelium, Ignatius von Loyola spricht von den Geheimnissen des Lebens unseres Herrn, die in seinen Augen der hauptsächliche Gegenstand seiner Geistlichen Übungen sind. Man kann aus dem literarischen Werk des Ignatius nicht entnehmen, »ob und wie er auf die theologischen Kämpfe reagierte, die zu seiner Zeit an der Tagesordnung waren. Aus seinen Schriften wird kaum erkennbar, ob er ein aufmerksamer Beobachter der (natürlich sehr komplexen) politischen, gesellschaftlichen und wirtschaftlichen Umschichtungen war, die sich rings um ihn her vollzogen. Für Ignatius war eben das Drama der Zeit ein Drama der Seele. Auch ihm ging es

– darin Erasmus verwandt – vor allem um die Erneuerung einer persönlichen und intensiv frommen Christusnachfolge, um die Rettung des Menschen in Gott hinein – und darin nicht fern von Luther«[1]. Mit diesem Anliegen wurzeln Loyola, Luther und Erasmus von Rotterdam »im Boden der *devotio moderna*«[2]. Darauf hatte Heinrich Boehmer[3] schon 1921 hingewiesen. Das Traditionsgut der *devotio moderna* wurde, das legt Boehmer überzeugend dar, durch die *Vita Jesu Christi* des Kartäusers Ludolf von Sachsen[4] wesentlich und nachhaltig bis ins ausgehende Mittelalter hinein geprägt und in die beginnende Neuzeit hineingetragen.

In der neuerdings einsetzenden Beschäftigung mit Ignatius von Loyola und seinen Geistlichen Übungen zeigte dieser Teil des Forschungsergebnisses wenig Wirkung auf die erneuerte Praxis der Geistlichen Übungen. Es wird wohl eine gewisse literarische Abhängigkeit der Geistlichen Übungen von Ludolf in Wortwahl und bisweilen auch in der Gedankenführung gesehen und hervorgehoben. Daß das Vorwort des Kartäusers – so nannte man auf der iberischen Halbinsel Ludolf von Sachsen – zu seiner *Vita* »auffallend viele Ähnlichkeiten mit den Exerzitien (hat) in der theologischen Sicht des Heilsgeschehens, in der Empfehlung, wie die Heilsgeheimnisse zu aktualisieren sind, und in der Methode der Übungen, die persönliche Betroffenheit auslösen und zur Umkehr führen sollen«, wird aber selten beachtet. Meines Erachtens ist der entscheidende Einfluß von Ludolfs Werk auf die *exercitia spiritualia* dadurch zustande gekommen, »daß Ignatius von dem, was vom Kartäuser im Vorwort seines Werkes gesagt und angeraten wird, sich herausfordern ließ, es vollzogen und so in sich lebendig aufgenommen hat«[5]. Auf die Frage, welche Botschaft Boehmer mit seinen Studien zur Geschichte der Gesellschaft Jesu und ihrem Gründer den evangelischen Kirchen wohl geben wollte, wird hier keine Antwort angestrebt. Jedenfalls verdient es Beachtung, wenn er von der *Vita Jesu Christi* des Ludolph von Sachsen – eines der Bücher, das Iñigo de Loyola auf seinem Krankenlager in der Übersetzung des Ambrosio Montesino gelesen hatte – sagte, es sei das im europäischen Raum meist gelesene und einflußreichste geistliche Buch des ausgehenden Mittelalters und der beginnenden Neuzeit gewesen[6].

Es ist nicht ausgeschlossen – damit will ich mit den Vorbemerkungen zu Ende kommen –, daß evangelische Christen durch die Geistlichen Übungen und auch die Weise ihrer Entwicklung im Jesuitenorden an ihre eigenen Ursprünge herangeführt werden – eine kühne Äußerung, die mich neben Heinrich Boehmer auch eine Studie von Hans

Wolter tun läßt, in der er der Frage nachgeht, welche Vorstellung und Kenntnis, welches Anschauungsbild Ignatius selbst von Person und Werk der Reformatoren gehabt habe[7]; angesichts der vielen Informationsmöglichkeiten falle es schwer zu glauben, er habe von ihnen »kein genaues und konturiertes Bild«[8] gehabt. Dennoch kommt Wolter zum Schluß, Ignatius habe von Luther »nur ein überaus allgemeines, darum farbloses Vorstellungsbild besessen«[9]. Was er von reformatorischen Lehren wußte, hatte er aus zweiter Hand. Das war aber hinreichend, um sich ein Bild von den Mitteln zu machen, die die Reformatoren einsetzten, um ihren eigenen Lehren Geltung zu verschaffen: Die so sehr betonte Autorität der Hl. Schrift machte auf Ignatius Eindruck; der Einfluß der Prediger, des Kanzelwortes wurde ihm vor Augen geführt; sie lehrten ihn die Bedeutung der Schulen als Ort der Glaubensvermittlung; die Erneuerung der persönlichen Gebetsfrömmigkeit in manchen Kreisen des neuen Glaubens sowie die Berufung auf die Souveränität des Gewissens wird er wahrgenommen haben. Insgesamt sei zu beobachten – zu diesem Schluß kommt Wolter – daß Ignatius »ihre Methoden erfaßte und durchschaute, daß er gewillt war, mit *ihren* Mitteln zu arbeiten, um *seine* Ziele zu erreichen, ... das Heil der Seelen, die innere Erneuerung des Papsttums, die Totalität des Willens Christi«[10]. Die Betonung persönlicher Erfahrung und die Hl. Schrift als Ausgangspunkt des Übens mögen das Terrain für eine Gestalt der Übungen bereitet haben, zu der heute evangelische Christen von Katholiken sich immer wieder anleiten lassen. Ich bin jedenfalls von der Wirkung überzeugt, die von der Hochschätzung dieser beiden Momente ausgeht.

Immer wieder einmal machten und machen evangelische Christen ignatianische Exerzitien. Seit sich im katholischen Raum die Aufmerksamkeit (wieder) der ursprünglichen Form der begleiteten Exerzitien[11] zugewendet und von den Vortragsexerzitien abgewendet hat, nimmt das Interesse an ihnen bei evangelischen Christen zu. Meiner Erfahrung nach wird diese Form von evangelischen Christen besonders geschätzt, weil der Begleiter im Schnitt täglich fast eine Stunde zur Verfügung steht und bereit ist anzuhören, was den Übenden bewegt. Früher oder später wird der eigene Glaubensvollzug Gegenstand des Gesprächs, das je leichter fällt, desto freimütiger und unbefangener die Glaubensüberzeugung , daß Gott für uns ist, aussagbar wird: »Er hat seinen Sohn für uns alle hingegeben – wie sollte er uns mit ihm nicht alles schenken?« (Vgl. Röm 8,32) Weit entfernt von aufdringlicher Belehrung oder dirigistischer Konfrontation mit Normen werden im Laufe des Geschehens sowohl Begleiter wie auch Übende darum zu ringen haben, gemeinsam einen gnädigen Gott zu finden. Ähnlich tat es Mose, nachdem das Volk Israel Aaron veranlaßt hatte, ihnen Götter zu machen, die vor ihnen herzögen (vgl. Ex 32,1). Bei allem Respekt für das, was die Literarkritik zu den Kapiteln 32–34 des Buches Exodus an vielfältigen Aspekten zutage förderte, ist die in ihnen enthaltene Botschaft »Jahwe ist ein barmherziger und gnädiger Gott, langmütig und reich an Huld und Treue« (Ex 34,6) doch das unüberhörbare Zentrum. In Begleitungsgesprächen wirkt sich dieser Grundansatz, ohne daß er immer wieder in den Mund genommen wird, so aus, daß manches ausgesprochen wird, was schon lange im Dunkel des Verschwiegenen unkontrolliert Einfluß nahm.

Aus Exerzitien, in denen ich Anfang der siebziger Jahre ein evangelisches Ehepaar 30 Tage begleitete, bleibt mir eine Reaktion der Frau unvergeßlich. Jesaia 43,1 hatte ich als Anregung fürs Beten gegeben: »Jetzt aber – so spricht der Herr, der dich geschaffen hat, Jakob, der dich geformt hat, Israel: Fürchte dich nicht, denn ich habe dich eingelöst, ich habe dich beim Namen gerufen, du gehörst mir.« Sie meinte, das gelte doch nicht für sie. Und es dauerte, bis sie es annehmen konnte, daß Jakob, der von Gott nicht ließ, ehe dieser ihn gesegnet hatte, der Repräsentant aller ist, die mit der Ausdauer des Jakob am Jabbok mit Gott ringen, daß also ihr und ihnen allen das eben genannte Segenswort gelte. Aufgrund dieser Erfahrung begann ein Wort des Autors der *Geistlichen Übungen* in mir zu klingen, das die Zielsetzung des Umgangs mit den Geheimnissen des Lebens unseres Herrn – so nennt Ignatius die Perikopen der Evangelien – ausspricht: »bitten um die innere Erkenntnis des Herrn, der *für mich* Mensch geworden ist, daß ich ihn mehr liebe und ihm besser nachfolge« (GÜ 12 104; Hervorhebung vom Autor). Das Geschehen der Erlösung erlangt Heilsbedeutung für die einzelnen, wenn es in ihnen aktualisiert wird. Sie können sich dank der ihnen geschenkten Freiheit dafür öffnen.

Wie dieses Ehepaar fragen immer häufiger Christen evangelischer Herkunft nach Begleitung in Geistlichen Übungen. Gewöhnlich dauern sie acht Tage. In der Regel werden Exerzitien von katholischen Bildungshäusern als Gruppenkurse oder von Klöstern für einzelne angeboten. Die Teilnehmer sind zu den Gottesdiensten und auch zu den Eucharistiefeiern eingeladen. Viele erwarten gemeinsames Stundengebet und sind einigermaßen enttäuscht, es in den Häusern der Jesuiten nicht zu finden. Die einzelnen Übungen machen sie in ihrem Zimmer, in der Kapelle oder unterwegs. Während die Begleiter die Übenden täglich sehen, um mit ihnen 30 bis 40 Minuten darüber zu sprechen, was sie bei den Übungen bewegt hat, werden Kontakte und Begegnungen mit anderen möglichst eingeschränkt. Solche Einsamkeit will und kann das Allein-sein vor Gott begünstigen und stützen. Aber auch im Schweigen entsteht eine dichte Kommunikation, worüber die meisten staunen.

Seit einigen Jahren gibt es auch eine beachtliche Anzahl von evangelischen Christen, die Kurse für die Begleitung von Exerzitien verschiedener Art gemacht haben und sie im Rahmen ihrer Kommunitäten, Hauskreise oder Gemeinden für Geschwister und Gäste anbieten. Sie finden damit ein gutes Echo. Persönlich habe ich noch immer nicht die Absicht, für evangelische Christen so etwas wie eine Exerzitienbewegung aufzubauen. Doch bin ich, wenn ich evangelische Christen in ihren Exerzitien begleite, immer bestrebt, dies als Dienst an deren Glauben zu verstehen. Aufgrund der intensiven Zeit der Exerzitien sollen solche, die daran teilnehmen, zu einer vertieften und auch im Alltag tragfähigen Glaubenserfahrung gelangen, die sie ihre Welt mit neuen Augen sehen läßt. Das dürfen Menschen erhoffen und erbitten; durch ihr Tun können sie es nicht erwirken, wohl aber sich dafür disponieren. Ein »Zuwachs an Hoffnung, Glaube und Liebe« (GÜ 316) kann als der Kern solcher Erfahrung angesehen werden und läßt sich als Ergebnis und Frucht Geistlicher Übungen immer wieder beobachten.

Eine neue Ausgangssituation...

Aus der Begleitung eines einzelnen evangelischen Christen im Jahre 1989 ergab sich für die Praxis ignatianischer Exerzitien im Raum der evangelischen Kirche meines Erachtens etwas Neues: Ich wurde gebeten, mich auf ein Angebot solcher Exerzitien im Pastoralkolleg in Neuendettelsau für Pfarrerinnen und Pfarrer der Evangelisch-Lutherischen Landeskirche in Bayern einzulassen. Auch deren EhepartnerInnen gehören zur Zielgruppe. Es ist nicht vorgesehen, daß Eheleute als Paare daran teilnehmen. Alle 18 Plätze im *Haus der Stille*, das von den Neuendettelsauer Diakonissen geführt wird, sollten belegt und die einzelnen individuell begleitet werden. Da ein(e) BegleiterIn in Einzelgesprächen kaum mehr als acht Personen zu begleiten vermag, sollte ich eine Frau suchen, die die betreffende »Fortbildung« mit mir durchführen könne. Für den ersten und die weiteren Kurse konnten wir jeweils eine Mitarbeiterin aus dem Kreis derer finden, die den zweijährigen Kurs für Exerzitienbegleitung und Geistliche Begleitung mit der *Gruppe für Ignatianische Spiritualität*[13] oder einen vergleichbaren Kurs beim *Institut der Orden für missionarische Seelsorge*[14] gemacht hatten. Nachdem ich mich mit meinen Kollegen der *Gruppe für Ignatianische Spiritualität* abgestimmt hatte, nahm ich die Einladung an, ohne auf Erfahrungen aus einer ähnlichen Konstellation zurückgreifen zu können. Eines war mir sehr bald klar und darin lag auch das Neue: Die Gestalt dieser Exerzitien würde durch die Pfarrerinnen und Pfarrer der Evangelisch-Lutherischen Landeskirche in Bayern und den Rektor des Pastoralkollegs ein eigenes Gepräge bekommen, so daß eigentlich bald von evangelischen Exerzitien gesprochen werden könne. Die beiden Katholiken sollten in diesem Geschehen dem Glauben der Beteiligten einen Dienst leisten, indem sie die einzelnen zu geistlichen Übungen motivierten und anleiteten.

Hinführung zu den Geistlichen Übungen im Pastoralkolleg

Nach einer gründlichen Vorbereitung konnte am 29. April 1991 der 325. Kurs des Pastoralkollegs beginnen: »Ignatianische Exerzitien« – ein Angebot, das es im Rahmen des Pastoralkollegs, das 1945 errichtet wurde, noch nie gegeben hatte. Schon ein Jahr zuvor hatte der Rektor des Pastoralkollegs die Werbung für den Kurs und die Vorbereitung potentieller TeilnehmerInnen mit viel Fingerspitzengefühl in die Hand genommen. Gezielt erzählte er von seinen Erfahrungen. Diese leiteten ihn auch in der Redaktion eines Informationsblattes zu begleiteten Einzelexerzitien, das von der *Gruppe für Ignatianische Spiritualität* an ExerzitienbewerberInnen ausgegeben wird. Es sollte kurz und klar das Angebot in Umrissen beschreiben und auch für evangelische Christen einen Anreiz bieten, sich eingehender zu interessieren und kundig zu machen. Bereits im Oktober 1990 reisten alle Interessenten zu den Vorgesprächen an, um die Personen kennenzulernen, die ihnen als Begleiter angeboten wurden, und zu erfahren, worauf sie sich einlassen würden.

Vorgespräche

Diese Gespräche boten Gelegenheit, einander für eine Stunde zu erleben und die vorhandenen Erwartungen auf beiden Seiten abzustimmen. Als Begleiter achte ich darauf, daß ignatianische Exerzitien mit täglich vier bis fünf Übungen von je einer Stunde als *praxis pietatis* verstanden und akzeptiert werden. Die Rolle des Begleiters im Sinne der *exercitia spiritualia* läßt sich gut mit der eines Trainers vergleichen, der für ein gedeihliches Üben zuständig ist. Von allem Anfang an ist erklärtes Ziel der ignatianischen Geistlichen Übungen, »unmittelbar den Schöpfer mit dem Geschöpf wirken (zu) lassen und das Geschöpf mit seinem Schöpfer und Herrn« (GÜ 15). Beim Suchen des göttlichen Willens in geistlichen Übungen rechnet Ignatius, ohne auch nur einen Moment daran zu zweifeln, damit, »daß der Schöpfer und Herr selbst sich seiner frommen Seele mitteilt« (GÜ 15). Diesem Geschehen gegenüber tritt die Beziehung zwischen Begleiteten und Begleitern zurück: Sie hat dem Austausch zwischen Schöpfer und Geschöpf zu dienen. Kern und Mark allen Übens ist das Verweilen der übenden Person, ihr Warten auf die Mitteilung des Schöpfers und Herrn (vgl. GÜ 11). Jenem Warten, das im Lukas-Evangelium für die Zeit nach der Himmelfahrt des Herrn als Ur-Vollzug der Christen hingestellt wird (24,49), verleiht jemand, der sich auf geistliche Übungen einläßt, ohne damit etwas Bestimmtes erzielen zu wollen, Ausdruck und Gestalt. Der Vers aus dem Evangelium wird so ernst genommen, daß tagelang darauf gewartet wird, bis sich vom Himmel her die Fülle der Kraft Gottes ereignet. Für die Bereitschaft, auf die Mitteilung des Schöpfers und Herrn zu warten, wird schon im Vorgespräch geworben. Während der Exerzitien wird daran immer wieder erinnert. Dabei bin ich mir dessen bewußt, daß die Vorstellung vom Mitwirken des Menschen am eigenen Heil bei denen, die evangelische Theologie studiert haben, Widerstände hervorrufen kann. Doch das Verlangen nach einer *praxis pietatis* ist offensichtlich größer als diese Widerstände. Im Vorfeld der Exerzitien besteht einige Zeit nach dem Vorgespräch für Begleitende und Übende immer noch die Möglichkeit, sich von diesem Vorhaben zurückzuziehen, ohne das Gesicht zu verlieren. Für das Vorgespräch wurden die ExerzitienbewerberInnen nach äußeren Gesichtspunkten den Begleitern zugeteilt. Wenn es sich um erste begleitete Geistliche Übungen handelt, werde ich auf ein Vorgespräch von Angesicht zu Angesicht nie verzichten. Wer sich auf ignatianische Exerzitien einläßt, wird bestätigen, daß schon mit dem Vorgespräch ein innerer Prozeß angestoßen wird, der in den Übungen selber eine Vertiefung und Verdichtung erfährt und weitergeführt wird.

Öffentlichkeitsarbeit
Neben der allmählichen und schrittweisen Hinführung der einzelnen zu den Exerzitien galt es, die Öffentlichkeit der Landeskirche für dieses Vorhaben zu gewinnen. Das Begleiterteam war in diesem Punkt auf die Initiative und den Einsatz des Rektors des Pastoralkollegs angewiesen. Die Kirchenleitung war zu überzeugen, daß »Ignatianische Exerzitien« die Kriterien einer Fortbildung für Pfarrerinnen und Pfarrer erfüllten. Als Angehöriger einer anderen Konfession staune ich und freue mich über die Aufgeschlossenheit, die diesem Unterfangen entgegengebracht

wird. Sie geht weit über eine höfliche Duldung hinaus und stellt in meinen Augen einen deutlichen und unübersehbaren Schritt praktischer Ökumene dar. Bei einer Veranstaltung des katholischen Caritas-Pirckheimer-Hauses in Nürnberg zum Ignatiusjahr 1990/1991 hielt Dr. Wolfgang Dietzfelbinger, der damals neue Rektor des Pastoralkollegs, das Referat »Ignatianische Exerzitien evangelisch gesehen«, das auch im vom Pfarrer- und Pfarrerinnenverein in der Evang.-Luth. Kirche in Bayern herausgegebenen Korrespondenzblatt veröffentlicht wurde[15]. Weit über den Kreis derer hinaus, die sich für die Exerzitien gemeldet hatten, fand dieser Beitrag Beachtung und löste auch kritische Reaktionen[16] aus.

Dieses Referat finde ich im Hinblick auf begleitete Exerzitien, die evangelische Christen machen, sehr hilfreich. Sie werden auf Hindernisse aufmerksam gemacht, die in ihren eigenen Glaubensüberzeugungen wurzeln, werden aber auch mit häufig schon bekannten Defiziten des gelebten Glaubens ihrer Kirche in Berührung gebracht. Katholische Christen, nicht zuletzt solche, die Exerzitien begleiten, werden daran erinnert, was bei Geschwistern anderer Konfessionen in großer Ausgewogenheit und mit viel Takt anzusprechen ist: etwa wenn vom Mitwirken des Menschen mit Gott die Rede ist oder wenn geistliche Übungen stutzig machen, weil spontan Werkgerechtigkeit vermutet wird. Von beidem soll in einem Ton die Rede sein, der nicht den Eindruck aufkommen läßt, mit den Übungen sei eine Heilsgarantie verbunden.

Und wenn von Vorbehalten evangelischer Christen gegenüber der Mystik gesprochen wird, erscheint mir die Anweisung des Ignatius, die *contemplación* – jene Weise des Übens, die den Evangelien am meisten angemessen ist – mit der *historia*, eben mit dem, was gegeben und von meinem Erleben unabhängig ist (GÜ 111)[17], zu beginnen, in einem neuen Lichte. In der Suche nach der *evangelischen Identität* ergeben sich für Hermann Schüßler[18] zahlreiche Fragen: Sollen sich evangelische Pfarrer »aus Mangel an eigener, aus dem evangelischen Wurzelgrund des Glaubens erfahrbaren *praxis pietatis*« wirklich mit den ignatianischen Exerzitien befassen? Wird dadurch die Autorität Jesu, »die unbedingte, unvermittelte und unbegründete«, nicht geschmälert, wird mit Dietrich Bonhoeffer gefragt. Ist nicht wohl oder übel durch diese Berührung mit einer Entstellung des evangelischen Erbes zu rechnen? Wolfgang Galle erinnert in seiner Stellungnahme daran, daß »vom Wort Gottes und seinen Aussagen geleitete Theologen nicht stehen bleiben« sollten bei einer Seelsorge, die sich Psychologie, Pädagogik und Mystik verpflichtet weiß.

Derlei Anfragen, die zunächst an den Autor des Beitrages »Ignatianische Exerzitien evangelisch gesehen« und an die Pfarrerinnen und Pfarrer, die der Einladung zu ignatianischen Exerzitien im Pastoralkolleg folgen, gerichtet sind, lassen mich als Katholiken aufhorchen. Sie machen mir aber auch deutlich, was evangelischen Christen teuer und kostbar ist. Sie geben Anregungen, wie Katholiken den Respekt für die Glaubensüberzeugung von Menschen anderer Konfessionen gestalten können.

»bitten um die innere Erkenntnis des Herrn ...«
Um auf das Motiv für das, was ich als Gast in der evangelischen Kirche nun schon Jahre tun darf, hinzuweisen, erlaube ich mir 2 Kor 4,5 zu zitieren: »Wir verkündigen Christus als den Herrn, uns aber als eure Knechte um Jesu willen.« Der folgende Vers dieses Briefes – »Denn Gott, der sprach: Aus Finsternis soll Licht aufleuchten, er ist in unseren Herzen aufgeleuchtet, damit wir erleuchtet werden zur Erkenntnis des göttlichen Glanzes auf dem Antlitz Christi« –, findet sich in ignatianischen Exerzitien inhaltlich in der zentralen Bitte um innere Erkenntnis des Herrn wieder. Durch die Weise, wie ignatianische Exerzitien vor allem in den *contemplaciones* an die Evangelien heranführen, helfen sie, daß Christen aller Konfessionen auf die gemeinsamen Quellen ihres Glaubens achten, ohne auf Frömmigkeitsformen dieser oder jener Schule zu bestehen. Auch wenn Anregungen, die auf den ersten Blick antiquiert erscheinen mögen, aufgegriffen werden, erhalten sie doch ein je neues Gepräge durch den aktuellen Vollzug. Weder damals noch heute vermochten oder vermögen Formen der *praxis pietatis* die innere Erkenntnis des Herrn zu bewirken. Die Empfehlung des Ignatius, darum zu bitten, ist genau in diesem Sinn zu verstehen und hat nichts an Aktualität verloren.

Die Frömmigkeitspraxis jeder christlichen Konfession »muß etwas mit dem wirklichen Leben der Menschen unserer Zeit zu tun haben«[19]. Darin stimme ich mit Pfarrer Schüßler voll überein. Es wird aber auch immer gelten, daß Frömmigkeitsformen Räume für das Geheimnisvolle, für das *mysterium tremendum et fascinosum* zu erschließen haben. Mit zahlreichen Chorälen und Liedern zu verschiedenen Gelegenheiten[20] haben dazu besonders evangelische Christen viel Kostbares beigetragen, das geeignet ist, die »Herzensfrömmigkeit und Innerlichkeit«[21] ihres Glaubens deutlich zu machen. Für die je fällige Aktualisierung der Frömmigkeitspraxis sind wir immer auf die Zeitgenossen angewiesen. In ihnen tritt uns das, was heute als kostbar gilt, entgegen. Zugleich begegnen wir auch ihrer Bedürftigkeit. Beides ist geeignet, in uns jene Liebe zu wecken, die »Gott in der Schöpfung neu begegnen«[22] läßt.

»... so gehe hin, wo du still sein ... kannst«[23]

Ende April 1991 konnte der erste Kurs begleiteter Einzelexerzitien für 17 Personen beginnen: täglich vier Übungen von je einer Stunde zu einer von den einzelnen gewählten Zeit, ein Gespräch mit der Begleiterin bzw. dem Begleiter, eine halbe Stunde Leibübungen in der Art der Eutonie, in der Kapelle am Morgen ein gemeinsames Gebet in Stille und am Ende des Tages die Vesper, zuvor eine Instruktion von einer knappen halben Stunde zu den »Regularien« der Exerzitien (Struktur einer Übung, vom ›Prinzip und Fundament‹ der Geistlichen Übungen, zur Frage der Unterscheidung der Geister u.ä.). Die vollen acht Tage werden in Stillschweigen, ohne Zeitung, Radio, Fernsehen und Telephon zugebracht. Wälder und Wiesen hinter dem *Haus der Stille* bieten einen idealen Raum für Wandern, Laufen und Radfahren zur Erholung zwischen den Übungen. Diese Elemente und der Umgang mit den Geheimnissen des Lebens unseres Herrn, der die einzelnen diesen gegenüber an je neue Standorte führt, tragen zu einer hilfreichen Atmosphäre bei, an der jede und jeder gebend und empfangend teilhat. Oft erschließt sich hierbei ein überraschender Blick auf das eigene Leben. Als Begleiterinnen und Begleiter sind wir jedes Mal von der Bereitschaft beeindruckt, mit der die einzelnen sich auf das Üben einlassen, das ja, auch wenn sie ihren je eigenen Ort des Übens (Zimmer, Kapelle, St. Laurentius-Kirche im Ort ...) wählen, in einer relativen Öffentlichkeit geschieht.

Auch wenn der Rektor des Pastoralkollegs mit den TeilnehmerInnen des Kurses keine Gespräche hält, ist er doch als Leiter des Kurses da, hält die Gottesdienste am Abend, ist vor und nach den Mahlzeiten zu treffen und in allem darauf bedacht, den Rahmen der Übungen hilfreich zu gestalten. Zweimal während der acht Tage feiert er mit den Versammelten Abendmahl. Einem schien das, womit der Rektor in Erscheinung trat, so wenig zu sein, daß er bei der Schlußrunde die Frage stellte, was denn der Rektor bei diesem Kurs tue. Mir aber sind seine Dienste sehr kostbar, weil dadurch, insbesondere durch die Feier der Gottesdienste, sichtbar wird, daß der Kurs ein Ereignis der Evang.-Luth. Kirche in Bayern ist. Strukturierte Kirche wird gegenwärtig. Auch wenn wir das Glaubensbekenntnis immer in der Ichform sprechen, ist meines Erachtens für das Wachsen der einzelnen in ihrem Glauben die Rückbindung an ihre kirchliche Gemeinde und damit an die gesamte Kirche unabdingbar. Diese Rückbindung eröffnet den Raum für Glaubenszeugnisse, der für das Entstehen und die Entfaltung von Kirche unverzichtbar ist. Dennoch ist Kirche nicht als Summe des Glaubens einzelner zu verstehen. Für Katholiken ist sie der *Christus prolongatus*. Aus der Erfahrung der Begleitung ignatianischer Exerzitien in der evangelischen Kirche gewinne ich immer mehr den Eindruck, daß evangelische Christen mehr und mehr Offenheit dafür zeigen, die Beziehung zu ihrer Kirche zu verlebendigen[24]. Von uns Katholiken erwarte ich, daß sie das Bemühen der evangelischen Kirchen um die Aktualisierung der Nachfolge Christi anerkennen und auch aus diesem Grund ihnen kirchliche Eigenständigkeit zuerkennen.

Feier des Abendmahls
Wenn ich evangelische Christen während ihrer Geistlichen Übungen begleite, begegnen mir viele Gemeinsamkeiten in unserer Frömmigkeitspraxis. Das Unterscheidende, ja manchmal Trennende, das aus der Zugehörigkeit zu verschiedenen christlichen Konfessionen herrührt, trifft mich in sehr schmerzlicher Weise, wenn während dieser Kurse Abendmahl gefeiert wird, worin doch – möchte man meinen – die einigende Kraft des Glaubens an Jesus Christus vor allem sichtbar werde. Wie die Pfarrerinnen und Pfarrer werden auch die Begleiter der Geistlichen Übungen vom Rektor des Pastoralkollegs dazu eingeladen. Abendmahl zu feiern, ohne das Sakrament auch zu empfangen, wird meinem Eindruck nach in solchen Gruppen nicht als Möglichkeit einer Teilnahme erwogen, während hingegen Katholiken an ihrem sonntäglichen Gottesdienst teilnehmen können, ohne zur Kommunion zu gehen. Um ein Segenswort zu bitten statt das dargereichte Abendmahl anzunehmen, wird akzeptiert, von manchen mit schwerem Herzen. Auch wenn ich versichere, daß für mich in der Feier des Abendmahles in Brot und Wein der Leib und das Blut des Herrn gegenwärtig sind und gereicht werden[25] und auch wenn mir zugestanden wird, daß ich mich in der Frage der Teilnahme am Abendmahl evangelischer Christen an die katholische Lehre halte, verursacht meine Enthaltung Schmerz, und ich verletze Schwestern und Brüder, die mir in sehr persönlichen Gesprächen Freuden und Nöte ihres Glaubens anvertrauen. Ein katholischer Priester wird, wenn er in meiner Rolle des Begleiters am Abendmahl evangelischer Christen teilnimmt, ohne das Sakrament zu empfangen, automatisch daran erinnern, daß im Sinn der katholischen Konfession die Vollmacht zum Vollzug der Eucharistie eben vom kirchlichen Amt abhänge.[26] Ich wundere mich nicht, daß mir ein evangelischer Pfarrer in diesem Kontext vorhielt, er fühle sich gerade als Pfarrer von mir nicht ernst genommen.

Immer wieder erlebe ich, wie sehr auch evangelische Christen unter dem Kirchentrennenden leiden und wie sehr ihnen dessen Überwindung wirklich ein Anliegen ist. Eine Pfarrerin, der ich im Herbst 1996 im Kloster Wülfinghausen begegnete, als sie mit einer Schwester der Selbitzer Christusbruderschaft Exerzitien machte, vermochte ihr Verlangen, daß es mir doch möglich würde, an der Abendmahlsfeier des Klosters teilzunehmen, so darzutun, daß es mich überzeugte. In den Geistlichen Übungen im Jahre 1997, die meine Kollegin und ich in Neuendettelsau begleiten durften, gelangte ich dank sehr direkter, aber doch taktvoller Interventionen von evangelischen Pfarrerinnen und Pfarrern in dieser Frage zu einer Position, die durch die vorausgehenden Überlegungen und Begegnungen angebahnt und vorbereitet worden war. So sah ich mich eines Tages als einen, der sich hinter den Vorschriften seiner Kirche eher aus Angst, sich exponieren zu müssen, als aus Geringschätzung der Praxis einer anderen Kirche verschanzt und sich folglich unter Umständen dem aktuellen Wirken des Hl. Geistes verschließt. Solange die Diskussion, ob man »auf diesem Berg« oder »in Jerusalem« anbeten soll (vgl. Joh 4,20), im Vordergrund steht, ist die Gefahr gegeben, den Augenblick zu verpassen, in dem »die wahren Anbeter den Vater anbeten werden im Geist und in der Wahrheit« (Joh 4,23). Praktisch heißt das für mich, daß ich zukünftig in solche vom Glauben an Jesus Christus geprägte und von Gottes Geist erfüllte Begegnungen mit Christen anderer Konfessionen zwar im Wissen um die Fragestellung, aber doch ohne eine vorgefaßte Meinung eintrete.

»Das Problem der Abendmahlsgemeinschaft bleibt (eben) eingebettet in die umfassende Frage nach der Kirchengemeinschaft und Kirchentrennung überhaupt: ›Gemeinsam sind die Kirchen der Auffassung, daß die Abendmahlsgemeinschaft Zeichen und Ausdruck der Kirchengemeinschaft ist. Abendmahlsgemeinschaft ist deshalb nur möglich, wenn sich Kirchen in ihrem Leben und in ihrem Glauben so nahe gekommen sind, daß sich in der Abendmahlsgemeinschaft auch die Glaubens- und Kirchengemeinschaft verwirklicht.‹[27] Darum werden letztlich nur die Aufarbeitung kirchentrennender Divergenzen im Glaubens- und Kirchenverständnis und die Aufhebung früherer gegenseitiger Verurteilungen uns der Abendmahlsgemeinschaft näherbringen.«[28] Was dieses Zitat aussagt, wird unsere ökumenischen Bemühungen noch lange begleiten und prägen. Es gibt aber auch Hinweise und Anregungen genug, die aufzugreifen sind, um ein gelebtes Miteinander von Christen verschiedener Konfessionen erfreulich zu gestalten.

Beim Zusammentreffen von Papst Johannes Paul II. mit den evangelischen Christen am 17. November 1980 in Mainz hatte Landesbischof

Eduard Lohse dringend eine Verbesserung des ökumenischen Miteinander auch im Blick auf die Eucharistiegemeinschaft gefordert. Die nach dieser Begegnung eingesetzte Gemeinsame Ökumenische Kommission (1981–1985) legte im Herbst 1985 das Ergebnis ihrer Arbeit im Schlußbericht zur Überprüfung der Verwerfungen des 16. Jahrhunderts vor. Der katholisch-evangelische Arbeitskreis hatte in sehr kompetenter Weise die im 16. Jahrhundert ausgesprochenen Verwerfungen eingehend überprüft. So sehr die Untersuchungen sehr differenzierte Beurteilungen ergaben, insgesamt besagen sie, daß eine Reihe von Verwerfungsaussagen auf Mißverständnissen der Gegenposition beruhten oder Lehre und Praxis des heutigen Partners nicht mehr treffen. Bei einer dritten Gruppe von Verwerfungsaussagen haben neue Sacheinsichten zu einer weitreichenden Verständigung geführt. Schließlich gibt es auch solche, in denen sich auch heute noch kein Konsens feststellen läßt.[29]

Den erwähnten Schlußbericht beantwortete der Päpstliche Rat zur Förderung der Einheit der Christen im Dezember 1992 mit einem Gutachten. Darin entdecke ich wertvolle Anregungen zur ökumenischen Praxis. Ausgehend von der Unterscheidung zwischen der »Ebene des Glaubens« und der »Ebene der theologischen Formulierung« eröffnet es die Möglichkeit, »von einer Identität der Glaubenswahrheit im Wandel der Zeit und der Sprachgestalten« zu sprechen. Darin wird die Grundlage für eine »legitime Pluralität komplementärer theologischer Modelle« gesehen, die wiederum eine Verbindung zur »legitimen Pluralität der Frömmigkeitspraxis« herstellen.[30] Das Gutachten bringt einer konfessionsverbindenden Gemeinschaft im Leben eine hohe Wertschätzung entgegen. Die diesbezüglichen Überlegungen werden von der Sorge, eucharistische Gemeinschaft zu ermöglichen, geleitet. In ihnen haben auch die pastorale und liturgische Praxis einen Ort. Dem Päpstlichen Einheitsrat liegt daran, Wege zu ebnen für ein Miteinander der Kirchen, das auch in der gottesdienstlichen Praxis erfahrbar wird. Taufe und Eucharistie »feiern (ja) den Grund und die Sinngestalt des christlichen Glaubens, der auf die Menschwerdung des Wortes Gottes in Jesus Christus, insbesondere auf seinen Tod und seine Auferstehung antwortet.«[31]

Vor drei Jahren veröffentlichte der Tübinger Dogmatiker Peter Hünermann einen Artikel zur Gestalt des Petrusdienstes am Ende des zweiten Jahrtausends[32], der gestützt auf die Enzyklika *Ut unum sint* vom Mai 1995 die Hoffnung nährt, daß aufgrund eines neuen Verständnisses des Petrusdienstes, das sich anbahne, mit einer Änderung im Verhältnis des Papsttums zu den Kirchen der Reformation zu rechnen sei. Mit der eben genannten Ökumene-Enzyklika habe Johannes Paul II. »einen ungemein folgenreichen Schritt zur Fortschreibung des Zweiten Vatikanischen Konzils getan: Er habe eine erste umrißhafte, funktionale Differenzierung seiner ›suprema et universalis ordinaria potestas‹ vorgenommen«[33]. Für Hünermann tut sich ein Raum auf »für die Heilung des abendländischen Schismas im Zeitalter der Reformation. Ist der Sinn des Petrusdienstes das wachende Sorgen, daß Wort und Dienst Jesu Christi in der ganzen Kirche sich ungehindert entfalten können, so unterliegt das Amt der Kriteriologie des Evangeliums. Der Glaube und das geistvermittelte Leben stehen im Zentrum.«[34]

Zugegeben, die erwähnten Hoffnungszeichen gehören stark dem Grundsätzlichen an, betonen aber auch, daß der Praxis des kirchlichen Miteinanders auf dem Weg zu einer Wiedervereinigung große Bedeutung zukommt. Wenn wir in gegenseitiger Hochachtung und in der Bereitschaft, voneinander zu lernen, uns begegnen, werden immer wieder Schritte auf diesem Weg möglich werden. Ein weiteres Hoffnungszeichen ist mir auch jene leise Anerkennung, die Papst Johannes Paul II. während seines letzten Besuches in Deutschland Martin Luther für sein Bemühen um den Glauben seiner Zeitgenossen entgegenbrachte[35].

Soll die Einheit der Christen voranschreiten, sehe ich nicht zuletzt als einzelner mich gefordert. Bei allem Respekt für die Normen und die Lehre der Kirche ist ebenso zu achten auf die außergewöhnlichen inneren und äußeren Lebensumstände einzelner und Gruppen, die auch mit ihrer Geschichte ernst zu nehmen sind. Es verlangt Mut und erfordert auch Kraft, eigenständig und unabhängig Normen für eine konkrete Situation gemäß der Wahrheit, die in der Norm ausgedrückt wird, zu verbessern.[36] Damit wird eine Tugend eingefordert, deren Wert im Laufe der Jahrhunderte unterschiedlich eingeschätzt wurde, aber neuerdings an Bedeutung gewinnt.

Die Beschenkten

Insgesamt staune ich von Jahr zu Jahr mehr, mit wieviel Bereitschaft und Sorgfalt die Begleiteten sich auf das Üben einlassen. Gewiß erleben die einzelnen die Übungen immer auf ihre Weise. Häufig wiederkehrende Ähnlichkeiten im Erleben rechtfertigen es, auf die Berichte zurückzugreifen, die nach den Ignatianischen Exerzitien im Jahre 1991 im schon erwähnten Korrespondenzblatt veröffentlicht wurden. Auch wenn die Titel der Berichte bisweilen provokant klingen, fassen diese im Rahmen eines Korrespondenzblattes die entscheidenden Sachverhalte differenziert, klar und treffend ins Auge: »Gehirnwäsche oder Seelenreinigung? – Ignatianische Exerzitien«[37]; »Intensive, organisierte Seelsorge – Bericht eines Teilnehmers an den ›Ignatianischen Exerzitien‹ im Pastoralkolleg«[38]; »Ignatius von Loyola in Neuendettelsau – Die Gnade, an der Gnade mitwirken zu dürfen«[39].

K. Ponkratz scheint von manchen Kolleginnen und Kollegen, die nicht am Kurs teilgenommen hatten, eine kühle Brise des Mißfallens zu spüren bekommen zu haben. Das hatte ihn bewogen, das Geschehen zu beschreiben und seine Erfahrungen zu schildern. Indem er sich auf die Schriftstellen, die ihm die Anleiterin zur Übung empfahl, einließ, »konnte ich«, so schreibt er in seinem Bericht, »die gute Erfahrung machen, mein ganzes bisheriges Leben vor Gott zu bringen und im Bewußtsein seiner Begleitung in die Zukunft gehen zu können.« Vor allem die methodischen Anregungen des vertiefenden Wiederholens waren ihm wertvoll. Weit entfernt von dem so oft gegen die Exerzitien vorgebrachten Manipulationsverdacht empfand er die Gespräche mit der Begleiterin bereichernd, die ihm selbst am späteren Nachmittag nach fünf anderen Gesprächen »ungeteilte Aufmerksamkeit zu schenken vermochte«.

G. Münderlein brachte noch am Abend des Tages, an dem die Exerzitien zu Ende gingen, seinen Eindruck spontan zu Papier: »Um das Fazit vorwegzunehmen: Von Gehirnwäsche keine Spur; ich erlebte diese Tage als Seelenreinigung, als zum guten Teil mich selbst überraschende Schritte zur Klärung, zur Veränderung und zu Neuansätzen meines Glaubens.« Ihm war es neu, so viel über seinen Glauben reden zu können, nicht primär über dessen Inhalte, »sondern über Vorgänge, Erlebnisse, Empfindungen, Hemmungen und Widerborstigkeiten«. Den Begriff der Seelenreinigung deutet er schließlich köstlich und treffend zugleich: »Sie geschieht wohl so, daß Verkrustungen sich ablösen, vor allem theologisch-intellektuelle, biographische, hierarchische, und das eigentliche religiöse Leben zutage tritt.« Wurden die einzelnen, auf sich allein gestellt, zu ihrem je eigenen Weg ermutigt, so konnte dennoch »das gemeinsame Erleben in der Gruppe und ihre tragende Solidarität« im Schweigen als hilfreich empfunden werden.

D. Kollers Blick auf seine ersten ignatianischen Exerzitien ist aus einem größeren Abstand dazu geschrieben und erschien ein Jahr danach im Korrespondenzblatt. Ihm wurde »alles, was zum *Übungs*charakter der Exerzitien gehört«, so zwanghaft es auf den ersten Blick auch erschien, zur Wohltat. »Mir war es, als würde die göttliche Gnade geradezu darauf warten, ihr das leere Gefäß der Übungen darzubieten.« Alles Üben steuert auf eine Zwiesprache mit Christus zu (GÜ 53, 54) in der »Konkretion eines wirklichen Sprechens«, wie eben »ein Freund zu einem anderen spricht oder ein Diener zu seinem Herrn« (GÜ 54). In einigem Abstand zu seinen Geistlichen Übungen ging Koller der Frage nach, »welche *geistlichen* Prozesse ... durch die Methodik der Exerzitien ausgelöst« wurden: Der Einsatz der Vorstellungskraft führt dazu, daß das Evangelium konkret zu einem spricht. Dabei wird sich immer die Frage stellen, inwieweit in den vorgestellten Raum das konkrete Ereignis eintritt, das durch die Evangelienperikope vor Augen gezeichnet wird, oder ob dieser Raum sich vorwiegend mit subjektiven Phantasiegebilden füllt und angereichert wird. Bisweilen wird es als notwendig empfunden, den Wald der Bilder zu durchforsten, damit das Sonnenlicht auf den Boden der Realität fällt. Schon das bloße Erzählen vor dem Begleiter bietet dafür eine große Hilfe. Der Begleiter hatte mit ihm auch darauf zu achten, daß sich nicht die Meinung einschleiche, wer treu übe, erwirke die Gnade. »Es ist eben eine Gnade, an der Gnade mitwirken zu dürfen.« In geistlichen Prozessen wird sich immer die Frage stellen, wes Geistes Kind eine innere Bewegung ist. Zum Umgang mit solchen Fragen bietet Ignatius in seinen Regeln, »um einigermaßen die verschiedenen Regungen zu verspüren und zu erkennen, die in der Seele verursacht werden, die guten, um sie anzunehmen, und die bösen, um sie abzuweisen« (GÜ 313–370, hier 313), eine kaum zu überschätzende Hilfe an.

In diesem Kreis konnte ich mich, das darf ich ohne Einschränkung sagen, immer wohl fühlen, weil ich mich nie unter den Lehrern fand, die den Ohren zu schmeicheln suchen (vgl. 2 Tim 4,3). Ohne Angst konnte und kann ich zu meinen Grenzen in Theologie, Bibel- und Humanwissenschaften und in anderen Bereichen stehen.

Wenn vom Dienst gesprochen wird, den wir beide aus der katholischen Kirche, die Begleiterin und ich, wiederholt in einer evangelischen Kirche anbieten dürfen, mag die Meinung aufkommen, wir würden nur geben, nicht auch empfangen. Von dem, was uns entgegengebracht wird, schätze ich das Vertrauen über alles. In diesem Raum und Rahmen kommt auch die wohl intimste Beziehung, die des Glaubens an Jesus Christus und seinen Vater, und ihre Kultivierung im Gebet zur Sprache. Immer wieder erstaunt es mich, wieviel Gebetspraxis sehr oft von Kindheit an vorhanden ist. Oft sind es Verse und Melodien, die uns besonders nahe stehen, manches in Bewegung setzen und den Boden für unterschiedliche Weisen des Betens bereiten: Dank, Lobpreis, Bitte, Fürbitte, Anbetung. Da und dort gab es im Leben derer, die wir begleiten durften, Ereignisse, die nach vielen Jahren in einer Weise zur Sprache kamen, daß sie auch vor Gott ausgesprochen werden konnten. Un-

ter Umständen konnte dies auch in der Gegenwart von davon unmittelbar betroffenen Menschen geschehen. Als Begleiter kommt es mir dabei jedes Mal so vor, als würde mir Zutritt zu einem heiligen Raum gewährt.
    Inwieweit das Gut der geistlichen Lieder an die folgende oder übernächste Generation weitergegeben werden konnte oder ob etwas anderes an ihre Stelle getreten ist, ist eine Frage, die im Zusammenhang einer neu zu begründenden *praxis pietatis* von Bedeutung sein wird. Es zeigt sich heutzutage, daß junge Erwachsene auch im evangelischen Raum unschwer für Exerzitien im Alltag (bestimmte religiös-geistliche Übungen, die etwa eine Fastenzeit lang täglich gemacht werden) gewonnen werden können und auf Anleitungen zu einer *praxis pietatis* geradezu warten. Solche Beobachtungen zeigen aber auch, daß eine Vertrautheit mit den unterschiedlichen Gebetsformen mittlerweile verblaßt ist. Aufgrund der Exerzitienpraxis mit evangelischen Pfarrerinnen und Pfarrern rechne ich mehr und mehr mit der Frage aus ihren Reihen, wie sie interessierte Gemeindeglieder für ein ähnliches Tun gewinnen könnten. Es ist ja nicht ausgeschlossen, daß sie ähnlich, wie Martin Luther es für seinen Freund Peter Balbierer tat, es auf sich nehmen, Gebetsunterricht zu geben.[40]

Der springende Punkt: vitam Christi exercere

In seiner Charakterisierung der *exercitia spiritualia* reiht Heinrich Boehmer Ignatius von Loyola bei aller Eigenart, die vor allem durch dessen Ziel, den Seelen zu helfen, bedingt war, in die Reihe der deutschen Mystiker[41] ein. Sie hatten eine Methode des Übens entwickelt, nach der »der Fromme so gut wie nichts‹ anderes tut als ›vitam Christi exercere‹ (›das Leben Christi einzuüben‹)«.[42] Diese Kennzeichnung gilt ganz gewiß für die zeitintensiven Geistlichen Übungen des Ignatius, insbesondere für die *contemplaciones*, die den einzelnen »die Geheimnisse des Lebens unseres Herrn« erschließen sollen. Sie gilt aber darüber hinaus, sofern das ganze Leben, nicht zuletzt aufgrund der Exerzitien, von der Beziehung zu Jesus Christus geprägt sein soll. Darauf weist die Formel *im Herrn* hin, die in verschiedenen Zusammenhängen unzählige Male im Schriftgut des Ignatius verwendet wird. Man kann mit gutem Grund sagen, daß jene Haltung, die mit der Formel *im Herrn* umschrieben wird, durch das *vitam Christi exercere* der Geistlichen Übungen eingeleitet wird. Ein kurzer Abschnitt aus der *contemplación* von der *Geburt unseres Herrn* mag die Atmosphäre dieses Übens andeuten:

»DER ERSTE PUNKT IST: Die Personen sehen, nämlich unsere Herrin sehen und Josef und die Magd und das Kind Jesus, nachdem es geboren ist; ich mache mich dabei zu einem kleinen armen und unwürdigen Knechtlein, indem ich sie anschaue, sie betrachte und ihnen in ihren Nöten diene, wie wenn ich mich gegenwärtig fände, mit aller nur möglichen Ehrerbietung und Ehrfurcht. Und danach mich auf mich selbst zurückbesinnen, um irgendeinen Nutzen zu ziehen.« (GÜ 114)

Die Einladung, die biblischen Szenen so zu betrachten, »wie wenn ich mich gegenwärtig fände«, weist auf die Aktivierung des Vorstellungsvermögens hin, das es gestattet, Raum und Zeit zu überwinden auf den hin, der von sich sagt: »Ich bin es« (so etwa Joh 4, 26; 6, 20).[43] Hinsichtlich dieses Punktes greift Ignatius auf das Prooemium der *Vita Jesu Christi* des Ludolf von Sachsen zurück: »Wenn du ... aus den Betrachtungen Frucht schöpfen möchtest, sollst du mit der ganzen Hingabe des Herzens aufmerksam, zum Verkosten bereit, langsam, ohne dich um anderes zu sorgen oder zu kümmern, dich dem, was durch den Herrn gesagt oder getan wurde, so zuwenden, als wärest du gegenwärtig, als würdest du es mit eigenen Ohren hören und mit deinen Augen sehen.«[44]

Schon durch seine Schrift *Ein kleiner Unterricht, was man in den Evangelien suchen und erwarten soll – 1522*[45] kommt Martin Luther in der Nähe der deutschen Mystik zu stehen. Da ist zu lesen: »Das Hauptstück und der Grund des Evangeliums ist, daß du Christus, ehe du ihn zum Vorbild nimmst, zuvor entgegennehmest und erkennest als eine Gabe und ein Geschenk, das dir von Gott gegeben und dein eigen ist. ... Darum sieh darauf: Christus als Gabe nährt deinen Glauben und macht dich zum Christen. ... Wenn du nun das Evangelienbuch auftust, liest oder hörst, wie Christus hierhin oder dahin kommt oder jemand zu ihm gebracht wird, sollst du dadurch die Predigt oder das Evangelium vernehmen, durch welches er zu dir kommt oder du zu ihm gebracht wirst. Denn das Evangelium predigen ist nichts anderes als Christus zu uns kommen lassen oder uns zu ihm bringen.«[46] In der Hochschätzung des menschlichen Vorstellungsvermögens stimmen Luther und Loyola überein. Beide sehen darin Mittel und Weise, an geistliche Nahrung heranzukommen, sich zu erneuern. Luthers Weihnachtspredigten sind ohne ausgeprägten Rückgriff auf das Vorstellungsvermögen kaum nachvollziehbar. Für Luther und Loyola ist das, was im Evangelium geschrieben steht, der Ausgangspunkt ihres Übens. Luther hält eine Predigt, um Christus zu uns kommen zu lassen oder uns zu ihm zu bringen. Loyola lädt den Exerzitanten ein, dank der eigenen Vorstellungskraft die Geschichte vom Leben, Leiden, Sterben und Auferstehen des Herrn nochmals zu leben. Die *historia* der Evangelienperikope, die Loyola dem

Exerzitanten vorlegen läßt, und das Evangelium, wie es Luther in der Predigt vermittelt, hat die Qualität eines Sakramentes und verweist auf eine Wirklichkeit, die vom Sichtbaren und Hörbaren nicht losgelöst, aber doch jenseits davon gelegen ist. Beide malen uns Jesus Christus vor Augen als den Gekreuzigten.[47]

Diese einzelne, aber doch schon Jahre währende Erfahrung mit ignatianischen Exerzitien im Leben der evangelischen Kirche eröffnet in ihrer Beschreibung den Blick auf eine eher selten geübte Weise der Ökumene. In der Mitte des Geschehens steht die Hochschätzung von Gottes Wort, sofern es auf Gottes heilbringendes Handeln an uns aufmerksam macht, Leben in Fülle (vgl. Joh 10,10) erwarten läßt, aber uns auch unumgänglich in die Entscheidung stellt: »Wer nicht für mich ist, der ist gegen mich; wer nicht mit mir sammelt, der zerstreut.« (Mt 12,30) Wer sich als Person dem Wort Gottes aussetzt, wird früher oder später auf die Einsetzung der Eucharistie stoßen und sich mit Jesu Auftrag an die Seinen »Tut dies zu meinem Gedächtnis!« konfrontiert sehen. Unausweichlich wird sich die Frage zu stellen, wie Christen diesem Auftrag gerecht werden können, ohne sich in unterschiedlichen Positionen festzubeißen und die Ausführung des Auftrages zu blockieren. In solchem Bemühen um gelebte Ökumene erweist es sich einmal mehr, daß jegliche Erneuerung christlichen Lebens im Wirken des Hl. Geistes ihren Ursprung hat. Ihm gilt es, Raum zu geben. Erfahrungen von Christen verschiedener Konfessionen im Bereich der Frömmigkeitspraxis, aber auch die Beobachtung, wie Protestanten und Katholiken zu kooperieren vermögen, wenn sie sich gemeinsam den Anforderungen der Zeit stellen, legt die Frage nahe, ob Gespräche über lehrmäßige Differenzen und Übereinstimmungen unter ihnen tatsächlich jenen Vorrang vor der Praxis verdienen, der ihnen oft eingeräumt wird. Im ökumenischen Dialog stehen Theologen und Kirchenleitungen allerdings vor der dringenden Forderung, zu Lösungen zu kommen, die den Christen aus unterschiedlichen Traditionen allgemein anerkannte Wege zu einem auch in wesentlichen Belangen gemeinsam vollzogenen Christsein eröffnen. Die Fragen nach Gott, nach Jesus von Nazaret, nach Jesu Geist, nach dem Menschen und seiner Erde »werden nicht mehr an die eine Kirche gegen die andere gestellt. Es sind überhaupt keine Fragen an getrennte Kirchen, sondern Fragen an die Glaubwürdigkeit der Gemeinschaft der Christen. Alle miteinander haben auf diese Fragen zu antworten.«[48]

ANHANG

Einzelexerzitien

1. Beschreibung:
Einzelexerzitien sind eine Zeit der Einsamkeit und des Gebets, um sich vom Wort und Geheimnis Gottes treffen und umwandeln zu lassen.

Der Exerzitant verbringt die ganze Zeit in Stille und Schweigen. Es wird erwartet, daß er täglich mehrere Stunden betet, wofür er vom Exerzitienbegleiter inhaltliche und methodische Anregungen und Hilfen erhält.

Auch die Zeit zwischen den ausdrücklichen Gebets- oder Meditationszeiten soll von zerstreuender Beschäftigung und fremden Zwecken (Arbeiten, Kontakten, Briefe schreiben usw.) freigehalten und entspannender, ruhiger Erholung (Spazierengehen, leichtem Sport, Handarbeit o.ä.) gewidmet werden.

Der Begleiter ist ein Helfer dazu, daß der Exerzitant seinen Weg gehen kann. Ein etwa halb- bis dreiviertelstündiges Gespräch am Tag, unter Umständen auch zwei kürzere Gespräche – dienen dieser Hilfe. Vom Exerzitanten wird erwartet, daß er dem Begleiter von seinen Erfahrungen in und außerhalb der Gebetszeiten berichtet, dabei auch Störungen nicht verschweigt. So lernt er allmählich, das Wirken Gottes in und mit sich zu erfassen, und der Begleiter kann die inhaltlichen und methodischen Hinweise für den nächsten Tag darauf abstimmen.

Die Gruppe der Exerzitanten bleibt im Hintergrund. Diskussionen und Gespräche untereinander finden nicht statt – auch nicht während der Mahlzeiten. Die in der Stille wachsende Gemeinschaft kommt im Gottesdienst zum Ausdruck, in dem auch die Möglichkeit gegeben ist, etwas aus der eigenen Erfahrung als Dank oder Bitte einzubringen.

Einzelexerzitien, die jemand wohl in Begleitung, aber außerhalb einer Gruppe macht, können eine besondere Art von Anforderung mit sich bringen.

2.Voraussetzungen:
Damit diese Art von Exerzitien für den Exerzitanten fruchtbar werden kann, müssen bereits geistliche Erfahrungen gemacht und bestimmte Voraussetzungen gegeben sein. Sie sind hier aufgeführt.
1) *Motivation*: Es kann verschiedene Ansatzpunkte für den Wunsch geben, Einzelexerzitien zu machen. Entscheidend ist, daß die Sehnsucht

nach Gott, die Hoffnung auf sein Wirken und die Bereitschaft, sich diesem Wirken auszusetzen, da sind.

2) *Gebet*: Es wird vorausgesetzt, daß persönliches und individuelles Gebet bereits zum Bedürfnis geworden und in regelmäßiger Praxis einer täglichen Gebetszeit im Alltag eingeübt ist. Positive Erfahrungen mit längeren Gebets- oder Meditationszeiten (halbe bis ganze Stunde) müssen gemacht worden sein.

3) *Wachheit und Aufmerksamkeit:* Eine gewisse Sensibilität für das eigene Innenleben (Gefühle, Spannungen, Ängste und Hoffnungen) wird erwartet. Eine gewisse Aufmerksamkeit darauf sollte gewachsen sein, daß alle Bereiche des Lebens (Familie und Beruf, Freizeit und Beziehungen, Leiblichkeit, Weltereignisse usw.) mit Gott zu tun haben.

4) *Fähigkeit, sich einem Begleiter zu öffnen*: Es wird vorausgesetzt, daß es bereits als Hilfe erfahren worden ist, Erfahrungen, Entwicklungen und Schwierigkeiten des eigenen Lebens mit einem anderen Menschen (einem geistlichen Begleiter, Beichtvater, Freund oder Weggefährten) zu besprechen, und daß die Bereitschaft besteht, während der Exerzitien die Hilfe des Exerzitienbegleiters entsprechend zu benützen.

5) *Exerzitien- oder Meditationskurse:* Es wird erwartet, daß drei- bis sechstägige Exerzitien oder Meditationskurse bereits gemacht worden sind, in denen Raum und Anleitung für längere Gebets- oder Meditationszeiten gegeben wurde und ein persönlicher Weg möglich war.

6) *Belastbarkeit*: Eine normale psychische Belastbarkeit wird vorausgesetzt, die langes Alleinsein, Ängste und Trauer, Freude und Glück auszuhalten vermag. Falls jemand eine Psychotherapie macht, muß die Zustimmung des Therapeuten erfragt werden.

3. Teilnahmebedingungen:

1) *Klärung der Teilnahme:* In einem Vorgespräch mit dem in Aussicht genommenen Begleiter geht es darum, ob diese Art Exerzitien jetzt für den Exerzitien-Interessenten das geeignete Mittel sein können, um auf dem Weg zu Gott weiterzukommen. Es dient auch dazu, einander kennenzulernen und herauszufinden, ob ein Vertrauensverhältnis entsteht. Die endgültige Entscheidung für die Exerzitien wird deshalb von beiden Seiten erst nach dem Vorgespräch getroffen.

2) *Volle Teilnahme*: Der Teilnehmer verpflichtet sich, sich für die ganze Zeit der Exerzitien für das Exerzitien-Geschehen frei zu halten und keine anderen Arbeiten oder Aufgaben während der Exerzitien (nebenher) zu erledigen.

3) *Information des Begleiters:* Der Teilnehmer verpflichtet sich, den Begleiter über auftretende gesundheitliche Probleme (Schlaflosigkeit, Fieber, akute Schmerzen usw.) und eingenommene Medikamente zu informieren, da eine Wechselwirkung mit dem Exerzitien-Geschehen bestehen kann.

ANMERKUNGEN

1 Hans Wolter, *Ignatius von Loyola und die reformatorische Bewegung des 16. Jahrhunderts* in: »Strukturen christlicher Existenz« – Festgabe für P. Friedrich Wulf SJ. Hg. H. Schlier, E. von Severus, J. Sudbrack, A. Pereira. Würzburg 1968, 97-106, hier 100.
2 Ebd. 104.
3 Ein protestantischer Historiker, der sich in sehr gründlichem Quellenstudium mit Ignatius von Loyola und seinem Orden so befaßt hatte, daß er in einschlägigen Standardwerken des Jesuitenordens immer noch als kompetenter Kenner der Materie genannt wird. Er starb, ehe er sein Projekt *Studien zur Geschichte der Gesellschaft Jesu* vollenden konnte. Ein erster Band mit dem Titel *Loyola* erschien 1914 in Bonn. Mit geringfügigen Änderungen wurde dieses Werk 1941 und 1951 von H. Leube neu herausgegeben. – Hier ders., *Loyola und die deutsche Mystik. In Berichte über die Verhandlung der Sächsischen Akademie zu Leipzig. Philologisch-historische Klasse.* 73. Band. 1921. 1. Heft, 30 (zusammenfassend): Auch wenn Ignatius von Loyola durch seine nachhaltige Berührung mit der *Vita Jesu Christi* des Ludolf von Sachsen nicht zum Einswerden mit der Gottheit geführt worden sei, »wird nichts an dem Ergebnis geändert, daß er alle für seine innere Entwicklung entscheidenden Anregungen von der deutschen Mystik empfangen hat« – vermittelt durch die *Vita Jesu Christi,* »das einflußreichste Produkt der deutschen Mystik ..., das seit dem 18. Jahrhundert vollständig in Vergessenheit geraten ist«. Ebd. 5.
4 Es sei nur eine von den zahlreichen Editionen zitiert: Ludolphus de Saxonia, *Vita Jesu Christi ex Evangelio et approbatis ab Ecclesia catholica doctoribus sedule collecta.* Tom. I-IV. Editio novissima curante L. M. Rigollot. Paris 1878. Während dieses Werk in verschiedene europäische Sprachen übersetzt wurde, kam bislang keine vollständige deutsche Übersetzung zustande. Seit kurzem liegt eine Auswahl, die sich an *Geheimnisse des Lebens unseres Herrn,* wie sie im Exerzitienbuch des Ignatius zu finden sind, orientiert, in deutscher Sprache vor: Ludolf von Sachsen, *Das Leben Jesu Christi.* Ausgewählt und eingeleitet von Susanne Greiner; aus dem Lateinischen übertragen von Susanne Greiner und Martha Gisi. Einsiedeln, Freiburg 1994.
5 Andreas Falkner, *Was las Iñigo de Loyola auf seinem Krankenlager?* Zum Prooemium der »Vita Jesu Christi« in: Geist und Leben 61(4/1988) 259-264 samt der Übersetzung des Vorwortes, ebd. 265-284, hier 260.
6 Heinrich Boehmer, *Loyola und die deutsche Mystik* (s. Anm. 3) 5.
7 Hans Wolter, *Gestalt und Werk der Reformatoren im Urteil des hl. Ignatius von Loyola* in: Festgabe Joseph Lortz. Hrsg. Erwin Iserloh und Peter Manns. Bd. I: Reformation – Schicksal und Auftrag. Baden-Baden 1958, 43-67.
8 Ebd. 50.
9 Ebd. 59.

10 Ebd. 66.
11 Eine geraffte Darstellung bietet die Information, die Exerzitienbewerbern an die Hand gegeben wird und die im *Anhang I* abgedruckt ist.
12 Abkürzung für: Ignatius von Loyola, *Geistliche Übungen*. Nach dem spanischen Urtext übersetzt und erläutert von Peter Knauer. Würzburg 1998. Die Zahlen nach der Abkürzung beziehen sich auf die Gliederung des Buches in Abschnitte.
13 Eine Einrichtung der Jesuiten des deutschen Sprachraumes, die 1984 ins Leben gerufen wurde und seit 1987 von Frankfurt aus arbeitet. Ihr Ziel besteht in der Weitergabe des ignatianischen Erbes an den Orden und die regionale Kirche unserer Tage.
14 Vor etwa 30 Jahren von verschiedenen Orden errichtet, bringt dieses Institut zahlreiche Angebote, die vor allem Berufsanfängern und bei ordensinternen Herausforderungen Hilfen bieten sollen.
15 Korrespondenzblatt, hrsg. vom Pfarrer- und Pfarrerinnenverein der Evang.-Luth. Kirche in Bayern 106 (März 1991), s. hier S. 136ff
16 In der übernächsten Folge des eben genannten Korrespondenzblattes [106 (Mai 1991) 76-78] wurden zwei kritische Stellungnahmen [»Traurig und voller Fragen ...« – Zwei Ausspracheb eiträge zu »Ignatianische Exerzitien, evangelisch gesehen«] abgedruckt, die eine vom inzwischen verstorbenen Herrn Hermann Schüßler, Pfarrer i. R., die andere von Herrn Wolfgang Galle, Pfarrer in Amberg. Beide nennen eine Reihe von Befürchtungen und Gefahren, die diese Sache und Praxis mit sich bringe.
17 GÜ 111. Das Paradigma der *contemplación* wird hauptsächlich in den Betrachtungen *über die Menschwerdung* und *von der Geburt* geboten. S. GÜ 101-117. Ausführlicher dazu: Andreas Falkner, *Schritte des Betens – Die contemplación nach Ignatius von Loyola*, in: Korrespondenz zur Spiritualität der Exerzitien 44 (1994) Heft 65, 18-25.
18 Korrespondenzblatt (s. Anm. 15) 77.
19 Ebd.
20 Viele solche Texte stammen von Paul Gerhardt (1607-1676) und Gerhard Tersteegen (1697-1769), Nikolaus Ludwig Graf von Zinzendorf (1700-1760). Martin Luther selbst verfaßte Kirchenlieder, von denen sich einige auch im »Gotteslob«, dem aktuellen katholischen Gebet- und Gesangbuch, finden. Für den gesanglichen und musikalischen Beitrag aus den Reihen des evangelischen Glaubens sei hier lediglich eine, allerdings überragende Gestalt genannt, der Leipziger Thomaskantor Johann Sebastian Bach (1685-1750).
21 Martin Honecker, Evangelischer Fremdenführer für katholische Christen. In: Martin Honecker/Hans Waldenfels, *Zu Gast beim anderen – Evangelisch-katholischer Fremdenführer*. Aktualisierte Neuausgabe. Paderborn 1997, 187.
22 Korrespondenzblatt (s. Anm. 15) 77.
23 Eine Zeile aus einem Text von *Martin Luther,* der wunderbar dartut, was bei Geistlichen Übungen geschehen kann:
24 Siehe dazu Dr. Wolfgang Dietzfelbingers Aufsatz *Unvollkommen und doch kostbar – Was wir von der katholischen Kirchlichkeit lernen können* in: Korrespondenzblatt (s. Anm. 15) 111(11/1996) 149-152. Darin werden zahlreiche Aspekte und Möglichkeiten einer solchen Verlebendigung angesprochen.
25 Entsprechend Martin Luthers Auffassung von der realen Gegenwart des Leibes Christi in der Brotsubstanz: *praesens in, cum et sub pane* – eine Formel, die orthodoxlutherische Theologen geprägt haben. Vgl. Pohle *Lehrbuch der Dogmatik*. Neubearbeitet von Michael Gierens. Bd. III, Paderborn ^{3}1937, 206. Gegenüber den Positionen der dreißiger Jahre der in der Ökumene verhandelten Fragen hat sich seit dem Zweiten Vatikanischen Konzil auf eine Annäherung und Verständigung hin viel

geändert. Der Artikel *Abendmahl* im *Ökumene-Lexikon* (Hrsg. in Verbindung mit Athanasios Basdekis ... von Hanfried Krüger ... Frankfurt 1983, 1-10) zeigt das beispielhaft an. Die Frage nach der Weise der Realpräsenz tritt in den Hintergrund. Man stimmt darin überein, heißt es in Sp. 2, »daß die sakramentale Gegenwart Christi vom Glauben des einzelnen unabhängig ist, daß aber doch die sakramentale Gabe im Glauben ergriffen werden muß, damit der einzelne die heilswirkende Kraft dieser Gabe empfängt.«

26 S. *Lehrverurteilungen – kirchentrennend?* – Bd. I: Rechtfertigung, Sakrament und Amt im Zeitalter der Reformation und heute. Bd. IV: Antworten auf kirchliche Stellungnahmen. Hg.: Ökumenischer Arbeitskreis evangelischer und katholischer Theologen – K. Lehmann und W. Pannenberg (Bd. I), W. Pannenberg und Th. Schneider (Bd. IV). Freiburg im Breisgau und Göttingen 1986 (B. I), 1994 (Bd. IV), hier Bd. I, 193 und Bd. IV, 75.

27 Gemeinsame kirchliche Empfehlungen für die Seelsorge an konfessionsverschiedenen Ehen und Familien, hrsg. von der Deutschen Bischofskonferenz und der Kirchenkanzlei der EKD, 1981, 2.5.5.

28 H.Meyer/H.Schütte im Artikel *Abendmahl* in: Ökumene-Lexikon (s. Anm. 25) 8-9.

29 S. *Lehrverurteilungen – kirchentrennend?* (s. Anm. 26) Bd. I, 189.

30 S. Ebd., Bd. IV, 19, 112.

31 Ebd. 69.

32 *Amt und Evangelium* in: Herderkorrespondenz 50(6/1996) 298-302.

33 Ebd. 301.

34 Ebd.

35 »Wir begehen in diesem Jahr die 450. Wiederkehr des Todestages Martin Luthers. Das Gedenken an ihn läßt uns heute nach Jahrhunderten leidvoller Entfremdung und Auseinandersetzung deutlicher den hohen Stellenwert seiner Forderung nach einer schriftnahen Theologie und seines Willens zu einer geistlichen Erneuerung der Kirche erkennen. ... Seine Aufmerksamkeit für das Wort Gottes wie auch seine Entschiedenheit, den als richtig erkannten Weg des Glaubens zu sehen, lassen gewiß nicht seine persönlichen Grenzen übersehen und ebensowenig die Tatsache, daß grundsätzliche Probleme im Verhältnis von Glaube, Schrift, Überlieferung und Kirche, wie sie Luther gesehen hat, bis heute noch nicht ausreichend geklärt sind.« Aus der Ansprache von Johannes Paul II. in der Begegnung mit EKD und ACK im Juni 1996 in Paderborn, in: Herderkorrespondenz 50 (8/1996) 407. Beim ökumenischen Gottesdienst dieser Begegnung würdigte Johannes Paul II. Martin Luthers Einsatz für eine längst fällig gewesene Reform: »Luthers Ruf nach Reform der Kirche war in seiner ursprünglichen Absicht ein Aufruf zu Buße und Erneuerung, die im Leben eines jeden einzelnen zu beginnen haben. Daß dennoch Trennung aus diesem Anfang geworden ist, hat viele Gründe. Dazu gehört jenes Versagen in der katholischen Kirche, das bereits Papst Hadrian VI. mit bewegenden Worten beklagt hat, sowie das Hereintreten politischer und wirtschaftlicher Interessen, aber auch Luthers eigene Leidenschaft, die ihn weit über das anfangs Gewollte hinaus in eine radikale Kritik der katholischen Kirche, ihrer Lebensordnung und ihrer Lehre hineingetrieben hat. Wir alle haben Schuld auf uns geladen, deshalb sind wir alle zur Buße aufgefordert und müssen uns alle immer wieder neu vom Herrn reinigen lassen.« Ebd. 410.

36 LThK³ Bd. III (1995), 715: Art. Epikie von G. Virt.

37 Dr. Gerhard Münderlein, in: Korrespondenzblatt (s. Anm. 15) 106 (Juni 1991) 88-90. S. hier S. 53ff

38 Klaus Ponkratz, in: Ebd. 106 (Juli 1991).
39 Dieter Koller, in: Ebd. 107 (Juni 1992) 57-59. S. hier S. 32ff – An weiteren Artikeln, die ignatianische Exerzitien bei den Evangelischen reflektieren, sind zwei von Dr. Wolfgang Dietzfelbinger zu nennen: *Exerzitien im Pastoralkolleg*, zuerst erschienen in: Geist und Leben 68 (Juli/August 1995) 308-314; dann in: *Pastoralkolleg Neuendettelsau – Eine Visitenkarte* 25-31; s. hier S. 150f; *Unvollkommen und doch Kostbar – Was wir von der katholischen Kirchlichkeit lernen können* in: Korrespondenzblatt (s. Anm. 15) 111 (November 1996) 149-152.
40 D. Martinus Luther, *Eine einfältige Weise zu beten. Für einen guten Freund* – 1535. Quell-Verlag der Evang. Gesellschaft, Stuttgart 1955; Bearbeitung des Originaltextes [Weimarer Luther-Ausgabe Band 38, Seite 358-373]. Ähnliche Anleitungen zum Beten sind in den *Geistlichen Übungen* des Ignatius von Loyola zu finden [238-258]. Darin geht es nicht um »eine Form oder irgendeine Weise des Betens selbst«, sondern um »Übungen ..., wie die Seele sich in ihnen bereite und Nutzen ziehe und damit das Gebet genehm sei« (GÜ 238). – Die Evangelische Kirche Hessen Nassau bietet einen solchen Kurs in den Jahren 1999 bis 2001 an.
41 Boehmer schlägt vor, »unter deutscher Mystik zunächst einfach die klösterliche Erbauungsliteratur (zu verstehen), die in den letzten drei Jahrhunderten des Mittelalters in dem weiten Gebiet der alten deutschen Reichskirche entstanden ist«. *Loyola und die deutsche Mystik* (s. Anm. 3) 4.
42 Ebd. 32f.
43 Dazu: Andreas Falkner, *Schritte des Betens* (s. Anm. 17).
44 N. 11. Übersetzung in: Geist und Leben 61 (4/1988) 278.
45 Mir ist diese Abhandlung zugänglich in: Martin Luther, *Ausgewählte Schriften*. Hrsg. von K. Bornkamm und G. Ebeling in Gemeinschaft mit ... 2. Bd. Erneuerung von Frömmigkeit und Theologie. Frankfurt 1982, 198-205.
46 Ebd. 200, 202.
47 Vgl. Gal 3,1. S.a. dazu David C. Steinmetz, *Luther and Loyola* in: Ignacio de Loyola y su tiempo. Congreso international de Historia (9-13 Septiembre 1991) Universidad de Deusto. Bilbao 1992, 791-800.
48 Hans Waldenfels, Katholischer Fremdenführer für evangelische Christen. In: Martin Honecker/Hans Waldenfels (s. Anm. 21) 120.
49 Merkblatt der *Gruppe für Ignatianische Spiritualität* in der von Dr. Wolfgang Dietzfelbinger besorgten Fassung für evangelische Christen, April 1991.

Sr. Reinhild von Bibra CCB
Sr. Adelheid Wenzelmann CCB

Ignatianische Exerzitien im evangelischen Kloster

Unser Weg zu Ignatius

Die Ursprünge unserer Communität Christusbruderschaft liegen in Erfahrungen mit der Stille über der Heiligen Schrift. Unsere Gründer, Ehepaar Walter und Hanna Hümmer, hatten in der Begegnung mit der Oxford-Gruppenbewegung (Frank Buchman) entscheidende Anregungen bekommen. Sie wurden ermutigt, täglich die sogenannte »Stille Zeit« zu halten und darauf zu achten, welche Impulse sich aus der Betrachtung eines Bibeltextes ergeben. Die Eindrücke wurden häufig in der Gruppe ausgetauscht, eine Praxis, die bis heute das biblische Gespräch in unserer Communität prägt.

Daneben kannten wir Luthers vierfach gedrehtes Kränzlein: »Ich nehme jedes Gebot zuerst als eine Lehre vor... und bedenke, was unser Herrgott darin so ernstlich von mir fordert. Zweitens mache ich eine Danksagung daraus; drittens eine Beichte; viertens eine Bitte.« Auch eine Fragereihe aus neuerer Zeit war uns als Hilfe zur Besinnung bekannt: Was sagt der Text über Gott / über Jesus? Was sagt er über den Menschen / über mich? Wofür habe ich zu danken? Was habe ich zu bekennen? Was habe ich zu tun? Andere methodische Hilfen für die Textbetrachtung waren uns noch nicht vertraut.

Auf der Suche nach Vertiefung unseres communitären Lebens begegneten wir der Form der Retraiten: In Tagen des Schweigens gab es zweimal täglich einen kurzen inhaltlichen Impuls zu biblischen Texten, der oft auch Anregungen für die anschließende einstündige Gebetszeit umfaßte. In ähnlicher Weise gestalten wir bis heute unsere gemeinsamen »Stillen Tage« in der Communität.

Vor etwa zehn Jahren begegneten wir dann den ignatianischen Einzelexerzitien und damit einer Form begleiteter Stille, bei welcher der Gebets-Weg des einzelnen in besonderer Weise gefördert wird. Ausgehend von der Lebenssituation des Exerzitanten, gibt der Begleiter / die

Begleiterin Texte und Hinweise für die Gebetszeiten. Was der/ die einzelne in den vier bis fünf täglichen Gebetszeiten erlebt, wird mit dem Begleiter besprochen und führt zu neuen Impulsen für die nächste Wegstrecke. Im Exerzitienbuch des Ignatius – von der Begleitung in verständlicher Sprache mitgeteilt – fanden wir eine Fülle reflektierter Erfahrung, die uns neue Schritte ermöglichte. Einige Schwestern und Brüder unserer Gemeinschaft konnten an Ausbildungskursen für ExerzitienbegleiterInnen teilnehmen. Verschiedene Aspekte der ignatianischen Spiritualität, die uns in der Ausbildung wichtig wurden, seien im folgenden kurz entfaltet.

1. Vom Sinn des Übens

In unserer Communität gab es heiße Diskussionen über den Sinn und die Notwendigkeit geistlicher Übungen. Die eine Meinung: »Die Gnade tut alles, ich kann nichts dazutun! Wir müssen doch echt lutherisch bleiben!«; eine andere: »Doch, wir können etwas dazutun. Wir müssen beten lernen, wir brauchen Übung und Training wie im Sport, ohne daß die Gnade dadurch geschmälert wird; im Gegenteil: die Gnade braucht ein Flußbett...«

Von Ignatius von Loyola haben wir in den letzten Jahren gelernt, welche große Bedeutung »Geistliche Übungen« für unser Ordensleben haben. Ignatius geht es nicht um ein Üben um des bloßen Übens willen. Die geistlichen Übungen helfen dem Exerzitanten, »sein Leben zu ordnen« und dafür offen und sensibel zu werden, daß der Wille Gottes im eigenen Leben immer mehr Raum gewinnt (vgl. EB= Exerzitienbuch 1 und 21). So hat das Üben eine Richtung, ein Ziel.

Ein zweites wird uns beim Üben deutlich: Wir sind nicht fertig. Wir brauchen auch nicht perfekt zu sein in unserem geistlichen Leben. Wir sind auf dem Weg und wachsen. Wie Kinder fallen wir hin und müssen dann wieder aufstehen; wir fallen wieder und stehen wieder auf. Sich dieser Erfahrung auszusetzen, ist schmerzhaft, aber auch befreiend!

In der Tradition der Augustiner-Eremiten ausgebildet, war auch Martin Luther mit der Notwendigkeit geistlichen Übens vertraut. So kann er sagen: »Niemand hat die Weisheit so vollkommen ausgeschöpft, daß er keiner Übung und Lehre mehr bedürfe« (WA 44,73,39–74,2). »Das christliche Leben ist nicht Frommsein, sondern ein Frommwerden, nicht Gesundsein, sondern ein Gesundwerden, nicht Sein, sondern ein Werden, nicht Ruhe, sondern eine Übung. Wir sind's noch nicht, wir werden's aber. Es ist noch nicht getan und geschehen, es ist aber der Weg« (WA 7,336,31–36).

Sprachgeschichtlich kommt das Wort »üben« von »uoben«, und das bedeutet »pflegen, bebauen, verehren«. In der Arbeit eines Bauern wird das Zusammenspiel von eigenem Tun und dem Geschenk der Natur anschaulich. Der Bauer muß ackern und säen und eggen. Aber dann muß er auf die Wachstumskraft des Samens und auf Wind, Sonne und Regen vertrauen. Diese Haltung klingt in den Wachstumsgleichnissen Jesu durch, in denen er etwas vom Wesen des Reiches Gottes verdeutlichen will.

Ignatius hat – selbst aus der Tradition schöpfend – in seinem Exerzitienbuch »Geistliche Übungen« diesem Üben eine neue fruchtbare Gestalt gegeben und hilfreiche (für uns heute übersetzungsbedürftige!) Anweisungen für den Exerzitanten wie für den Begleiter aufgezeichnet.

2. Exerzitien und der Rhythmus des geistlichen Weges

Zehntägige Exerzitien sind eine kostbare Chance, Gott zu erfahren und das eigene Leben neu auf Ihn hin auszurichten. Nachdem wir die Ausbildung für ExerzitienbegleiterInnen beendet hatten, haben wir wiederholt im »Haus der Stille« im Kloster Wülfinghausen Einzelexerzitien angeboten, besonders für PfarrerInnen und SeelsorgerInnen. Gerade für kirchliche MitarbeiterInnen, die von ihrer Aufgabe her viel hören und reden müssen, ist eine solche Zeit des Schweigens wertvoll. Sie dürfen einmal nur auf sich und auf Gott hören. Sie dürfen etwas an sich selbst geschehen lassen, ohne fragen zu müssen, wie sie das für ihren Dienst verwerten können. Bei den ignatianischen Einzelexerzitien ist es wichtig, daß es außer ein paar methodischen und inhaltlichen Hinweisen keine Textauslegungen gibt. Jeder und jede darf den eigenen Weg finden. Die Erfahrungen in der Stille werden mit dem Begleiter wahrgenommen und gedeutet. Es wird nichts Frommes übergestülpt. Jeder macht seine eigenen Erfahrungen mit Gott. Das eigentliche Geheimnis der Exerzitien ist es, »unmittelbar den Schöpfer mit dem Geschöpf wirken zu lassen und das Geschöpf mit seinem Schöpfer und Herrn« (EB 15). Es geht um die Unmittelbarkeit der Gotteserfahrung als Voraussetzung für jeden geistlichen Dienst.

Dabei ist erstaunlich, welch intensive Gemeinschaft in Tagen des Schweigens in einer Gruppe entstehen kann. Die Gebetsatmosphäre verbindet tief. Es entsteht eine Gemeinsamkeit in Wort und Sakrament, hinter der die verschiedenen theologischen Positionen und Frömmigkeitsprägungen zurücktreten.

Bei der Begleitung der Exerzitien ist es wichtig, aus eigener Erfahrung die Phasen des Exerzitienweges zu kennen, wie sie Ignatius in seinem Handbuch für den Begleiter darstellt. Es werden Gesetzmäßigkeiten des geistlichen Prozesses deutlich, die den Weg des Evangeliums spiegeln. Ausgehend vom Rhythmus der 30tägigen Exerzitien spricht Ignatius vom »Fundament« und den »vier Wochen«. Es sind damit fünf Phasen des geistlichen Weges beschrieben, auf den der Übende sich einläßt, um sich wie die Jünger verwandeln zu lassen. Die einzelnen Phasen dauern bei den Übenden unterschiedlich lang.

2.1 Fundament

Das Exerzitienbuch beginnt mit dem »Fundament«, mit der Aussage: Der Mensch ist von Gott geschaffen. Am Anfang ist der Exerzitant / die Exerzitantin eingeladen, den Schöpfergott zu meditieren. Er hat uns ins Dasein geliebt. Das Geschaffensein aus Liebe ist das Fundament unseres Lebens. Der Kern des Glaubens ist, daß ich mich bedingungslos angenommen und geliebt weiß. Der Begleiter / die Begleiterin schlägt zur Betrachtung Texte vor, die diese wohlwollende Liebe Gottes ausdrücken. Es geht vor allem anderen darum, daß sich der Exerzitant in dem wohlwollenden Blick Gottes geborgen weiß. Es ist wichtig, sich dafür viel Zeit zu nehmen, bis dieses Wissen vom Kopf ins Herz gerutscht ist. Das ist die Basis für alle weiteren Erfahrungen. Oft entdecken die Exerzitanten in der Stille, wie wenig sie sich geliebt fühlen und daß sie im Grunde die Liebe Gottes für sich noch gar nicht angenommen haben. Es kommen tiefe Unwertgefühle ins Bewußtsein, die der Heilung bedürfen. Dieser Einstieg ist wichtig, ehe man sich Problemen oder Entscheidungen zuwendet. An erster Stelle stehen nicht irgendwelche geistlichen Ziele oder Forderungen, auch nicht große Gedanken über Gott, sondern die Erfahrung seiner Liebe.

2.2 Erste Woche

Nach einigen Tagen wird sich in irgendeiner Form eine Krise melden. Das Negative, Böse, Sinnlose, eigene Schuld und Schuld anderer kommen in den Blick. Ignatius nennt diese Phase die »erste Woche«. Für die BegleiterInnen ist es gut zu wissen, – auch aus der eigenen Erfahrung –, daß das normal ist. Es geht darum, nichts zu verdrängen, sondern alles vor den liebenden Augen Gottes wahr sein zu lassen. In dieser Phase kann es wichtig sein, noch einmal Situationen der eigenen Lebensgeschichte kommen zu lassen und sie mit Christus anzuschauen, damit die Verletzungen geheilt werden. Wir alle tragen Kränkungen in uns durch vorenthaltene Liebe. Es gilt, die verdrängten Gefühle noch einmal zu erleben und sie mit Christus zu teilen und von ihm berühren zu lassen, damit man sie nicht weiter mit sich herumschleppt und neue Beziehungen dadurch belastet werden. Es geht um immer tiefere Versöhnung mit der eigenen Lebensgeschichte.

In dieser Phase ist die Anregung des Ignatius wichtig, mit Christus dem Gekreuzigten ins Gespräch zu kommen. Das kann zu tiefer Betroffenheit über die eigene Schuld führen und zu der beglückenden Erfahrung, daß Christus uns gerne vergibt und wir auch anderen vergeben und sie aus Groll und Bitterkeit entlassen können. Das Geschenk dieser Phase ist es, die Liebe Gottes gerade in der tieferen Selbsterkenntnis anzunehmen und so zu einer vertieften Gotteserkenntnis zu kommen, wie der verlorene Sohn den Vater erst in der Umarmung wirklich als Vater kennenlernte. Ich erkenne: Ich bin geliebt, wie ich bin und nicht erst, wie ich sein sollte oder sein möchte. Beichte und Zuspruch können als Glück erfahren und ausgekostet werden. Ziel dieser Phase ist es, sich als »geliebte(n) Sünder(in)« zu erkennen. Hier klingt für uns Evangelische Luthers » simul iustus et peccator« (»zugleich Sünder und Gerechter«) an.

Die Phase der ersten Woche ist oft gekennzeichnet durch Lustlosigkeit, Sinnlosigkeitsgefühle, depressive Stimmungen, Verwirrung und Verunsicherung. Der Übende ist auch in der Gefahr zu fliehen. Hier ist das Mitaushalten des Begleiters besonders wichtig . Er ermutigt, im Gebet dranzubleiben. In dieser Phase soll man keine Entscheidungen treffen, schon gar keine Lebensentscheidung. (»Zur Zeit der Trostlosigkeit soll man niemals eine Änderung treffen, sondern fest und beharrlich zu den Vorsätzen und Entscheidungen stehen, zu denen man am Tag vor dieser Trostlosigkeit stand.« EB 318)

2.3 Zweite Woche

Die Erfahrung der Gnade schenkt einen Durchbruch in das, was Ignatius »zweite Woche« nennt. Hier kann sich oft ein neuer Anruf, eine Berufung kristallisieren, neue Hingabe in der Nachfolge Christi, das Erkennen der eigenen Sendung oder die Erneuerung der bisherigen Sendung wachsen. Betrachtungen über Begebenheiten aus dem Leben Jesu helfen, hineinzuwachsen in größere Vertrautheit mit seiner Person. Hier bittet Ignatius um »innere Erkenntnis des Herrn, ...damit ich ihn mehr liebe und ihm nachfolge« (EB 104). Christus soll mein Wesen bis in die Tiefenschichten prägen, daß ich mehr und mehr das Wort des Paulus (Gal. 2.20) erfahre: »Ich lebe, doch nun nicht ich, sondern Christus lebt in mir«.

2.4 Dritte und vierte Woche

Die Mehrzahl der Übenden befindet sich existentiell in den ersten zwei Phasen des Weges. So seien die beiden letzten nur kurz erwähnt. In der sogenannten »dritten Woche« begleitet der Exerzitant Jesus auf dem Kreuzweg. Es geht um das Mitgehen des Passionsweges durch Dunkelheit und Nacht des Glaubens.

Zur »vierten Woche« gehört die Betrachtung der Auferstehung. Im existentiellen Erleben der vierten Woche wird alles durchsichtig auf Christus hin. Der Exerzitant wächst zu der Erfahrung, »Gott in allen Dingen zu finden« (Ignatius).

3. Struktur einer Gebetszeit mit einem Bibeltext

Menschen, die bei uns an zehntägigen Exerzitien teilnehmen, halten am Tag drei bis fünf Gebetszeiten von einer Stunde.. Wir leiten sie an, wie sie eine Gebetszeit strukturieren und inhaltlich füllen können:

Vier Phasen gliedern eine solche Gebetszeit:

3.1 Vorbereitung: Zeit der Sammlung – Zeit des Frühjahrs

– sich einen ruhigen Platz suchen (mit Kerze, Ikone ...), an dem man gut beten kann,
– eine gute Körperhaltung einnehmen, in der man wach und aufmerksam dasein kann,
– und dann zuerst sich selbst in seinem Leib und mit seinem Atem wahrnehmen,
– sich bewußt machen: Ich habe jetzt ungestört Zeit vor Gott, und ich kann (so rät Ignatius)
– erwägen, »wie Gott unser Herr mich anschaut« mit liebendem Blick.
– Wie der Acker im Frühjahr wird das Feld der Seele geordnet und auf die Saat vorbereitet.
– Den Bibeltext lesen, sich herantasten an das Geschehen und das Samenkorn nach innen holen,
– ein Vorbereitungsgebet sprechen und »von Gott unserem Herrn das erbitten, was ich begehre und ersehne« (EB 48).

Hier soll kein »frommer Wunsch« formuliert, sondern das elementare Verlangen des Beters freigesetzt werden wie bei Bartimäus (Mk. 10), den Jesus mit der Frage konfrontiert: »Was wünscht du, daß ich dir tun soll?« Dieses Vorbereitungsgebet ist sehr wichtig. Es fordert den Exerzitanten heraus, mit seiner Wirklichkeit, seiner Sehnsucht, seinen Wünschen und Fragen zu Gott zu kommen und zu erfahren, daß er als ganzer Mensch von Gott gemeint ist.

3.2 Zeit der Betrachtung – Zeit des Sommers
– den Schrifttext – vielleicht halblaut – langsam durchgehen;
– Wort für Wort, Satz für Satz verkosten.
– Ignatius sagt: »Nicht das Vielwissen sättigt und befriedigt die Seele, sondern das Verspüren und Verkosten der Dinge von innen her.«
– Mit allen Sinnen, mit der ganzen Fantasie und der inneren, bildlichen Vorstellungskraft (Imagination) in den Text hineinlauschen und da verweilen, wo man im Herzen angerührt ist.
– Die Meditation einmünden lassen in ein Zwiegespräch mit Jesus Christus und in das Vaterunser oder in eine persönliche »Schlußliturgie«.

Es geht hier nicht um eine intellektuelle Beschäftigung mit dem Text, sondern um das eigene Schauen und Erleben der biblischen Wahrheit, so wie es Dietrich Bonhoeffer einmal formuliert hat: »Wir müssen uns immer wieder sehr lange und sehr ruhig in das Leben, Sprechen, Handeln und Sterben Jesu versenken, um zu erkennen, was Gott verheißt und was er erfüllt.«

3.3 Zeit der Reflexion – Zeit des Herbstes, Zeit der Ernte
– die Früchte der Gebetszeit sammeln und gute und schlechte unterscheiden;
– zurückschauen: Wie ist es mir in dieser Stunde ergangen? Welche Regungen, welche Schwierigkeiten, welche neuen Einsichten konnte ich wahrnehmen?
– Eindrücke, Erkenntnisse aus der Reflexion notieren.

Die Reflexion der Erfahrung ist für Ignatius ein entscheidender Punkt. Nicht-reflektierte Erfahrung geht verloren. Im Gespräch mit dem/der BegleiterIn ist diese Reflexion häufig Grundlage für das Gespräch. Dabei ergeben sich neue Impulse für den Exerzitanten, die zu einem persönlichen Gebetsweg führen.

3.4 Zeit des Alltags – Zeit des Winters
Das entscheidende Bewährungsfeld der Meditation ist der Alltag. Im Winter leben wir von den Früchten, die wir im Herbst geerntet haben. Das Gebet an einem stillen Ort soll seine Fortsetzung finden im Lärm

unserer Städte, in den Anforderungen und Zerreißproben unseres Alltags. »Gott umarmt uns in unserer Wirklichkeit« (Willi Lambert).
»Gott in allen Dingen finden« ist das Geheimnis, in das Ignatius hineinlocken möchte.

4. Verschiedene Gebetsweisen

So wie es eine Fülle von Ausdrucksmöglichkeiten in einer intimen Beziehung zwischen zwei Menschen gibt, so eröffnet sich auch für jeden, der in einer persönlichen Beziehung zu Jesus Christus leben möchte, eine Fülle von Gebetsweisen. Für einen Anfänger im Gebet bieten sich andere Arten an als für einen erfahrenen Beter.

Neben der bereits beschriebenen Struktur einer Meditation mit einem Evangelientext gibt es weitere Möglichkeiten des Umgangs mit einem Bibeltext:
– den Text mit einer bestimmten Fragestellung lesen (z.B. Wie geht Jesus mit der Angst um?),
– spielerisch-kreative Umgangsformen: einen Text malen, tonen oder in Bewegung und Gebärde umsetzen, Bibliodrama, einen eigenen Psalm schreiben usw.,
– den Text in der Gruppe lesen und von den Gruppenmitgliedern einzelne Worte oder Satzteile wiederholen lassen, die sie angesprochen haben,
– »psychographischer« Umgang: den Text in verschiedenen Farben unterstreichen: Wo fühle ich mich verstanden, wo bin ich verärgert, traurig, fasziniert, gelangweilt, verzweifelt?

Auch andere Formen des betenden Zugangs zu Gott erleben wir in der Begleitung als sehr hilfreich:
– Wahrnehmungsübungen in der Natur (schauen, riechen, hören, fühlen, wahrnehmen – ohne zu beurteilen, zu denken!),
– sich selbst oder Gott einen Brief schreiben bzw. ihm eine Momentaufnahme des Gegenwärtigen mitteilen: Wie geht es mir persönlich, seelisch, gesundheitlich usw.?
– Existenz-Meditationen: z.B. »mein Lebensweg« (Szenen aus Kindheit, Jugendzeit und Erwachsenenalter ins Bewußtsein kommen lassen und malen. Die Entwicklung der eigenen Identität als Frau/Mann anschauen. Beziehungen, Verletzungen vor Gott da sein lassen, im Gebet einen Konflikt durchstehen, Aggressionen zu Gott hin zulassen, der Versöhnung Raum geben,

- Imaginationsübungen (von der Psychosynthese)
- Bildmeditationen (z.B. ein Zwiegespräch mit dem Gekreuzigten)
- das spontane Gebet (Bitte, Klage, Wut, Trauer, Sehnsucht, Lob...)
- das Gebet mit dem Namen Jesus (»Jesus-Gebet« oder Herzensgebet)
- das Atemgebet: Ignatius schlägt vor, »langsam« zu beten und mit dem Rhythmus des Atems Gebetsworte zu verbinden
- Kontemplatives Beten (liebendes, schweigendes Dasein vor Gott, ohne viele Worte, vielleicht nur mit einem Wort z.B. »Vater«)
- Gebet mit Texten von Augustinus, Franz von Assisi, Teresa von Avila, Martin Luther, Gerhard Tersteegen, Dietrich Bonhoeffer etc.).

Das kann nur als eine Andeutung von Gebetsmöglichkeiten verstanden werden. Das Spannende für uns in der Begleiterrolle ist es, mit dem Exerzitanten herauszufinden, welche Gebetsweise, welcher Inhalt seiner augenblicklichen Lebens- und Glaubenssituation, seiner Persönlichkeitsgestalt und seinem inneren Weg entspricht. Wer Menschen im Gebet begleitet, kann das nur in Ehrfurcht, Bescheidenheit und liebender Aufmerksamkeit tun. So wird er spüren, wie der Geist Gottes im andern beten und ihn einen persönlichen Weg führen will. Es gebe nichts Gefährlicheres, sagt Ignatius einmal, als andere nach dem eigenen Stil zu begleiten. Ich darf als Begleiterin also nicht nur von meinen Erfahrungen ausgehen, von dem, was mir selber geholfen hat, sondern ich muß soweit von mir Distanz gewinnen, daß ich mich auf den inneren geistlichen Weg des anderen einhören und einfühlen und aus der Palette von möglichen Gebetsweisen und Bibeltexten Impulse auswählen kann. Das Gebet soll in ihm Hoffnung, Glaube und Liebe wecken und stärken. Alles Beten ist für Ignatius nur Vorbereitung, »Disponierung« für die Begegnung mit Gott. Es kann nichts erzwungen werden. Es liegt allein an Gott, wie und wann er der konkreten Gebärde eines Gebets antwortet.

5. Gebet der liebenden Aufmerksamkeit (Übung der Dankbarkeit)

Von Ignatius und seinen Schülern und Schülerinnen haben wir gelernt, was es mit der »wichtigsten Viertelstunde am Tag«, dem »Gebet der liebenden Aufmerksamkeit« oder der »Tagesauswertung« auf sich hat. Bei den abendlichen Eucharistiefeiern während der Exerzitien gibt es z.B. eine Zeit der Stille, in der jede/r TeilnehmerIn mit liebender Aufmerksamkeit auf den vergangenen Tag zurückschauen kann. Das Erleben des Tages kann wie ein Film im Zeitraffertempo vor dem inneren Auge vorüberziehen. Dabei ist es für viele eine wichtige Entdeckung, die Wirklichkeit einmal ganz frei wahrnehmen zu können, ohne alles gleich werten oder beurteilen zu müssen. Wir werden dankbar, wenn wir uns Zeit nehmen, das Gute und Gelungene, Erfahrungen von Liebe, Freude und Hoffnung zu vergegenwärtigen. Es geht darum, die Spuren Gottes in der alltäglichen Wirklichkeit zu entdecken und in eine Haltung der Dankbarkeit hineinzuwachsen.

Im Raum der Gnade hat auch das »Unkraut« des Tages seinen Platz: Gefühle von Trauer, Zorn oder Verzweiflung, negative Erfahrungen mit andern etc. Man soll mit dem Unkraut nicht gleich den Weizen ausrotten, d.h. sich für das Mißlungene nicht einen Fußtritt geben, sondern sich neu ausrichten auf Den, der uns voller Erbarmen mit allem annimmt, uns vergibt und verwandelt und Neues ermöglicht.

Es kann wie eine Art Kosmetik der Seele sein, mit liebender Aufmerksamkeit die Innen- und Außenseite des Tages wahrzunehmen und mit dem Gott unseres Lebens anzuschauen.

Ein chinesisches Sprichwort sagt: »Der Mensch bringt täglich seine Haare in Ordnung – warum nicht auch sein Herz?«

Man kann in ähnlicher Weise auch eine ganze Woche »verabschieden«, indem man zurückschaut und das Gewesene dankbar und mit der Bitte um Vergebung in Gottes Hände zurücklegt.

In unserer Exerzitien-Ausbildung praktizierten wir auch eine Monats-Auswertung. Mit einem Rotstift sammelte ich (R.v.B.) in meinem Tagebuch alles Hoffnungsvolle, alle Erfahrungen von Glück und Freundschaft, mit einem dunklen Farbstrich alles Schwere und Ungelöste. Dabei entdeckte ich überraschenderweise sowohl bei dem Guten und Schönen wie bei dem Belastenden einen »roten Faden« und lernte Zusammenhänge zu sehen.

Es ist eine wertvolle Grunderfahrung, abgelaufene Zeiteinheiten (Tag, Woche, Monat, Jahr) unter Gottes Augen zu bedenken und so die Schätze des eigenen Lebens zu heben. Manche Schätze an Kohle, Gold und Diamanten können im Tagebau gewonnen werden, viele Bodenschätze aber erst im Abbau unter Tag. So ist es auch in unserem Leben.

6. Beten mit dem Leib

Ignatius sieht den Menschen ganzheitlich – in seiner Einheit von Geist, Seele und Körper. Auch der Leib soll ins Gebet einbezogen sein, ja sogar zum Gebet werden. Zum »Gebet des Leibes« sagt Ignatius, man solle die leibliche Haltung einnehmen, die einem am meisten entspricht: sitzen oder liegen oder stehen oder knien.

Wir erleben in der Begleitung von Exerzitien, daß Menschen durch Wahrnehmungsübungen des Körpers (z.B. Eutonie) zur Ruhe und zu sich selbst kommen. Verspannungen können sich lösen, der Atem kann wieder richtig fließen, man kann mit Leib und Seele dasein. Die Leibübungen können helfen, aus dem Verkopftsein in die Wahrnehmung, ins Gegenwärtigsein im Leib zu kommen. Dann ist man mit den Gedanken nicht schon wieder ganz woanders. Einfaches und Schlichtes wird wieder bedeutsam. So kann der Leib als Ort der Inkarnation erfahren werden, als Tempel des Heiligen Geistes.

Sehr gern nehmen Menschen während einer Retraite das Angebot von meditativem Tanz in Anspruch und erleben dabei, wie schön es ist, Gott mit einer Geste, einer Bewegung zu loben. Ein solches Tanzgebet kann tief gehen und die Seele in die Weite führen (»Ich lobe den Tanz, der alles fordert und fördert, Gesundheit und klaren Geist und eine beschwingte Seele«, Augustinus).

7. Geistliche Begleitung

In der Begleitung durch Menschen, die von der ignatianischen Spiritualität geprägt sind, begegnete mir (A.W.) eine behutsame, freilassende, nondirektive Art des Begleitens, wie ich es zuvor noch nicht erlebt hatte. Ignatius sagt, der Begleiter solle in der Mitte stehen wie eine Waage, »den Schöpfer mit dem Geschöpf und das Geschöpf mit seinem Schöpfer und Herrn wirken lassen« (EB 15), nicht beeinflussen, sondern hören, wahrnehmen, beten, Zeuge des Geschehens sein, Helfer zur Unterscheidung, kein Guru, sondern Gefährte, der sehen und deuten hilft, der Geduld hat und dabeibleibt in schwierigen Phasen.

Mir selbst ist es in der Begleiterrolle eine große Hilfe, mir bewußt zu machen: Gott selbst ist der Begleiter. Er tut das Entscheidende. Er zeigt, was dran ist. Das hilft mir, mich zu entspannen und nicht zuviel Verantwortung zu übernehmen.

Ganz wichtig ist eine tiefe Achtung vor der Person des anderen. Ich darf mich von der Liebe Gottes erfassen lassen, die den Exerzitanten vorbehaltlos annimmt. Es entsteht dann ein Raum des Vertrauens, in dem alles ins Bewußtsein kommen darf und erst mal ohne Wertung angeschaut wird. Ich brauche zunächst nicht zu beurteilen, nur unter den Augen Gottes anzunehmen. Dabei bin ich als Person da mit meiner Geschichte und meiner Erfahrung, ohne viel von mir zu reden.

Ich habe früher manche Verkündigung des »homo incurvatus in se ipsum« (d.h. der in sich selbst völlig verstrickte Mensch) bei mir und bei anderen als Verstärkung eines Unwertgefühles erlebt. Bei dieser Art der Begleitung lernte ich, daß im Raum der Gnade eine neues Selbstvertrauen entstehen kann. Ich darf auf mich selber hören, auf meinen Körper, auf meine Gefühle. Auch dadurch spricht Gott zu mir, im Kontext des Hörens auf sein Wort in der Gemeinschaft der Kirche.

Als Begleiterin lerne ich es, aufmerksam zuzuhören, bis sich beim Exerzitanten die tiefere Sehnsucht meldet, daß das Reden Gottes in seinem Herzen vernehmbar und der Christus »extra nos« »in nobis« (d.h. außerhalb bzw. in uns selbst) erfahren wird. Der Dienst des Begleitens ist wie ein Hebammendienst, der dem Exerzitanten den eigenen Weg des Glaubens finden hilft.

8. Regeln zur Unterscheidung

Durch die Begegnung mit der ignatianischen Spiritualität wurde uns neu bewußt, wie wichtig es ist, auf innere Regungen zu achten, sie wahrzunehmen und unterscheiden zu lernen. Es ist ein Geschenk, hellhörig zu werden für sich selbst, für den anderen, dafür, wie Gottes Wort in mir und im andern ankommt. Sehr hilfreich sind für mich (A.W.), auch als Begleiterin, die ignatianischen Regeln zur »Unterscheidung der Geister«, die hier nur angedeutet werden können. Ignatius gibt wichtige Kriterien an die Hand, um besser zu erkennen, was aus Gott kommt und was vom »bösen Geist« kommt.

Im Alltag der Nachfolge werden verschiedene Regungen wach, gute und böse. Es geht darum, die guten aufzunehmen, die schlechten abzuweisen. Wo Gottes Geist wirkt und uns bewegt, da stellen sich auf Dauer »Trost«, Friede und tiefe Zuversicht ein. Es gibt allerdings auch einen Schein-Trost, der mich sicher und selbstzufrieden machen will. Echter Trost ist alles, was die innere Beziehung zu Christus vertieft. Wenn der Gegner Gottes am Werk ist, entstehen:

»Trostlosigkeit«, »Miß-Trost«, Depression, Resignation und Gefühle der Sinnlosigkeit. Ich kann lernen, Gefühle wahrzunehmen und zu unterscheiden, um nicht mehr Sklave meiner Stimmungen zu bleiben.

Ein wichtiges Stichwort der ignatianischen Spiritualität ist das Wort »Indifferenz«. Es meint nicht – wie heute im normalen Sprachgebrauch

– Gleichgültigkeit oder Leidenschaftslosigkeit, sondern Freiheit, geistliches Gleichgewicht. »Wahre in allen Dingen die Freiheit des Geistes. Schiele in nichts auf Menschenrücksicht, sondern halte deinen Geist innerlich so frei, daß du auch stets das Gegenteil tun könntest« (Ignatius).

Die ignatianischen Anleitungen helfen, die eigenen Wünsche und Sehnsüchte besser wahrzunehmen und bewußter mit ihnen umzugehen. Viele von uns sind in der Kindheit in ihrem Wünschen zu sehr gebremst worden. So haben sie eine Strategie entwickelt, das Wünschen zu vermeiden, um sich Enttäuschungen und Schmerzen zu ersparen. Auf diese Weise wird viel Lebensenergie blockiert. Wenn ich am Anfang einer jeden Gebetszeit auf meine tiefe Sehnsucht achte, lerne ich einen bewußteren Umgang mit meinen Wünschen. Ich lerne sie zuzulassen und sie Gott zu überlassen. Manche Wünsche werden erfüllt, andere umgewandelt und gereinigt. Auch das Austrauern nicht erfüllbarer Wünsche bringt mich in eine tiefere Beziehung zu Gott, in ein tieferes Erfülltwerden von Ihm.

9. Einige Eindrücke aus der Exerzitienbegleiter-Ausbildung

Die beiden Verfasserinnen dieses Berichtes haben an einem zweijährigen katholischen Exerzitienbegleiterkurs als Gäste teilgenommen. Die geschwisterliche Weggemeinschaft aus dem Evangelium war eine tiefe ökumenische Erfahrung. Zugleich bereitete die bleibende Trennung bei aller erfahrenen Einheit immer wieder Schmerzen.

Beeindruckend war das Leben aus der täglichen Eucharistie, in die alles Reden, Schweigen, Beten, Austauschen, alle Prozesse der einzelnen und der Gruppe einmündeten.

Beeindruckend war auch das aus Moraldruck befreite Leben aus der Beichte. Das ließ uns das sola gratia (»allein aus Gnade«) in seiner Tiefe erfahren. In unserer evangelischen Kirche wäre die Wiederentdeckung der Beichte eine heilende, befreiende Erfahrung. Im katholischen Bereich ist es notwendig, Wege zu finden, das »Sakramente der Versöhnung« aus moralischer Verkrustung zu befreien.

Uns ist bei vielen katholischen Mitchristen die große Liebe zu ihrer Kirche aufgefallen. Wir Evangelischen haben ein Defizit im Kirchenbewußtsein und stehen in der Gefahr individualistischer Beliebigkeit. Zugleich wurde uns neu Vorrecht und Verpflichtung dankbar bewußt, in allen Fragen unmittelbar zur Heiligen Schrift als Fundament zurückgehen zu dürfen. Wir hatten manchmal den Eindruck, daß unsere katholischen Mitchristen manche Engführung und Erstarrung in ihrer Kirche nur mit viel Humor und zuweilen Ironie bewältigen.

Wichtig war auch die Anregung, in einer Gebetszeit sich aller Menschen zu erinnern, die mir auf dem Weg zum Glauben und im Glauben wichtig waren. Wo wir uns dankbar der eigenen Wurzeln erinnern, eröffnet sich Zukunft. Es war kostbar zu erleben, wie ein evangeliumsgemäßes Gedenken an die »Heiligen« der Kirchengeschichte, an die Väter und Mütter im Glauben, in der täglichen Eucharistie den Weg des einzelnen in den großen Zusammenhang zwischen Himmel und Erde stellt und ihn auf seinem geistlichen Weg stärkt, weil er sich hineingebunden weiß in die Communio Sanctorum (die Gemeinschaft der Heiligen).

Schlußgedanken

Die Begegnung mit der ignatianischen Tradition hat uns sehr beschenkt. Sie hat nicht nur geholfen, die Wurzeln unserer eigenen Communität neu zu verstehen und mehr in ein Leben aus dem Gebet, der Mitte des Ordenslebens, hineinzuwachsen. Vielmehr scheint es uns, daß wir Anschluß an ein Erbe gefunden haben, aus dem Luther in seiner Meditationspraxis lebte und das auch Ignatius kannte und weiterentwickelte, das aber durch geschichtliche Entwicklungen in unserer Kirche zum großen Teil verloren gegangen ist. Wir freuen uns, daß wir an einer Wiederentdeckung Anteil haben und andere dabei mitnehmen dürfen.

Die Begegnung mit den »Geistlichen Übungen« des Ignatius und ihrer wiederentdeckten Praxis heute läßt uns neu wach werden für oft vergessene Schätze aus dem Bereich der evangelischen Kirchengeschichte. Auch hier gibt es eine Fülle von Erfahrungen des Gebetes und der Schriftbetrachtung, die einer Untersuchung wert wären. Für die vielen Menschen lassen wir zum Schluß einen aus unserem Jahrhundert zu Wort kommen, der sich sehr um die Wiedergewinnung der *praxis pietatis* in der theologischen Ausbildung mühte, Dietrich Bonhoeffer. In einer Auslegung zu Psalm 119,11 (»Ich berge deinen Spruch in meinem Herzen, damit ich mich nicht gegen dich verfehle«) beschreibt er eine Erfahrung, die das Geschehen in Exerzitien in Worte faßt: »Es ist ein großes Wunder, daß das ewige Wort des allmächtigen Gottes in mir Wohnung sucht, in mir geborgen sein will wie das Samenkorn im Acker. Geborgen ist Gottes Spruch nicht in meinem Verstand, sondern in meinem Herzen. Nicht zuletzt zerdacht sein, sondern im Herzen bewegt werden, wie das Wort eines geliebten Menschen in unserem Herzen wohnt, auch wenn wir gar nicht bewußt daran denken, das ist das Ziel des Spruches, der aus Gottes Mund kommt. Habe ich Gottes Wort nur in meinem Verstand, dann wird mein Verstand oft mit anderen Dingen beschäftigt sein, und ich werde mich gegen Gott verfehlen. Darum ist es niemals damit getan, Gottes Wort gelesen zu haben; es muß tief in uns eingegangen sein, in uns wohnen, wie das Allerheiligste im Heiligtum, damit wir nicht fehlgehen in Gedanken, Worten und Werken. Es ist oft besser, wenig und langsam in der Schrift zu lesen und zu warten, bis es in uns eingedrungen ist, als von Gottes Wort zwar viel zu wissen, aber es nicht in sich zu »bergen«.

MARIA REICHEL

Spiritualität in Beziehung
Exerzitienbegleitung als geistlicher Übungsweg

»Wie komme ich, bitte, zur Philharmonie?«,
fragt ein Cellist den anderen auf der Straße.
Und als Antwort hört er: »üben, üben, üben!«

Wenn Sie sich für die Anleitung und Begleitung von Exerzitien interessieren, wird es Ihnen beim Lesen dieses Textes vielleicht ähnlich gehen wie dem Cellisten. Denn die »Ausbildung« zum Exerzitienbegleiter bzw. zur Exerzitienbegleiterin ist nur begrenzt über das Absolvieren eines Kurses zu erreichen. Sie geschieht wesentlich auf anderen Ebenen. Die Begleitung von Exerzitien und auch die »Ausbildung« dazu ist ja selbst ein geistlicher Prozeß. Die begleitende Person zeichnet sich nicht in erster Linie aus durch besonderes Wissen oder methodische Kenntnisse, sondern vor allem durch ihre innere Haltung: ich möchte eine Hörende werden – horchend auf Gott, den Menschen neben mir und mich selbst. Dafür kann man einiges lernen, z. B. personzentrierte Gesprächsführung, psychologische Kenntnisse, Selbsterfahrung etc. *Vor allem geht es aber darum, selbst betend und meditierend mit dem biblischen Wort und mit dem Mysterium, das wir »Gott« nennen, vertrauter zu werden.* Nur so kann man auch anderen dazu helfen, im geistlichen Leben heimischer zu werden. Darum gilt für die begleitende Person in besonderem Maß dasselbe wie für jeden Exerzitanten: Den Weg zur Begleitung von Exerzitien findet man durch »üben, üben, üben...«!

»Grundkurs praktischer Spiritualität«

Die entscheidende methodische und geistliche Zurüstung für die Begleitung von Exerzitien bekam ich im Rahmen des zweijährigen »Grundkurses praktischer Spiritualität« in München. Dieser Kurs wurde durchgeführt durch »ephata – Gruppe katholischer Christen« unter der Leitung von Frau Elisabet Häuser, in Verbindung mit GIS Frankfurt (»Gruppe Ignatianischer Spiritualität«) durch Pater Paul Imhof SJ.

Die Gruppe *ephata* ist eine geistliche Gemeinschaft, die auf katholischem Boden gewachsen, aber bewußt ökumenisch ausgerichtet ist. Sie ist entstanden auf dem Hintergrund des Geistlichen Zentrums beim Katholikentag 1984. ephata bietet Exerzitien- und Kontemplationstage und -wochen an sowie verschiedene Gruppen und Kurse, Geistliche Begleitung im Alltag u.a. Die Arbeit ist wesentlich, aber nicht ausschließlich von der Ignatianischen Spiritualität geprägt. Ein besonderer Akzent liegt auf der ständigen Verbindung von körperlicher, psychischer und geistlicher Ebene. Therapeutische Elemente, die aus Frau Häusers langjähriger Erfahrung in der Ehe- und Lebensberatung erwachsen, werden integriert, soweit dies für den spirituellen Prozeß förderlich scheint.

Der »Grundkurs praktischer Spiritualität« kann ohne spezielle Voraussetzungen besucht werden von Menschen, die ihren Alltag in Bezogenheit auf Gott wahrnehmen und gestalten wollen. In welcher Form die TeilnehmerInnen ihre Erfahrungen und Fähigkeiten später einsetzen, bleibt dabei zunächst offen. Zur »Ausbildung« für die Begleitung von Exerzitien und das geistliche Gespräch kann der Kurs nur im Rahmen eines länger dauernden geistlichen Übungsweges werden.

Zum Aufbau des Kurses gehören:
– ein *Vorgespräch* zur beiderseitigen Klärung, ob die Teilnahme als sinnvoll erscheint
– eine *Zeit der Stille* täglich zu Hause oder an einem geeigneten Ort für die ganze Dauer des Kurses (ca. 1 Std; Körperübung, meditative Betrachtung eines biblischen Wortes, »inneres Beten«, »Gebet der liebenden Aufmerksamkeit«...)
– regelmäßige *Einzelgespräche*, in denen der Prozeß der Teilnehmer/innen, sowohl was die Übungen betrifft als auch im alltäglichen Leben, begleitet wird
– einmal jährlich Teilnahme an *8tägigen Exerzitien*
– einmal wöchentlich *Kurstreffen*, jeweils 3 1/2 Stunden. Sie beginnen mit einer *Einstimmung des Körpers* durch Übungen der Wahrnehmung, Sammlung, und zum Durchlässigwerden für den Atem. Dies führt hin zur gemeinsamen *meditativen Betrachtung*, der in der Regel ein biblischer Text zugrunde liegt. – In einem zweiten Teil werden Grundfragen des geistlichen Weges erarbeitet. Dies geschieht in erster Linie durch praktische Übungen an exemplarischen Fällen (z.B. eigene Erfahrungen im Schweigen, in der Meditation, beim Beten; auch verschiedene Situationen aus den eigenen Beziehungen und ggf. aus lebensbegleitender Tätigkeit). Die Vermittlung von »Theorie« geschieht vorwiegend erfahrungsbezogen über Reflexion von Beispielen mit begleitender Information und Lektüre. Als Leitfaden diente das dreibän-

dige Werk von Paul Imhof: »Gott glauben – Christus erleben – Geist erfahren. Grundkurs Ignatianischer Spiritualität«.

Der ephata-Grundkurs ist trotz unterschiedlicher Profilierung vergleichbar der »Ausbildung für die Begleitung von Exerzitien im Alltag und für die Befähigung zu Geistlichem Gespräch«, wie sie früher durch GIS Frankfurt (Gruppe Ignatianischer Spiritualität) angeboten wurde. Inzwischen wird ein entsprechender Kurs unter dem Titel »Seminar für Exerzitienbegleitung und geistliche Begleitung« von der GCL Augsburg (= Gemeinschaft christlichen Lebens, ignatianisch) durchgeführt. Gemeinsame Grundlage ist insbesondere, daß der eigene geistliche Prozeß im Mittelpunkt der Ausbildung steht.

Spiritualität als Beziehung

Wie läßt sich die »Spiritualität« beschreiben, die wir in den Exerzitien zu fördern versuchen? Bei der Tagung der Landessynode der Evang.-Luth. Kirche in Bayern in Rothenburg 1994 wurde Spiritualität übersetzt als »Geistwirklichkeit, und: Sinn für das geistliche Wesen bestimmter Menschen und Dinge« (Manfred Seitz). In Anknüpfung daran und Zuspitzung möchte ich die Spiritualität, die wir zu fördern versuchen, beschreiben als *Durchlässigwerden für das Wirken des Geistes* oder als *Dasein in Beziehung*. Es geht uns um ein waches, aufmerksames Dasein, bedingungslos und zweckfrei, mehr passiv annehmend-wahrnehmend als aktiv, um eine Haltung liebevoller Zugewandtheit und Hingabe an Gott, Welt und Menschen.

In unserer lutherischen Tradition wird der Sünder beschrieben als »in sich selbst verkrümmter Mensch«. Das Gegenteil dessen ist der Mensch, der offen ist in seinen verschiedenen Beziehungen, zuallererst gegenüber Gott. Es ist der *Mensch in Beziehung*. Grundlage dafür ist, daß Gott den ihm gegenüber verschlossenen Menschen annimmt (= Rechtfertigung), und so die Beziehung von seiner Seite her aufnimmt. Der Mensch entspricht dem, indem er sich Gottes Zuwendung gegenüber öffnet, und diese im Vertrauen für sich annimmt. Das ist Glaube. – Die tiefste Form solchen Ausgerichtetseins auf Gott ist die *Kontemplation*, als »verharrender Zustand der Erfahrung« in Unmittelbarkeit zum Gegenüber[1]. Solche Erfahrung geht über die eigene Aktivität hinaus und kann nur als Gnade empfangen werden. All unser Üben ist letztlich auf die der Gnade entsprechende Haltung des Menschen hin ausgerichtet: sich zu öffnen gegenüber Gott, Menschen und Welt, annehmend und sich hingebend, so daß Gott an der Person und durch sie mit seiner Gnade wirken kann.

Diese kontemplative Haltung, das ist wichtig, meint nicht einen Rückzug aus der Welt in eine beschauliche Lebensweise. Es geht vielmehr darum, in der Stille eine Haltung einzuüben, die die unbewußten Schichten der Person ergreift und so im Alltag weiterwirkt. So wurde Ignatius von seinen Leuten als »contemplativus in actione« bezeichnet. Das ist so ähnlich wie beim Autofahren: da übe ich auch solange, bis mir die Abläufe »in Fleisch und Blut« übergegangen sind und ich nicht mehr überlegen muß, welcher Fuß wie zu betätigen ist. Wenn mir das selbstverständlich geworden ist, kann ich mich mühelos mit ganzer Aufmerksamkeit einem Gespräch widmen. Ähnlich üben wir in Exerzitien, uns so von der Tiefe unseres Wesens her auf Gott auszurichten, daß wir ihm mehr und mehr verbunden bleiben, nicht nur wenn wir explizit an ihn denken[2]. Anders als beim Autofahren ist Spiritualität keine Fertigkeit, die man ein für allemal erlernt, sondern Leben in einer Beziehung, die laufend gepflegt werden will. Da der lebendige Gott der Partner ist, wirkt sich die intensivere Verbindung mit ihm auch lebensfördernd in allen Bereichen aus.

Auch die Rolle des Begleiters oder der Begleiterin ist von dieser kontemplativen Haltung her zu beschreiben: Er hat keine inhaltlich bestimmten Ziele zu erreichen, darf den Exerzitanten in keiner Richtung beeinflussen (auch nicht dahin, eine besondere christliche Lebensweise zu wählen): »... denn wenn wir auch außerhalb der Exerzitien alle... dazu bewegen dürfen, ... jede Art von evangelischer Vollkommenheit zu erwählen, so ist es doch innerhalb der geistlichen Übungen beim Suchen des göttlichen Willens jeweils mehr entsprechend und viel besser, daß Er selber, der Schöpfer und Herr, sich Seiner Ihm hingegebenen Seele mitteile, sie zu Seiner Liebe und Seinem Lobpreis umfange und sie zu jenem Weg hin bereite, auf dem sie Ihm fürderhin je besser dienen kann...« (Ignatius, EB 15). Der Begleiter hat also die Aufgabe, als einer, der auf dem geistlichen Weg einige Erfahrungen hat, für die das Du suchende Person da zu sein und sie auf ihrem Weg in liebevoller Aufmerksamkeit zu begleiten. Dabei soll er sie vor allem darin fördern, in die kontemplative Haltung hineinzuwachsen und immer neu darin zu bleiben. Wie ein älterer Freund soll er ihm helfen, die Erfahrungen, die jener auf seinem Weg macht, wirklich wahr-zu-nehmen. Das ist wichtig, weil jeder, der sich auf einen geistlichen Prozeß einläßt, Erfahrungen machen wird, die gegenüber seinen Erwartungen und bisherigen Einstellungen überraschend und fremd wirken können. Weil man alleine nicht damit umzugehen weiß, verschließt man sich ihnen nur zu leicht[3]. Aus seiner eigenen Spiritualität, seiner Beziehung zu Gott, zum anderen und zu sich selbst heraus, kann der Begleiter dem Begleiteten helfen, die Vorgänge in seiner Seele zu erkennen und achtsam damit umzugehen.

Beziehung gestalten

Grundlegend in den Exerzitien ist es zunächst, der eigenen Beziehung zu Gott überhaupt Beachtung zu schenken und diese im Alltag zu gestalten[4]. Diese Beziehung brauchen wir nicht erst herzustellen, wir finden uns immer schon darin vor. Nur nehmen wir das oft nicht wahr.

Verstehen wir Glauben als Vertrauen in Gott, als personale Beziehung, so bieten sich Vergleiche an, z.B. die Verbindung von Mann und Frau: Eine Ehe wird geschlossen im juristischen Akt, in dem die Partner sich als zusammengehörig erklären. Doch wenn sie sich anschließend aus den Augen verlieren würden, kann man zwar zu recht behaupten, sie seien verheiratet; aber man wird nicht sagen, daß sie eine Ehe im vollen Sinn des Wortes führen. Ähnlich verstehe ich die Beziehung von uns Menschen zu Gott: daß wir als Geschöpfe Gottes in Verbindung mit ihm (und nur so) existieren, ist die Grundlage. Aber die andere Seite und ebenso wesentlich ist die Gestaltwerdung der Beziehung im Alltag.

Zur Gestaltung einer Beziehung gehört zunächst, daß man *Zeit* miteinander verbringt, mit anderen, aber auch zu zweit. Man braucht einen *Ort*, an dem man sich begegnen kann, nicht nur bei außergewöhnlichen Ereignissen, sondern mitten im Alltag. – Wenn einem die Nähe eines Menschen wichtig ist, dann ist es ganz selbstverständlich, daß man ihn nicht nur einlädt, sondern auch *Raum schafft* in der Wohnung, und sich ordnend und gastlich auf sein Kommen *vorbereitet*. Damit bewirke ich sein Kommen nicht, eher verhalte ich mich ihm angemessen. Töricht wäre ich, wenn ich immerzu mit anderen Dingen beschäftigt wäre; denn dann könnte es passieren, daß ich seine Gegenwart gar nicht bemerke oder nicht genießen kann. – Darum üben wir uns in den Exerzitien bewußt darin, unser Tun und Denken immer wieder zur Ruhe kommen zu lassen und uns ins Schweigen vorzutasten. Dies bedeutet mehr, als nicht zu reden. Es heißt, im Hier und Jetzt gegenwärtig zu werden, das eigene zu lassen und in liebevoller Aufmerksamkeit erwartungsvoll dazusein. Erst so kann man *Gott als eigenständiges Gegenüber und die eigenen Reaktionen auf ihn recht wahrnehmen.*

Sich üben im Glauben

Der Glaube gilt in unserer evangelisch-lutherischen Tradition als »*Hauptstück im christlichen Wesen*«[5] Glaube ist nicht ein Fürwahrhalten und Wiedergeben bestimmter Lehrinhalte, sondern eine »gewisse Zuversicht« (Hebr. 11,1). Glauben heißt, nicht auf sich selbst, sondern auf Gott zu vertrauen. Doch gerade dieses Vertrauen versteht sich eben nicht von selbst (Vgl. Röm 7 und 8). Wenn ich die vielen Situationen eines Tages einmal daraufhin anschaue, wo ich mich zutiefst nicht auf mich selbst, sondern auf Gott verlassen habe, so werde ich feststellen, daß ich dies ziemlich selten wirklich tue. – Die Exerzitien sind eine Art »*Pädagogik des Glaubens*«[6], d.h. eine methodisch verantwortete Hilfe, sich in die vertrauende Hingabe an Gott einzuüben.

Was kann man dafür tun, den Glauben zu »üben«? Solches Üben ist uns selbstverständlich im Sinne von »ausüben«: »Die Magd, die die Stube fegt, tuet Gottesdienst« (Luther). Doch gehört dazu nicht ebenso wesentlich das »einüben«? Dies ist kein Rückzug aus der Welt in die Innerlichkeit. Auch wer Tanzmusik spielen will, muß alleine Fingerübungen machen. Jeder der seinen Alltag mit Gott gehen will, braucht dafür auch besondere Zeiten, sonst hätten wir keinen Gottesdienst. Von Yehudi Menuhin wird erzählt, er habe einmal gesagt: »Wenn ich einen Tag nicht übe, merke ich es selbst, wenn ich zwei Tage nicht übe, merkt es meine Frau, und wenn ich drei Tage nicht übe, merkt es das Publikum.« Ähnlich könnte ich im Blick auf den Glauben sagen: »wenn ich mich einen Tag nicht besonders darin übe, im Vertrauen auf Gott zu leben, merkt es Gott; wenn ich zwei Tage nicht übe, merke ich es selbst; und wenn ich mich drei Tage nicht darin übe, kriegen es die Menschen zu spüren, mit denen ich zu tun habe.«

Man kann unseren Glauben dem Inhalt nach beschreiben mit den Stichworten Luthers: wir sind angenommen von Gott allein aus Gnaden (»*sola gratia*«) durch Christus (»*solus Christus*«) aufgrund des Glaubens (»*sola fide*«). *Die einseitige Betonung des »sola gratia« in unserer protestantischen Tradition und die intensive Beschäftigung mit Glaubensinhalten hat es uns schwer gemacht, mit den menschlichen Vollzügen des Glaubens umzugehen. Weil wir überzeugt sind, daß der Mensch in Bezug auf Gott und sein Heil keine aktive Rolle spielen kann, fällt es uns schwer, seine Rolle im Zusammenhang des Glaubens überhaupt erst in den Blick zu nehmen. Mit den Exerzitien wird der Glaube als gelebtes Vertrauen neu in den Mittelpunkt gerückt.*

Mit Gott vertrauter werden

Eine besonders schöne Darstellung, wie Vertrauen wachsen kann, finden wir in Saint-Exupéries Erzählung vom Fuchs, der sich wünscht, vom kleinen Prinzen gezähmt zu werden[7]. In poetischen Bildern werden hier wesentliche Elemente auch des geistlichen Weges beschrieben: In einzelnen Schritten – Geduld, schweigendem Warten, Schauen und wenigen Worten – entwickelt sich eine vertrauensvolle Beziehung. Man erlebt den anderen manchmal nahe, dann wieder läßt er auf sich warten. Dabei muß es »feste Bräuche geben«, in denen man die Erfahrung macht, daß man sich aufeinander verlassen kann. Und schließlich wird einem ein Geheimnis enthüllt. Je mehr man sich aneinander gewöhnt hat, umso mehr fehlt einem der andere, wenn er nicht greifbar nahe ist. Aber durch die Erfahrung der Begegnung hat man etwas gewonnen, was man schließlich in der Natur oder anderen Wesen um sich wiederfinden wird.

Mit dieser Geschichte von wachsendem Vertrauen ist gleichzeitig das Geschehen in Exerzitien liebevoll angedeutet. Auch hier geht es darum, sich in vielen kleinen Schritten und in Beständigkeit auf die Beziehung zu Gott einzulassen, und Erfahrungen mit ihm zu machen, durch die Vertrauen wachsen kann.

Bewußt spreche ich von kleinen Schritten. Nach ein paar Exerzitientagen wird kaum jemand im Ernst behaupten können, er habe Gott erkannt. Gott selbst kann niemand sehen, und es würde uns überwältigen, ihm schnell ganz nahe zu kommen. Vielleicht ist man wieder mehr bei sich angekommen oder hat Ruhe gefunden. Was hoffentlich geschieht ist, daß man sein Gesicht der Sonne zuwendet und von ein paar Sonnenstrahlen berührt wird. Die beglückende Anziehung, die oft zu Beginn eines Exerzitienweges erlebt wird, lädt ein zu mehr Verbindlichkeit. Wie in jeder lebendigen Beziehung muß man dabei auf Tiefen und Durststrecken gefaßt sein, doch wird man im Durchhalten vertiefte Gemeinschaft erfahren.

»Aufmerksam mitgehen mit deinem Gott«
(Micha 6,8 im ursprünglichen Wortlaut)

Wer Exerzitien macht, läßt sich auf einen Prozeß ein, dessen Ausgang und Verlauf er vorher nicht kennt. Wie bei einer Bergtour in unbekanntem Land ist es notwendig, dabei kundige *Begleitung* zu haben. Die erste

Aufgabe der begleitenden Person ist einfach mitzugehen, damit der Wandernde nicht allein ist, damit einer merkt, wenn ihm etwas Unvorhergesehenes zustößt oder ihm etwas fehlt. Vertrauenswürdig ist ein Begleiter, der die Gegend kennt und ähnliche Wege bewältigt hat; der helfen kann, schwierige Wegstrecken durchzustehen und auch Gefahren besser einschätzen kann.

Der Exerzitienbegleiter ist wirklich Begleiter, d.h. er führt den Exerzitanten nicht zu einem von ihm bestimmten Ziel, sondern geht mit ihm ein Stück auf seinem Weg. Die Verantwortung für den Weg bleibt beim Exerzitanten, auch die Intensität, mit der er sich auf das Geschehen einläßt, hängt von ihm ab. Der Begleitende gibt lediglich Impulse, die der Exerzitant dann in seiner Weise aufgreift. Dabei soll der Begleiter kein festes Programm durchziehen, sondern vielmehr sich ganz auf die Person und Situation des zu Begleitenden einstellen (Ignatius, EB 18).

Solche Impulse sind Anregungen, sich auf die Beziehung zu Gott einzulassen. Dies geschieht in unterschiedlichen Formen:

– grundlegend ist, Gottes Umgehen mit den Menschen anhand von *biblischen Texten* zu betrachten. Dabei spielt die *Person Jesu* eine besondere Rolle. Der Begleiter leitet den Exerzitanten dazu an, nicht über einen Text nachzudenken, sondern sich ihn *meditierend anzueignen*. In ignatianischer Weise geschieht dies in erster Linie über die *Imagination biblischer Szenen* mit allen Sinnen (schauen, hören, schmecken, fühlen...). Man kann sich auch in der Vorstellung selbst in eine Rolle hineinbegeben und so z.B. Jesu heilendes Handeln auf sich wirken lassen. Wichtig ist in jedem Fall, daß man nicht mit dem Intellekt, sondern »betrachtend« an den Text herantritt, denn »*nicht das Vielwissen sättigt und befriedigt die Seele, sondern das Spüren und Verkosten der Dinge von innen her*« (Ignatius, EB 2). Die Reflexion über das, was einem in der Betrachtung begegnet ist, bildet dann den zweiten Akt, ist »Nach-Denken« von Erfahrenem, und so dem betrachtenden Wahrnehmen sachlich und zeitlich nachgeordnet.

Da diese Art des Umgangs mit biblischen Texten in unserer protestantischen Kultur kaum geübt ist, ist es Aufgabe des Begleitenden, den Exerzitanten immer neu an diese zum Kontemplativen neigende Haltung hinzuführen.

Im *Einzelgespräch* kann alles angeschaut werden, was im Exerzitanten vorgeht. Da geht es zunächst einmal oft um kleine äußere Störungen, die es schwierig machen, sich auf den Prozeß einzulassen. Sie ernst zu nehmen ist wichtig, aber oft lösen sie sich schon im Aussprechen. Wenn man sich weiter einläßt, kommt so manches hoch. Je mehr man äußerlich zur Ruhe kommt, umso lauter wird es meist innerlich. Nicht jede

Erfahrung, die man in der Stille macht, ist schon eine »Gotteserfahrung«. Zunächst einmal begegnet man vor allem sich selber, auch Seiten, die man im Alltag gerne verdrängt. Neben zufälligen Erinnerungen, die man lassen kann und soll, melden sich auch Szenen aus der eigenen Lebensgeschichte, die noch Aufmerksamkeit brauchen. Was wesentlich ist, gehört in der Beziehung zu Gott angeschaut – anderes lenkt ab. Hier gilt es zu *unterscheiden*. Kriterium ist: Tu alles, was dich fördert zu Gott, und lasse alles, was dich hindert zu Gott. Durch Vergleich mit früheren Erfahrungen kann das Gespür für die Qualität der verschiedenen inneren Regungen allmählich differenziert werden.

Der Begleiter gibt dem Exerzitanten Raum bei sich, so daß dieser entfalten und anschauen kann, was sich in ihm regt. Vorurteilslos soll dies *wahrgenommen* und *erkannt* werden. Dazu hilft schon, den angemessenen sprachlichen Ausdruck zu suchen. Man fragt nicht analytisch nach dem warum, sondern versucht, durch das wie, das Verkosten eines Vorganges, seine Bedeutung zu erspüren. Dazu hilft das »Spiegeln« dessen, was der Begleiter beim Exerzitanten wahrnimmt, ebenso wie das Ausdrücken dessen, was eine Beschreibung beim Begleiter auslöst. – Schließlich geht es darum, das, was sich in der Seele des Exerzitanten regt, *anzunehmen* oder *abzuweisen*, je nachdem, ob es dem Lebensziel des Menschen, auf Gott ausgerichtet zu leben, förderlich oder hinderlich ist. Die »*Unterscheidung der Geister*« ist das Grundelement, aus denen Ignatius seine Exerzitien entwickelt hat und was diese von anderen geistlichen Übungsformen unterscheidet.

Gemeinsam sucht man dann herauszufinden, wie der Exerzitant auf seinem Weg mit Gott weitergehen kann, z.B. auch, welche Form des Betens in seiner momentanen Situation hilfreich sein könnte. Insbesondere sucht man danach, welches *biblische Wort* in seiner Situation meditiert werden könnte.

Hierin zeigt sich u.a. ein *Unterschied von Exerzitien bzw. geistlicher Begleitung zu therapeutischer Arbeit*. Exerzitien sind keine Mini-Therapie. Es geht nicht darum, von einem »kranken« Zustand in einen »geheilten« zu gelangen. Vielmehr geht es um etwas »Normales«: um Wachstum im Glauben, unabhängig von den größeren oder kleineren seelischen Belastungen, die jemand mitbringt. Allerdings werden Exerzitien oft als heilsam erlebt. Dies liegt auf einer anderen als der psychologischen Ebene. Ich glaube, daß es zum Menschsein gehört, in bewußter Beziehung zu seinem Schöpfer und Bewahrer zu leben, und daß man erst dann ganz und heil wird, wenn man dies tut. Es geht auch weniger darum, seine Probleme mit Hilfe eines Therapeuten selbst zu bearbeiten. Das

Hören auf ein Wort kann wesentliche Veränderung bewirken. Und wer sich Gott anvertraut, der wird ihn auch als liebend und heilend erfahren. (Auch in den Heilungsgeschichten der Evangelien führt Jesus oft selbst gar keine Heilung durch, sondern stellt lediglich fest: »*Dein Glaube hat dir geholfen!*«). Das ist entlastend für den Begleiter. Er ist nicht verantwortlich dafür, daß Probleme gelöst werden. Gesundsein ist im Rahmen von Exerzitien nicht erstrebenswerter als Kranksein (Ignatius, EB 23). Da gilt es vielmehr, verschiedenen Perspektiven gegenüber »indifferent« zu werden. Denn weder der Exerzitant noch der Begleiter kann wissen, wohin Gott einen Menschen führen möchte. Hat man eine Situation gründlich wahrgenommen und erwogen, dann kann es sehr hilfreich sein, den Exerzitanten einfach betend Gott anzuvertrauen und diesem den Fortgang des Geschehens zu überlassen.

In Beziehungen leben

Zwei Besonderheiten der mir vertrauten Exerzitienarbeit (Gruppe ephata, München) möchte ich noch ausführen. Zuerst: Auch wenn Exerzitienbegleitung sich in Intention und Methode von therapeutischer Arbeit unterscheidet, arbeiten wir im geistlichen Prozeß z.T. auch an den zwischenmenschlichen Beziehungen mit therapeutischen Elementen. Denn wir gehen davon aus, daß unsre mitmenschlichen Beziehungen und unsere Gottesbeziehung viel miteinander zu tun haben. So wie wir uns anderen gegenüber verhalten, so verhalten wir uns auch Gott gegenüber, und umgekehrt.[8] Denn immer geht es ja um unser »In-Beziehungsein«. Deshalb wirkt sich eine Störung in einem Bereich auch auf die anderen Bereiche aus. Und ebenso wird durch ein Heilwerden in einem Bereich auch in anderen Bereichen etwas rein und frei.

Ein Beispiel: Eine Exerzitantin erzählt, daß sie nicht mehr beten könne. Früher sei das anders gewesen, aber seit längerer Zeit sei die Beziehung zu Gott abgerissen. Sucht man nach dem Zeitpunkt dieser Veränderung, kommt man oft auf einen zwischenmenschlichen Konflikt. Weil die Exerzitantin z.B. mit ihrem Partner nicht mehr zurechtkam, konnte oder mochte sie auch mit Gott nicht mehr. Es kann sein, daß es ihr gegenüber dem Partner nicht mehr möglich war, ihre Gefühle zu äußern, und da wagte sie es gegenüber Gott schon erst recht nicht mehr. Oder sie war über die Schwierigkeiten mit einem lieben Menschen von Gott so enttäuscht oder zornig auf ihn, wagte aber nicht, sich ihm so zu zeigen, und so wurde ihr Gebetsleben unlebendiger und versiegte schließlich. – Ich glaube, daß unser geistliches Leben auch deswegen farbloser geworden ist, weil wir es oft nicht wagen, uns auch mit unseren »negativen« Gefühlen Gott anzuvertrauen. Dabei ist dies sogar sehr wichtig. Daß solche Gefühle auftauchen, ist (wie in jeder menschlichen Beziehung) eher ein Hinweis auf die Echtheit eines geistlichen Weges. Denn wer sich wirklich auf eine lebendige Beziehung zu Gott einläßt, und d.h. auf einen Prozeß, der über das Bisherige hinausführt, wird immer irgendwann Abwehr und auch Zorn empfinden. Wer diesen auch annehmen und Gott gegenüber äußern kann, bleibt wahrhaftig in der Beziehung.

Wie kann man mit einer solchen Situation als Begleiter/in umgehen? Man kann den Exerzitanten ermutigen, daß er das Verdrängte nachholt, sich in seine negativen Gefühle wieder hineinbegibt und sie Gott gegenüber in freiem Ausdruck oder z.B. anhand eines Klagepsalmes äußert, so daß die Beziehung wieder rein wird. Für einen Menschen, der sowieso schon Schwierigkeiten hat, mit Konflikten umzugehen, ist das aber manchmal zu schwer. Darum kann es hilfreicher sein, ihm dabei zu helfen, daß er sich mit seinen »negativen« Gefühlen in seinen zwischenmenschlichen Beziehungen einbringt. Wenn er da erfährt, daß dies der Beziehung förderlicher ist als zu verdrängen, wenn sich hier etwas löst, kann auch die Dankbarkeit darüber ihn Gott wieder näherbringen. Darüber hinaus wird er so eher wagen, auch Gott gegenüber seinen Zorn nicht zu verdrängen, sondern ihn zu äußern und so wahrhaftiger zu werden.

Soweit dieses eine Beispiel, wie menschliche Beziehung und Beziehung zu Gott zusammenhängen. Das Verhalten in einem Bereich wirkt sich jedenfalls im anderen auch aus. Wenn jemand lernt, sich Gott mehr anzuvertrauen, können dadurch auch Blockaden im zwischenmenschlichen Bereich gelöst werden, und umgekehrt. – Welcher Ansatzpunkt für den Exerzitanten in seiner Situation am förderlichsten ist, muß intuitiv-hörend gefunden werden.

Leibhaftig glauben

Glaube lebt nicht in irgendwelchen Sonderwelten und nicht nur im Herzenskämmerlein. Vielmehr soll sich der Glaube in allen Bereichen der Existenz auswirken. Dieses »soll« kann nicht so gemeint sein, daß der Glaube sozusagen nachträglich, als Konsequenz einer Glaubensüberzeugung, in eine Tat umgesetzt werden müsse. Ein Glaube, der es nicht immer schon mit der ganzen Existenz des Menschen zu tun hat, verschwindet für mich ins Ungreifbare.

Glaube hat es immer mit der ganzen Existenz zu tun. Und dazu gehört zuallererst die Körperlichkeit, und zwar in zweifacher Hinsicht: Eine innige Beziehung *zeigt sich* auch im körperlichen Umgang, z.B. in Zärtlichkeit. Umgekehrt *bewirkt* sanfte Berührung auch Zuneigung, ein harter Griff dagegen Abwehr. Darum spielt in unserer Exerzitienarbeit das Umgehen mit dem Körper eine wichtige Rolle, ebenfalls in zweifacher Hinsicht:

Zum einen spiegelt der Körper immer schon den seelischen und geistlichen Zustand wider: eine »Spannung« drückt sich im Tonus der Muskeln aus, »Verletzungen« auch mit Worten können »kränken« und wenn sie gehäuft vorkommen wirklich krankmachen etc. Von der Psychosomatik ist hier viel zu lernen. Wenn wir uns im Rahmen von Exerzitien ganz aufmerksam im Körper wahrnehmen, so kommen wir mit uns selbst in Berührung. Wir erfahren mehr über unseren Zustand als uns rational bewußt ist. Nimmt man z.B. Verhärtungen im Körper mit liebevoller Aufmerksamkeit (kontemplativ) wahr, kommt man den eigenen Nöten oft schneller auf die Spur als im Gespräch, denn »der Körper lügt nicht«. Mit Gedanken und Worten geht man wesentlichen Themen leicht aus dem Weg, v.a. wenn sie einem unangenehm sind. Darum wird man wahrhaftiger im Beten, wenn man sich zuerst im Körper »wahrnimmt«, weil man dann mit den Erfahrungen verbunden wird, die einen zutiefst prägen.

Auf der anderen Seite wirken Veränderungen im Körper sich unmittelbar im seelischen und geistigen Bereich aus. Um das zu erkennen, muß man nur einmal bewußt eine aufrechte Haltung einnehmen. Gleich spürt man, was dies verändert, daß man alleine dadurch einer schwierigen Situation besser »gewachsen« ist. Wer sich auf Gott verläßt, braucht nicht alles »im Griff zu haben«. Darum gehört für uns zu »geistlichen Übungen« auch »Körperarbeit«. Dies ist nicht im Sinn sportlicher Betätigung gemeint. Vielmehr geht es um sorgfältiges Spüren und um Loslassen, Aufmerken und Durchlässigwerden für den Atem. Durch diesen werden wir zu lebenden Geschöpfen Gottes (Gen. 2,7) und mit dem Heiligen Geist verbunden (Joh. 20,22). Schon weil der Leib als Tempel des Heiligen Geistes bezeichnet wird (1. Kor. 6,19), tut man gut daran, ihm als Christ einige Aufmerksamkeit zu widmen.

Schließlich ist noch eine andere Wechselwirkung zu beobachten: ähnlich wie psychische Belastungen krankmachen können, wirken sich »geistliche Übungen« heilsam im Körper aus.

In einem Beispiel möchte ich anzudeuten versuchen, wie sich »geistliche Übungen« in Verbindung mit Körperübungen konkret gestalten können.

Der Auferstandene begegnet mehreren Menschen mit dem Gruß »*Friede sei mit euch!*« – Wenn ich jemandem predigend auf den Kopf zusage, daß das, was in der Bibel steht, auch für uns gelte, kann das u.U. Abwehr hervorrufen. – Ich kann aber auch dazu anleiten, sich vorzustellen, wie dieses Wort an mich gerichtet klingt. Wer sich darauf einläßt, wird unmittelbar erfahren, wie sich dadurch Spannungen im Körper lösen. Und stärker empfinden wird es jemand, der sensibilisiert und darin geübt ist, Spannungen loszulassen. Seit ich solche Übungen mache, erlebe ich den rituellen Friedensgruß im Gottesdienst neu.

Glaube ist nicht ein rationaler Akt, sondern mit allen Sinnen gelebtes Vertrauen. Daß der Glaube »ins Fleisch kommt«, ist für mich eine Entsprechung zur Inkarnation.

»Warten auf den wirkenden Gott«

Vor kurzem baten mich angehende PfarrerInnen zu einer Fortbildung mit »geistlichen Übungen«. Bei einer dieser Übungen sagte ich schlicht: »Gott ist hier und jetzt gegenwärtig...«. Da spürte man in der Stille förmlich eine knisternde Spannung. Hinterher wurde ich darauf angesprochen: »...das wirkte ja beinahe magisch, als ob Sie ihn herbeizitiert hätten!« – Ich bin sicher, daß jede/r von diesen PfarrerInnen schon einmal gesagt oder verkündigt hat, daß Gott immer und überall gegenwärtig sei. Aber so unmittelbar *mit seiner Gegenwart und Wirksamkeit im jetzigen Augenblick zu rechnen* und dies zu benennen, das hatte eine überraschende und offensichtlich z.T. erschütternde Wirkung. Rechnen wir im Ernst damit?

Versuchen wir einmal, zu formulieren, was Christsein ausmacht. In Fleisch und Blut übergegangen ist uns das Zitat: »*Die Magd, die die Stube feget, tuet Gottesdienst*«. Also: Ein Christ ist einer, der seinen Glauben in der Liebe zum Nächsten im Alltag bewährt. Dieser treffenden Formulierung möchte ich eine andere Beschreibung Luthers zur Seite stellen, die uns von ihrer Wirkungsgeschichte her weniger bekannt ist: ein Christ ist einer, der nicht auf sich selbst vertraut, sondern »*wartet auf den wirkenden Gott*«[9].

Zu »*warten auf den wirkenden Gott*«, diese Formulierung trifft am besten, was ich als Lebenshaltung für mich selbst und im Blick auf die Begleitung anderer durch Exerzitien einzuüben versuche. Im Gebrauch von Texten und Bildern werde ich im Lauf der Jahre immer sparsamer.

Ein Wort kann über Wochen als geistliche Nahrung ausreichen, die Übungen gestalten sich zunehmend kontemplativer. Ignatius selbst hat im Verlauf der Exerzitien das »Gebet nach dem Zeitmaß«, das schweigende Sprechen eines Wortes bei jedem Atemzug, schon eingeführt. (Die dritte Weise zu beten, EB 258). Je länger ich übe, desto mehr erfahre ich: Tiefer als durch Wort und Szene kann Gott mich wohl berühren und verwandeln, wenn ich mich ihm ohne andere Mittel einfach im Schweigen hingebe. »Der Raum des Geistes, dort, wo er seine Flügel öffnen kann, ist die Stille« (Saint-Exupéry).

Ein Bild dafür zum Abschluß: An meinem Ort der Stille steht seit einiger Zeit eine »Auferstehungsblume«. Trocken in sich eingerollt kann diese Wüstenpflanze lange Zeit für sich alleine ohne Wasser und Erde überstehen. Jedesmal, wenn ich mich zum Beten hinsetze, gebe ich ihr ein wenig Wasser, und sie öffnet sich innerhalb kurzer Zeit. Ohne Wasser rollt sie sich bald wieder in sich zusammen. – Dies Bild drückt aus, was in Exerzitien geschieht: Nicht Nachdenken und Reden über Gott, sondern *sich Hingeben: sich öffnen beim Trinken vom Wasser des Lebens.*

ANMERKUNGEN

1 Zum hier verwendeten Begriff »Kontemplation« vgl. Josef Sudbrack: Meditative Erfahrung – Quellgrund der Religionen?, S. 36ff, in Unterscheidung zu Willigis Jaeger, Massa u.a., die für die Kontemplation Gegenstandslosigkeit postulieren.
2 Vgl. dazu Meister Eckehart: »Achte darauf, wie du deinem Gott zugekehrt bist, wenn du in der Kirche bist oder in der Zelle: diese selbe Gestimmtheit behalte und trage sie unter die Menge und in die Unruhe...«, in: Meister Eckehart, Deutsche Predigten und Traktate, hrsg. und übersetzt von Josef Quint, S. 59. M. Eckehart kann sogar sagen: wenn du deinen Gott auf der Straße anders »hast« als in der Kirche, so hast du ihn nicht recht..., und: »Der Mensch soll sich nicht genügen lassen an einem gedachten Gott; denn wenn der Gedanke vergeht, so vergeht auch der Gott. Man soll vielmehr einen wesenhaften Gott haben...« ebd., S. 60.
3 Man spricht hier vom Phänomen des »Widerstandes«. Dieser gehört wesentlich zu einer lebendigen Gottesbeziehung, ja er ist geradezu ein Zeichen für deren Authentizität. Vgl. William A. Barry SJ/William J. Connolly SJ: Brennpunkt: Gotteserfahrung im Gebet. Die Praxis der geistlichen Begleitung. Leipzig 1992, S. 98ff.
4 In Verkündigung und Seelsorge haben wir gelernt, daß die Vermittlung der Botschaft des Evangeliums ein Beziehungsgeschehen ist. Für dessen Gelingen scheint uns die Beziehung des Verkündigenden zum Hörenden entscheidend. Für ebenso wesentlich halte ich es, daß wir zumindest mit gleicher Sorgfalt unsere Beziehung zu Gott oder zu Jesus Christus in den Blick nehmen. Unbeschadet der Unverfügbarkeit des Heiligen Geistes sind hier (wie in Homiletik, Religionspädagogik etc.) die menschlichen Vollzüge nach bestem Vermögen zu gestalten.

5 Confessio Augustana, Artikel 20, in: Evangelisches Gesangbuch, Ausgabe für die Evang.-Luth. Kirche in Bayern und Thüringen, München o.J., S. 1572.
6 Begriff von Wolfgang Dietzfelbinger.
7 Antoine de Saint-Exupéry: Der kleine Prinz, Kap. XXI. Düsseldorf o.J., S. 48ff.
8 Das Ineinsfallen von unserer Beziehung zu Menschen und zu Gott betont besonders stark Franz Jalics aufgrund von Mt 25, in Franz Jalics: Kontemplative Exerzitien, Würzburg 1994, S. 61ff.
9 Martin Luther: Vom unfreien Willen. WA 18, S. 632.

Aspekte der Exerzitien

GERHARD MÜNDERLEIN

Aspekte therapeutischer Methoden in den Exerzitien

Ich habe bereits berichtet von meiner Freude und Verwunderung über die Ignatianischen Exerzitien. Diese Gefühle beziehen sich zunächst einmal auf die Formen und Inhalte dieses mir im evangelischen Bereich bis dahin unbekannten oder kritisch gesehenen Weges (Typisch dafür der Aufsatz von K. Holl). Zum anderen aber verwundern »Methoden«, die Ignatius in seinen »Geistlichen Übungen« ausführlich vorschreibt und darstellt. Das Erstaunen ist deshalb so groß, weil sie mir in völlig anderen Zusammenhängen schon über zehn Jahre früher begegneten und damals als tiefgreifende neue Entwicklungen zutage traten. Das war der Fall bei meinen Ausbildungen zur therapeutischen Arbeit als Leiter einer Beratungsstelle (Krisenintervenționsstelle), der ich fast sechzehn Jahre widmete und die ich jetzt in anderer Weise noch fortsetze.

Die therapeutischen Methoden, die mir inzwischen bekannt und vertraut sind, gehören zu dem Bereich tiefenpsychologisch fundierter Gesprächspsychotherapie; speziell zu einigen Richtungen der humanistischen Psychologie, etwa zu den Imaginationsverfahren (z.B. C. G. Jung: Aktive Imagination; K. H. Leuner: Katathymes Bilderleben), zur Gestalttherapie (z.B. F. Perls u.a.), sowie zu verhaltenstherapeutischen und körperbezogenen Arbeitsformen.

So ist wohl die Verwunderung darüber zu verstehen, daß Ignatius solche »modernen therapeutischen Methoden« selbstverständlich anwendet. Die ersten Arbeiten an dem Exerzitienbuch begann er nach seiner Bekehrung im Jahre 1521. Jedoch handelt es sich bei seinen Anweisungen nicht um seine eigenen Erkenntnisse. Das tiefe Wissen um den Menschen und das große Verständnis für menschliche Verhaltensweisen übernimmt er aus der Tradition. Ignatius greift zurück auf die Überlieferung der geistlichen Übungsformen, welche in den jahrhundertealten Bemühungen der christlichen – mittelalterlichen, vielleicht sogar der frühchristlichen – Mystik sich herausgebildet hatten. Hier ging und geht es um die »imitatio Christi«, also um die »Nachahmung Christi«, vielleicht deutlicher gesagt: um das Sich-Eingliedern in das Leben Jesu Christi als der prägenden Form christlichen Lebens.

Von diesen Erfahrungen und der darin zutage tretenden Geschichte her reizt es mich und scheint mir zugleich inhaltlich ergiebig zu sein, einigen Einzelheiten nachzugehen.

Ansatzpunkte, Ziele, Unterschiede

Psychotherapeutische Arbeit einerseits und Exerzitien andererseits verstehe ich von ihren Ansatzpunkten und ihren Zielen her als charakteristisch verschiedene Vorgehensweisen im seelischen Bereich. Trotzdem rufen beide weitgehend ähnliche Wirkungen hervor und dies sicher nicht nur aufgrund der angewendeten, soeben angedeuteten vergleichbaren »Methoden«. Beide können sich in der konkreten Lebensführung bis in die körperliche Dimension hinein hilfreich auswirken, wobei die spirituelle Dimension noch gar nicht in den Blick kommen muß.

Nach meiner Überzeugung setzt Psychotherapie an beim hilfsbedürftigen Menschen, der in die Wirren seines Lebens, besonders auch des unbewußten Lebens verstrickt ist und daran leidet. Ihr Ziel ist, vom Psychischen ausgehend, Hilfe anzubieten, um die eigenen Kräfte zu klären und zu stärken, damit der weiterhin schwierige und gefährdete innere und äußere Lebensweg aus eigener Kraft bewältigt werden kann. Vereinfacht gesagt, arbeitet Psychotherapie primär im »innerpsychischen Raum«.

Der geistliche Übungsweg der Exerzitien hebt sich davon deutlich ab. Natürlich geht es auch um den Menschen und die Gestaltung seines inneren und äußeren Lebens, um Hilfe und Klärung für ihn. Aber eindeutig wird immer wieder darauf hingewiesen, daß es allein darum geht, sein Leben auf Gott zu beziehen, es zu gestalten zu Gottes Dienst und zu seiner Ehre. So lauten die ersten Worte von »Prinzip und Fundament« (ExB 23): »Der Mensch ist geschaffen, um Gott unseren Herrn zu loben, ihm Ehrfurcht zu erweisen und zu dienen...«. Als Zielsetzung des sog. Vorbereitungsgebetes wird genannt: »Gott, unseren Herren, um Gnade bitten, damit alle meine Absichten, Handlungen und Betätigungen rein auf Dienst und Lobpreis seiner göttlichen Majestät hingeordnet seien« (ExB 46).

Die Exerzitien beziehen sich also sehr wohl auf das zu führende Leben, zu dem auch das Psychische gehört, aber sie setzen das Ziel anders. Traditionell ausgedrückt besteht es in der Begegnung von Christus und der menschlichen Seele vor den Augen Gottes. Es handelt sich also – wiederum in altertümlicher Sprache ausgedrückt – um die Verbindung der Menschenwelt mit dem Metaphysischen Bereich. Nur so wird eine Erfüllung menschlichen Daseins möglich, seine Sinngebung und Entfaltung, ganz zu schweigen davon, daß dadurch die Grundgebote Gottes erfüllt werden.

Da also klare Unterschiede bestehen und trotzdem tiefe Verbindungen möglich sind – auch Therapie kann spirituelle Öffnungen ermöglichen – gibt es die nie zu beendende Debatte um die Verschiedenheiten von Therapie und Seelsorge und ihr Verhältnis zu einander.

Ich möchte auf diese Thematik hier nicht näher eingehen, wohl aber eine knappe Überlegung dazu einschieben. Sie will deutlich machen, daß eine polare Spannung zwischen dem christlichen Glauben – wie er sich ja in den Exerzitien ausdrückt – und bestimmten psychotherapeutischen Vorstellungen bestehen kann. Allerdings wird über diese spezielle Frage in der theologischen Debatte um das Verhältnis von Psychotherapie und christlichem Glauben, so weit ich sie überblicken kann, aus mir unerfindlichen Gründen nicht diskutiert. Ich erachte sie jedoch als sehr wesentlich für unsere Problematik.

Willy Obrist, ein Psychotherapeut aus der Schule C. G. Jungs, sieht die Frage nach Sinngebung und Zielsetzung des Lebens völlig anders als der traditionelle christliche Glaube. Bei ihm geht es – vereinfacht ausgedrückt – nicht um den Weg von Innen (der Menschenwelt) nach Außen (zur göttlichen Welt), sondern um den Weg in das unbekannte und unerreichbare Innere, das »Selbst«. Obrist hat in zwei Büchern eine komplette Destruktion des traditionellen Gottesglaubens vollzogen. In sehr eindrucksvoller und nur schwer zu widerlegender Weise hat er Vorstellungen und Erleben von »Göttern« oder eines »metaphysischen Gottes« als Projektionsreihen innerpsychischer Vorgänge dargestellt. Dabei geht er konsequent von animistischen Vorstellungen bis zu den sehr vergeistigten Glaubensüberzeugungen der Jetztzeit weiter. Sein eigentlicher Zielpunkt ist nicht ein in der »Außer-welt« denkbarer »Gott«, sondern das in der Tiefe des je einzelnen Menschen vorhandene »Selbst«, im Sinne C. G. Jungs. Das allerdings ist weder der Ratio noch dem Willen direkt zugänglich oder gar von ihnen steuerbar. Es wird aber im Menschen, besonders je mehr er sich seiner Individuation annähert, wirksam als Gestaltungskraft des Lebens. Diese »Stimme des Selbst« in Betracht zu ziehen, ihr zu folgen und sich davon bestimmen zu lassen soll das Leben des Menschen prägen.

Das äußerst nachdenkenswerte Phänomen dieses psychologisch-philosophischen Entwurfs scheint mir darin zu bestehen, daß im Gegensatz zum Christentum kein »metaphysischer Gott« vorausgesetzt wird, sondern eine »innerpsychische Gegebenheit«. Beide stehen sich nach Obrist diametral gegenüber und schließen einander aus. Aber beide können jeweils in erstaunlich ähnlichen Beschreibungen charakterisiert werden. Dazu gehört vor allem: Sowohl »Gott« als auch das »Selbst« sind weder direkt erreichbar oder gar beeinflußbar, wohl aber äußerst wirksam in der Gestaltung menschlichen individuellen und kollektiven Lebens. Und für den Menschen selbst ist es zur Erreichung seines inneren Lebenszieles notwendig, auf diese hörbar-unhörbare Stimme »Gottes« bzw. des »Selbst« zu hören und sein Leben darauf einzurichten.

Mir scheint zu dieser Thematik noch eine ganze Menge theologisch-philosophisch-psychologischer Denkarbeit nötig zu sein. Worin unterscheiden sich die beiden Größen, vor allem wenn man sie in ihrer Wirksamkeit und dem für die Lebensführung verpflichtenden Charakter betrachtet? Beide stellen den jeweils entscheidenden Faktor für das Leben des Menschen dar. Beide fordern die ganze Aufmerksamkeit und Zuwendung des Menschen, der sein Leben verantwortungsvoll führen will. In der bestimmenden Wirkung also scheint kein Unterschied vorzuliegen. Wohl aber in der »Lokalisierung« und in der Benennung der beteiligten Faktoren. Sollten am Ende die Unterschiede mehr in den Beschreibungen und Definitionen bestehen und weniger in den Vorgehensweisen und vor allem den Zielen?

Die ignatianischen Exerzitien jedenfalls setzen mit mittelalterlicher Selbstverständlichkeit Gott bzw. Jesus – und natürlich auch den ganzen himmlisch-menschlichen Hofstaat (Maria, die Heiligen) – als Gegenüber und Ziel des bewußten christlichen Lebens voraus.

Die grundlegende Aussage, alleiniges Ziel des Lebens sei der Dienst für Gott und Lob seiner Majestät, braucht nicht nochmals wiederholt zu werden. Es sei hier auch auf die delikate Frage verzichtet, inwieweit die geistlichen Übungen in ihren sehr konkreten Anweisungen an eine »Selbsterlösung« (in welcher Form auch immer) denken lassen könnten. Der schon zitierte Text von »Prinzip und Fundament« (ExB 23) fährt ja fort »... um mittels dessen seine Seele zu retten; ...« Daß damit keineswegs ein Spekulieren mit der Möglichkeit von Selbsterlösung verbunden sein muß, ergibt sich aus folgendem: Es ist Tatsache, daß sich seit der neutestamentlichen Paränese jede Form von christlicher Ermahnung zu verantwortlicher Lebensführung an den menschlichen Willen wendet. Man kann eher sagen, daß die Übungen voll in dieser Tradition stehen und sich einer recht brauchbaren »Psychologie« bedienen, da sie eine große Anzahl menschlicher Verhaltensweisen sehr deutlich beim Namen nennen.

Um es noch einmal festzuhalten: Die Exerzitien machen die geistliche Ebene zum ausschließlichen Zielpunkt. Wenn dann dadurch trotzdem »Therapie« geschieht, handelt es sich nicht nur um das Wirksamwerden therapeutischer Hilfeleistungen, sondern es geht für Ignatius um Wirkungen des göttlichen Schöpfer- und Erlöserwillens, um Manifestationen des Hl. Geistes, »der da ist Herr und macht lebendig« (wie es das nicänische Glaubensbekenntnis sagt), es handelt sich um Wirkungen, die der Mensch dankbar an sich verspürt, obwohl sie nicht das eigentliche und vollständige Ziel darstellen.

Die begleitende Person

In vergleichbarer Weise unterscheiden und ähneln sich Psychotherapie und Exerzitien auch im Hinblick auf die/den Begleiter/in. Beide wollen personale Veränderungen des Erlebens und Handelns herbeiführen. Begleitet wird ein solch intensiv durchlebter Prozeß von einer außenstehenden Person. Diese tiefgreifenden Vorgänge können nicht theoretisch gelernt und vollzogen werden, sei es durch Lektüre oder Vorlesungen, ebensowenig durch Berichte anderer über ihre Erfahrungen. Gearbeitet und gelernt werden kann nur durch die Beziehung auf eine Begleitperson und das nachfolgende eigenständige Verwandeln des von ihr Angebotenen in die persönliche Gestaltung des eigenen Lebens.

So stellt die Beziehung der beiden Personen eine Art Lehrer-Schülerverhältnis dar. Allerdings geht es hierbei sehr wenig um konkrete Wissensvermittlungen, schon gar nicht um Befehlen und Gehorchen. Es geht vielmehr um die Anregung persönlicher Erfahrungen, veränderten Überzeugungen und Verhaltensweisen. Das alles geschieht im Gespräch und im Abwägen von Möglichkeiten; wobei beide Seiten in gleicher Weise beteiligt sind, und das alles in absoluter Freiheit.

Demzufolge eignet der Person der/des Begleiters/in ein Autoritätscharakter, der jedoch in seiner Art, seiner Ausübung und in seinen Zielen außerordentlich schwer zu definieren ist.

Im Rahmen der Psychotherapie wird beispielsweise die Rolle des/der Therapeuten/in sehr verschieden gesehen und ausgefüllt. Ich denke etwa an den »stummen Therapeuten« Freudscher Prägung, der nur gelegentlich Deutungen von sich gibt oder an den Therapeuten in einer humanistisch-psychologisch geprägten Gruppenarbeit, der sehr verschiedenartige, auch sehr persönliche Interaktionen einbringen kann. (Die individuellen Unterschiede der Menschen können hier ebenso übergangen werden wie die Unterschiede zwischen Mann und Frau.)

Ein besonders schwieriger Aspekt in der Beziehung zum Therapeuten/in scheint mir das Phänomen »Übertragung – Gegenübertragung« darzustellen. Auch hier finden sich in den Therapieschulen wesentliche Unterschiede. In der tiefenpsychologisch-analytischen Arbeit spielt sie eine fast entscheidende Rolle, in der Gestalttherapie z.B. nicht.

Bei den Exerzitien spielt natürlich der/die Begleiter/in eine wichtige Rolle, als Fragesteller, als Anreger, als Trösterin, und Wegbereiterin. Ohne Begleitung ist der geistliche Übungsweg schlechterdings nicht vorstellbar.

Jedoch bleibt nach meiner Erfahrung das Phänomen der Übertragung (und Gegenübertragung) so weit wie möglich am Rande. Allerdings läßt sich nicht sagen, daß überhaupt keine Übertragungen stattfinden. Watzlawik hat mit Recht festgestellt, daß »niemand nicht kommunizieren kann«. So übt jede Person auf eine andere ihre Wirkungen aus. Es bleibt im Ermessen der Beteiligten, inwieweit sie mit Übertragungsphänomenen arbeiten und sie thematisieren wollen. So gilt, daß das Phänomen der Übertragung nicht zu den Arbeitsmitteln in der Exerzitienarbeit zählt. »Er nimmt einfach keine Übertragung an« bemerkte eine psychotherapeutisch sehr erfahrene Exerzitienteilnehmerin über das Verhalten ihres Begleiters.

Das langsame Vorwärtsgehen auf dem geistlichen Weg steht im Zentrum der Exerzitien. Die Aufmerksamkeit gilt aber der Entwicklung der Gottesbeziehung, deren Einflüsse auf das Sozialverhalten nicht aber der Beziehung zwischen Begleiter/in und Teilnehmer/in und deren seelisches Wachstum.

Auch hier prägt das Ziel entscheidend den Weg.

Jede der beiden Begleitungsformen kennt sehr wohl ihre verbindlichen Regeln. Von den Anweisungen für das Verhalten der Exerzitienbegleiter den Exerzitanten gegenüber, die Ignatius gibt, braucht hier nicht ausführlich die Rede zu sein. Es sei nur auf einige Stellen verwiesen, in denen sich eine ähnliche Menschenkenntnis und ein vergleichbares Menschenverständnis findet, wie sie auch in der »nondirektiven Gesprächspsychotherapie« bei C. Rogers wieder auftauchen.

Der Begleiter soll sich sehr zurückhalten, z.B. wenn es um die »Betrachtung und Besinnung« von biblischen Geschichten und ihre zusammenfassende Darstellung geht. »Es ist von mehr Geschmack und geistlicher Frucht«, wenn nicht der Begleiter Wissen vermittelt, sondern vielmehr die Seele durch »das Innerlich-die Dinge-Verspüren und Schmecken« befriedigt wird (ExB 2). So wird der Begleiter auch angewiesen, trotz klarer Vorgaben, mit dem Exerzitanten sehr flexibel je nach der individuellen Eigenart umzugehen (ExB 4). Wir kennen das heute unter dem Stichwort »klientenzentriertes therapeutisches Verhalten«.

Wenn der Exerzitant sich in »Trostlosigkeit« befindet, soll der Begleiter ihm gegenüber sich »nicht hart und mürrisch, sondern freundlich und sanft verhalten. Er soll ihm für künftig Mut und Kräfte geben ... und ihn veranlassen, sich auf die kommende Tröstung vorzubereiten und einzustellen« (ExB 7). Hier geht es also um volles Annehmen besonders der emotionalen Gestimmtheit und ebenso um Arbeit mit positiven Momenten und Erlebnissen. Von einer dezidierten Anweisung zu nondirektivem Verhalten im Sinn »unbedingter Akzeptanz« und »persönlicher Autentizität« – zwei sehr wichtige »Verhaltensvariablen« bei C. Rogers – kann man sprechen, wenn Ignatius den Begleiter anweist, er »soll sich weder zu der einen Seite wenden oder hinneigen noch zu der anderen, sondern in der Mitte stehend »wie eine Waage« sich verhalten.« (Knauer fügt in einer Anmerkung u.a. hinzu: »Der Übende soll in uneingeschränkter Mündigkeit entscheiden«; ExB 15). Ganz wichtig ist dabei die Begründung des Ignatius. Die Zurückhaltung des Begleiters und sein Verzicht auf direktive Einwirkung ist nötig, weil es viel »angebrachter und besser ist, daß der Schöpfer und Herr sich selbst seiner (= des Exerzitanten) Seele mitteilt...« er, der Schöpfer unmittelbar am Geschöpf wirkt. (ExB 15).

Hier wird wieder deutlich, wie selbstverständlich Ignatius menschliche Begleitung für nötig hält, zugleich aber ihre unmittelbare Einwirkungsmöglichkeit minimiert und wie eindeutig sein Hauptziel das geistliche bleibt.

Methodische Formen

Im Folgenden gebe ich noch Hinweise und führe Beispiele an für Formen und Inhalten einzelner methodischer Anweisungen. Dabei kommt es mir nicht auf die Menge oder gar die Vollständigkeit an, sondern auf typische Kennzeichen, an denen Ähnlichkeit und Verschiedenheit zu Psychotherapieformen deutlich werden. Natürlich ist dabei die Zuordnung zu bestimmten therapeutischen Richtungen reichlich problematisch, da sich seit längerer Zeit dieselben Verfahren in unterschiedlichen

Schulen finden lassen. Es gutes Beispiel dafür ist der Verschmelzung von imaginativen Verfahren und gestalttherapeutischen Arbeitsarten. Die folgenden Grobunterscheidungen dienen lediglich der Verdeutlichung.

Imagination
Ignatius gibt immer wieder genaue Anweisungen mit der eigenen Phantasie und Imagination zu arbeiten. Die Art des Vorgehens – Knauer bezeichnet es in seiner Anmerkung zu ExB 47 als »tagtraumartigen Vorgang« – übernimmt er aus dem mystischen Weg der imitatio Christi. Als Bilder werden dabei solche aus der Bibel vorgegeben oder aus den Traditionen des Glaubens, allerdings nicht ausschließlich. Manches wird völlig der Phantasie der Exerzitanten überlassen, so z.B. die Gespräche mit den Personen der Trinität (ExB 109).

Das Ziel ist die Aufhebung der Barrieren von Raum und Zeit. Die Übenden sollen auf diese Weise an den von Gott gewirkten Ereignissen der Vergangenheit und den Geschehnissen im unsichtbaren göttlichen Bereich teilhaben und deren heilende Wirkungen erfahren. Das soll so klar und intensiv wie nur irgendwie möglich erreicht werden.

»Die erste Hinführung ist: Zusammenstellen, indem man den Raum sieht. Hier ist zu bemerken: Bei der ›sichtbaren‹ Betrachtung oder Besinnung, etwa wenn man Christus, unseren Herrn, betrachtet, der sichtbar ist, wird die Zusammenstellung darin bestehen, mit der Sicht der Vorstellungskraft den körperlichen Raum zu sehen, wo sich die Sache befindet, die ich betrachten will. Ich sage »körperlicher Raum«: etwa ein Tempel oder Berg, wo sich Jesus Christus oder unsere Herrin befindet, ...« (ExB 47; vgl. u.a. 91ff; 138ff; 192; 202; 220). Ignatius weitet diese Betrachtung des Raumes auch auf den unsichtbaren Bereich aus, etwa darauf, daß »meine Seele in diesen verderblichen Leib eingekerkert ist« (ExB 101ff; 106) oder sogar auf Gespräche mit der Hl. Trinität (ExB 109; vgl. 199).

Die Imaginationen sollen jedoch nicht nur im geistigen Raum der Phantasie stattfinden, sondern es soll der ganze Mensch daran beteiligt sein, mit allen seinen Sinnen. In ExB 101ff geht es um das Geheimnis der Menschwerdung. Hier soll ein Sehen stattfinden, aber ebenso ein »Hören,
– was die Personen auf dem Angesicht der Erde sprechen. ... – ebenso, was die göttlichen Personen sagen, nämlich ... – und danach, was die Engel und unsere Herrin sprechen.« (ExB 107; vgl. 194).

Noch deutlicher wird die Beteiligung des ganzen Menschen mit sei-

nen Sinnen in folgender Anweisung: »Nach dem Vorbereitungsgebet ... ist es nützlich, mit den fünf Sinnen der Vorstellungskraft auf die folgende Weise durch die ... Betrachtung zu gehen:
- DER ERSTE PUNKT IST: Mit der Sicht der Vorstellungskraft die Personen sehen, indem man über ihre Umstände im einzelnen sinnt und betrachtet und irgendeinen Nutzen aus der Sicht zieht.
- DER ZWEITE: Mit dem Gehör hören ...
- DER DRITTE: Mit dem Geruch und dem Geschmack riechen und schmecken ...
- DER VIERTE: Mit dem Tastsinn berühren, etwa die Orte umfassen und küssen ...
- GESPRÄCH: Zu enden ist mit einem Gespräch...« (ExB122 – 126).

In der gleichen Weise geht ExB 65ff vor; jedoch ist diese Art der Betrachtung der Hölle für uns moderne Menschen problematisch geworden.

Das methodische Vorgehen ähnelt in seiner Struktur dem Verfahren im Katathymen Bilderleben. Dort werden auch Bilder vorgegeben, denen sich der jeweils Imaginierende nähern kann um schließlich in sie »hineinzugehen«, die Situation durchzuerleben und sich dadurch verändern zu lassen. Allerdings sind die Bilder nach tiefenpsychologischen Kategorien als Symbolbilder ausgewählt – z.B. Haus, Fluß, Berg, Höhle usw. –; sie haben also keine religiöse Tendenz. Ähnlich, aber im Unterschied dazu, regt C. G. Jung ein freies, auch unbegleitetes Imaginieren an, während das Katathyme Bilderleben die Leitung durch eine Begleitperson streng voraussetzt. Leider können diese und ähnliche Verfahren hier nicht näher dargestellt werden.

Gespräche

Die Gestalttherapie macht dadurch ihrem Namen Ehre, daß sie sich bemüht mit ihrem methodischen Instrumentarium die Probleme von der ausschließlich rationalen verbalen Ebene wegzunehmen und sie in anderer Weise direkt »Gestalt« werden zu lassen. Die sehr häufig angewendete und deshalb wohl bekannteste Form stellt das Gespräch dar. Dabei hat der/die Klient/in die Möglichkeit durch laut gesprochene Dialoge Probleme zu klären. Die »Gesprächspartner« des Klienten sitzen als Phantasiefiguren dem/der Fragenden, Anklagenden, Antwortenden gegenüber – aber es ist der Klient selbst, der sich Rede und Antwort steht. Diese Gesprächspartner können lebende oder verstorbene Menschen sein, etwa Eltern oder andere Angehörige oder wichtige Personen aus der persönlichen Vergangenheit. Es kann auch der/die Klient/in mit einem anderen Teil ihres eigenen Innenlebens ins Gespräch kommen. Die Absicht dieses phantasierten, aber real geführten Gespräches besteht darin, bisher nie ausgesprochene Themen Realität, also »Gestalt« werden zu lassen, um damit Unklarheiten zu beseitigen und neue Möglichkeiten der inneren Einstellung und des Verhaltens zu eröffnen.

An vielen Stellen seiner Anweisungen fordert Ignatius zu ähnlichen Gesprächen auf. Das bekannteste Beispiel dürfte das Gespräch mit Christus sein:

»GESPRÄCH: Indem man sich Christus, unseren Herrn vorstellt, vor einem und ans Kreuz geheftet, ein Gespräch halten: Wie er als Schöpfer gekommen ist, Mensch zu werden, und vom ewigen Leben zu zeitlichem Tod, und so für meine Sünden zu sterben.

Wiederum, indem ich mich selbst anschaue:
– das, was ich für Christus getan habe;
– das, was ich für Christus tue;
– das, was ich für Christus tun soll. ...« (ExB 53)

Ähnliche Gespräche können mit Maria mit der Bitte um Fürbitte geführt werden (ExB 63), mit Christus im Hinblick auf das Schicksal der Verstorbenen (ExB 71) oder sogar mit den Personen der Trinität (ExB 109). Zweifellos liegt die Absicht solcher Anweisungen darin, die Gottesbeziehung aus der rational-intellektuellen Ebene in die der erlebnishaften und erfahrbaren/erfahrenen Ebene zu transponieren, ebenso wie es die Imaginationen beabsichtigen, mit denen sie ja meistens verbunden sind.

Emotionalität und Körperlichkeit

Nicht zu trennen und wiederum eng verbunden mit den beiden eben genannten Vorgehensmöglichkeiten ist der ebenfalls wiederholte Hinweis, seine Emotionalität mit einzubringen. Ignatius geht es in der Tat um eine Beteiligung des ganzen Menschen.

Hier finden sich Anweisungen auf Schmerz und Tränen zu achten, ja sie hervorzulassen: »Und hier mit viel Kraft beginnen und mich anstrengen, um Schmerz zu empfinden, traurig zu sein und zu weinen; ...« (ExB 55; vgl. 195; 205), gleiches gilt für Freude (ExB 329). Umfassend kommen diese Dinge in dem Abschnitt über die »Tröstung« zu Wort (ExB 316).

Daß die geistliche Existenz an den Körper gebunden ist, sie dort sichtbar und wirksam wird, zeigt Ignatius in seinen sorgsamen Hinweisen auf die Körperlichkeit. So soll z.B. Rücksicht genommen werden auf die Durchführung der Übungen bei alten oder kranken Menschen (ExB 129). Grundsätzlich wird das körperliche Verhalten ernst genommen in der Anweisung, die für alle Übungen gilt: »Ein oder zwei Schritte vor dem Ort, wo ich zu betrachten oder mich zu besinnen habe, stelle ich mich für die Dauer eines Vaterunsers hin, indem ich den Verstand nach oben erhebe und erwäge, wie Gott unser Herr mich (liebevoll) anschaut usw. Und einen Ehrerweis oder eine Verdemütigung machen« (ExB 75). »In die Betrachtung eintreten, bald kniend, bald auf der Erde ausgestreckt, bald auf dem Rücken mit dem Gesicht nach oben, bald sitzend, bald stehend, indem ich stets auf der Suche nach dem bin, was ich will« Dabei ist es bedeutsam, daß die Wahl der körperlichen Haltung jedem freigestellt bleibt »bis ich befriedigt bin« (ExB 76). Beachtlich finde ich auch die Genauigkeit, die Ignatius hier an den Tag legt: »Helligkeit oder Vorteile der Temperatur benutzen, wie im Sommer Frische und im Winter Sonne oder Wärme, soweit die Seele denkt oder vermutet, daß es ihr helfen kann, um sich an ihrem Schöpfer und Erlöser zu erfreuen (ExB 229c).

Mit solchen Anweisungen nimmt Ignatius vorweg, was in der letzten Zeit nur sehr zögerlich, und zunächst nur im Bereich der humanistischen Psychologie, aufgenommen wurde, nämlich das Ernstnehmen des Körpers, ja das direkte Arbeiten mit ihm.

Verhaltenslernen
Manche Anweisungen erinnern ein wenig an Formalvorschriften der Verhaltenstherapie. Wenn es um die »besondere und tägliche Erforschung (der Sünden)« geht, werden ExB 24ff genaue Anweisungen gegeben, zu welchen Tageszeiten welche inneren Überprüfungen vorzunehmen sind. Dazu soll – nach dem Mittagessen – jede Stunde des Tages genau durchgegangen werden. Dasselbe findet nach dem Abendessen statt. Dazu werden auf zwei Parallellinien Punkte eingetragen, so daß die spezielle Sünde, um die es bei dieser Überprüfung geht, in ihrer Häufigkeit optisch erscheint. Diese Linien sind täglich anzulegen und auszufüllen. Dadurch ergibt sich dann eine klare Übersicht. Ob eine Besserung eingetreten ist, der Lernerfolg eingetreten ist, wird auf diese Weise überprüft und sichtbar gemacht: »Eine Woche mit der anderen vergleichen und schauen, ob man sich in der gegenwärtigen Woche gegenüber der ersten vergangenen gebessert hat« (ExB 30).

Es kommt Ignatius sehr darauf an, daß die Vorschriften streng eingehalten werden, da sonst der Erfolg nicht gewährleistet ist. Wenn sich ein solcher nicht einstellt, muß der Exerzitienbegleiter »viel in bezug auf die Übungen fragen, ob er (= der Exerzitant) sie zu ihren festgesetzten Zeiten hält und auf welche Weise...« (ExB 6).

Ebenso finden sich genaue »Regeln, um sich künftighin beim Essen zu ordnen« (ExB 210ff). An anderer Stelle geht es um Reduzierung des Essens oder darum, für den Schlaf »das Überflüssige an feinen oder weichen Dingen wegzunehmen«. Es folgt aber dabei sofort der Hinweis: »... nur daß nicht das Subjekt zerstört werde und keine erhebliche Krankheit folge« (ExB 83f).

Hierher kann man auch folgende Anweisung rechnen: »Nach dem Zubettgehen, wenn ich bereits einschlafen will, für die Dauer eines Ave Maria an die Stunde denken, in der ich aufstehen muß und wozu; dabei die Übung, die ich zu halten habe, kurz zusammenfassen« (ExB 73).

Wieder wird deutlich, wie stark die geistlichen Übungen den Menschen in seiner Ganzheit im Blick haben und wie sehr damit gerechnet wird, daß äußerliche Anordnungen innere Wirkungen erzielen und Fortschritte ermöglichen. Hier tritt eine Weisheit zu Tage, die in den Psychotherapien, die sich nur auf Gespräche beschränken, noch nicht zu finden ist.

Schlußüberlegung

Immer wieder zeigt sich, wie gründlich Ignatius die schwachen Seiten und die Bedürfnisse des Menschen kennt. Mit seinen Anweisungen gibt er ihm die Chance, neue Erkenntnisse zu gewinnen, neue klare und zielgerichtete Schritte zu tun um das innere und äußere Leben dadurch grundlegend zu verändern. Aufgrund der methodischen Formen, die mit Leichtigkeit, ja Selbstverständlichkeit eingesetzt werden, könnte man den Ignatius der geistlichen Übungen von der Kenntnis der modernen psychotherapeutischen methodischen Möglichkeiten her durchaus als »Therapeuten« bezeichnen – allerdings als einen genuin spirituellen.

Indes dürfen Ähnlichkeiten bei den gezeigten methodischen Schritten nicht über die Verschiedenheiten der Ziele hinwegsehen lassen. Zum großen Teil hängt das zusammen mit dem bedauerlichen Faktum eines von Anfang an tief gestörten Verhältnisses von vielen Psychotherapieformen zu jeder Art von »Religion«. Besonders kritische Bedenken werden von der traditionellen Psychoanalyse angemeldet. Das ist nicht nur grundsätzlich zu bedauern, weil es ja in beiden Bereichen um die wesentlichsten Belange der »Seele« geht, sondern auch aktuell, was manche der genannten therapeutischen Methoden angeht. Sie finden seit einiger Zeit immer stärker Eingang in den wirtschaftlichen und merkantilen Bereich.

Ein Schritt ist noch zu tun, auch um die methodischen therapeutischen Aspekte der Exerzitien in eine klarere Position zu bringen: Ignatius, so wurde – im Anschluß an H. Böhmer – bereits gesagt, ist ja nicht der »Erfinder« dieser Anweisungen; er übernimmt sie aus der mystischen Tradition. Deshalb seien hier wenigstens noch einige Hinweise gegeben auf Anweisungen zur Gestaltung des geistlichen Lebens, die schon lange vor Ignatius bekannt waren und geübt wurden.

Ludolf von Sachsen (1300 – 1378) hat eine »Vita Christi« geschrieben. Das war immerhin bereits mindestens 150 Jahre bevor Ignatius seine Bekehrung erlebte und seine ersten Arbeiten für die »Geistlichen Übungen« begann. Dieses Buch »Das Leben Jesu Christi« gehörte zu den am meisten gelesenen und praktisch angewendeten Andachtsbüchern der folgenden Jahrhunderte in ganz Europa, da es auch zahlreiche Übersetzungen in verschiedene Sprachen gab. Hier finden sich bereits die meisten der methodischen Anweisungen, die dann Ignatius – der das Buch gelesen hat – übernimmt; also z.B. das Imaginieren, was auch Gespräche und die Betätigung der übrigen Sinne einschließt. »Obwohl viele dieser Dinge als in der Vergangenheit liegende Ereignisse erzählt werden, solltest du sie meditieren, als wären sie in der Gegenwart ... Deshalb lies das, was geschah, als würde es gerade geschehen. Stelle dir die vergangenen Ereignisse vor Augen als seien sie gegenwärtig ...«(Ludolf von Sachsen, Vita Christi, prooemium I,7ff; übersetzt nach Ch. Conway, S.102ff). Allerdings weiß Ludolf auch, daß die »recordatio«, das Lebendigmachen mit allen Sinnen, leicht zur Intellektualisierung führen kann. Dagegen führt erst die »compassio«, das Mitleiden und Miterleben, zur Veränderung von Sinnen und Gefühlen (Vita, Teil II, cap. 58, IV; s. Conway).

Aber mit dem Rückgriff des Ignatius auf Ludolf – und einige andere Autoren – ist es nicht getan. Diese übernehmen schon jahrhundertelang Vorgedachtes und Vorgelebtes; die Tradition geht auf Bernhard von Clairvaux (1090 – 1153) und Bonaventura (1221 – 1274) zurück. J.A. Nissen merkt an, daß das Stichwort »imitatio Christi« vom Kirchenvater Augustin in das Frömmigkeitsleben eingeführt wurde.

Ich kehre zurück zum Ziel dieses Aufsatzes. Es geht mir um methodische Aspekte des »Arbeitens an, mit und in der Seele« – zum einen in der modernen Psychotherapie, zum anderen in den »Geistlichen Übungen« des Ignatius von Loyola. Besonders waren zu bedenken unzweifelhafte Ähnlichkeiten, ebenso auch grundlegende Verschiedenheiten, besonders im Hinblick auf die angestrebten Ziele.

Über die den beiden Bereichen zugrundeliegenden Menschenbilder habe ich mit Absicht nicht gesprochen. Dies wäre eine nötige, aber sehr ausführliche Untersuchung, wie der Mensch und seine Fähigkeiten, besonders im Hinblick auf die ihm gesetzten spirituellen Ziele beurteilt wird, ob sie nun z.b. als »Individuation« oder als Hinordnung des ganzen Lebens »auf Dienst und Lobpreis seiner göttlichen Majestät« bezeichnet werden.

Mir ging es hier, neben der Darstellung der sachbezogenen Methodenfragen, mehr darum, auf die tiefe Weisheit aufmerksam zu machen, die in so vielen Aspekten zutage tritt und auf die Menschlichkeit, in der Menschen begleitet werden, die nach Möglichkeiten suchen, auf ihrem komplizierten Lebensweg weiterzukommen um ihr Ziel – wie sie es auch immer definieren – zu erreichen.

Literatur

Einen umfassenden Überblick über verschiedene moderne Psychotherapieformen gibt
Hilarion Petzold: Wege zum Menschen. Methoden und Persönlichkeiten moderner Psychotherapie. Ein Handbuch. Bd. I und II, Paderborn 1984.

Einzelne Bücher zu den genannten psychotherapeutischen und historischen Bereichen
– H. Böhmer: Loyola und die deutsche Mystik. In: Berichte über die Verhandlungen d. sächs. Akademie d. Wissenschaften zu Leipzig. Phil.-hist. Klasse; 73, Vol. I, 1921
– Charles A. Conway: The Vita Christi of Ludolf of Saxony. In: Analecta Carusiana, 1976. Institut für engl. Sprache und Literatur; Universität Salzburg
– K. Holl: Die geistlichen Übungen des Ignatius von Loyola; in: Gesammelte Aufsätze zur Kirchengeschichte; III, Der Westen. Tübingen 1928
– Verena Kast: Imagination als Raum der Freiheit. Walter-Verlag Olten; 1988
– Hanscarl Leuner: Lehrbuch des Katathymen Bilderlebens. Verlag Hans Huber 1985
– J.A.Nissen: »Ludolf von Sachsen« in: Wörterbuch der Mystik, hg. von P. Dienzelbacher, S. 331

- Willy Obrist: Die Mutation des Bewußtseins. Vom archaischen zum heutigen Welt- und Selbstverständnis. Verlag Peter Lang 1980
- Willy Obrist: Neues Bewußtsein und Religiosität. Evolution zum ganzheitlichen Menschen. Walter-Verlag 1988
- Fritz Perls: Gestalt-Therapie in Aktion. Klett Verlag 1969
- Carl Rogers: Die nichtdirektive Beratung. Fischer TB 42176, 1991
- Paul Watzlawick / Janet H. Beavin / Don D. Jackson: Menschliche Kommunikation. Formen, Strömungen, Paradoxien. Verlag Hans Huber, 1974

Dietrich Koller

Die Bedeutung der Eucharistie in den Exerzitien

I. Warum sie in den Exerzitien gefeiert wird

1. Von der exoterischen zur esoterischen Welt
In den Exerzitien üben wir uns auf dem beschwerlichen Weg von außen nach innen. Als Verwandelte wollen wir dann wieder von innen nach außen finden. Mit »außen«, dem exoterischen Bereich, ist die Welt der Dinge, Pflanzen, Tiere, Personen, Institutionen und Beziehungen gemeint. In ihr erfahren wir uns oft als Verstrickte und Zerstrittene. Wir sind von Zwängen besetzt und befleckt. Wir sind desorientiert und zerstreut. Wir leiden unter unserem gespaltenen Willen. Oder anders ausgedrückt: Hochaktiv in Bezug auf die äußere Welt sind wir Schlafende in Bezug auf die innere Welt. Wir schlafen zumindest partiell. Die Exerzitienarbeit dient dem Aufwachen, der Reinigung, der Willenseinung und der Erleuchtung. Dieses Ergebnis der Betrachtungsarbeit, der Körperwahrnehmung, der gegenstandslosen Meditation und des begleitenden Seelsorge-Gespräches wird gewiß nur annähernd und in einem lebenslangen Transformationsprozess erreicht. Aber wir feiern seine Vollendung vorweg in der Eucharistie. Die Arbeit führt tiefer in die Feier ein, die Feier beschleunigt die Arbeit.
Wie kein anderer liturgischer Akt hat die Eucharistie eine mesoterische Funktion. Die uralte Tradition des Abendmahls ist die Brücke, die der Pontifex, der Brückenbauer, Jesus Christus gebaut hat, um uns von der Menschenwelt ins Reich Gottes zu führen und vom Reich Gottes neu beauftragt zurück in die Welt. Gewiß, oft feiern wir das Mahl nur rituell mit. Wir bleiben gewohnheitsmäßig in den äußeren Buchstaben und Formeln, Gesten und Symbolen hängen. Das ist viel, wenn man mit den Gedanken nicht abschweift! Plötzlich aber kann es geschehen, daß wir hören, was wir hören, sehen, was wir sehen, verstehen, was wir verstehen, schmecken, was wir schmecken. Dann ist Exoterik und Esoterik eins geworden. Wir hören, wie Christus vor der Tür steht und anklopft

und auf unsere Öffnung wartet. Wir tun ihm auf. Er tritt ein ins innerste Gemach. Und nun feiert Er mit uns und – was noch erstaunlicher ist: wir mit ihm. Unsere Bedürftigkeit und seine Bedürftigkeit sind eins geworden. Das ist Erfüllung (Offenb. Joh. 3,20 »Siehe ich stehe vor der Tür und klopfe an. So jemand meine Stimme hören wird und mir auftun, zu dem werde ich eingehen und das Abendmahl mit ihm halten und er mit mir«).

2. Von der Fülle zur Einfalt

Exerzitien führen uns von der Peripherie unseres Lebens in die Mitte – bis die eigene Personmitte und Christus als Mitte der Welt in eins zusammenfallen. In schweigender Kontemplationsarbeit verweigern wir uns der sonst im Alltag üblichen Automatik unserer Gedanken und Gefühle. Wir unterbrechen ihren Fluß durch unentwegte Aufmerksamkeit. Wenn wir uns in Inhalte verloren haben, holen wir uns geduldig zurück. 7 mal 70 mal, ohne Lob und Tadel. So gelangen wir allmählich in die reine Gegenwärtigkeit. Der Körper weiß am besten, was Gegenwärtigkeit ist. Denn er kann nur im Hier und Jetzt sein. Unsere Gedanken und Gefühle können jederzeit in die Ferne, in die Vergangenheit, die Zukunft schweifen. Mit der Körperwahrnehmung machen wir unseren Geist gegenwärtig. Gott ist immer gegenwärtig. Gegenwart ist immer göttlich. Aber wir sind oft nicht bei uns zu Hause im Hier und Jetzt. Darum verfehlen und verlieren wir Gott. Wir lassen uns fortschleppen in unsere Ansprüche und Ängste, unsere Ideen und Ideale. In der Eucharistie feiern wir die reine und freimachende Gegenwärtigkeit Gottes. Für sie haben wir uns leer und einfältig gemacht. Es wird alles einfacher, wenn wir durch die Wahrnehmung des Bodenkontaktes (mit Sitzknochen, Schenkeln, Knieen und Füßen) uns »erden«, durch die Aufrichtung der Wirbelsäule uns »lichten«, durch die nicht manipulierte Atmung und durch die Lösung unserer Muskelverspannungen unsere Leibhaftigkeit in die Gegenwart Christi bringen, der sich uns leibhaftig im Heiligen Mahl darbringen will. Es gibt keine echte Spiritualität ohne Leiblichkeit.

Das Symbol für dieses gewaltlose, stille, einfache, arme, eindeutige Wesen im Hier und Jetzt ist die Hostie. Sie entspricht dem sanften Wesen Jesu. Der Meister, der sich selbst porträtiert hat in den acht Seligpreisungen, wird in der kleinen, zerbrechlichen weißen Scheibe kraft seines Wortes wesenspräsent. Er gibt sich in unsere Hand und unseren Mund dahin, geht gewaltlos in die zellulare Struktur über – für ihn ein Passionsvorgang – und löst sich allmählich in uns auf, bzw. unser alter Mensch löst sich in ihm auf. Jedes Essen und Trinken ist eigentlich ein

Mysterium. Fremdes Leben opfert sich für uns und baut uns von innen her neu auf.

Die Eucharistie im Rahmen der Exerzitien führt uns aus der materiellen Fülle des Viel zu Vielen in die Einfachheit des Einen, was wirklich not tut, aus der Oberfläche in die Tiefe, aus der Zentrifugale in die Zentripedale, aus der Hektik in die »Entdeckung der Langsamkeit«, aus der Gewalttätigkeit der Konsumkultur in die Sanftmut, aus der Welt der Sünde in die Welt der Versöhntheit.

3. Vom ICH zum WIR

Exerzitien holen mich aus der Entfremdung von mir selbst und führen mich zu meinem wahren Selbst. Ich will und muß mir selbst unausweichlich und unvertretbar begegnen. Das gilt nicht nur für die Einzelexerzitien, sondern auch gerade für die Gruppenexerzitien. Es geht da zwar nicht um Gruppenkommunikation oder gar um Gruppendynamik. Aber wenn eine Gruppe zehn Tage lang im Schweigen sitzt, ißt, feiert, wenn einzelne sich auf Waldwegen sprachlos begegnen, ohne die üblichen Höflichkeitsfloskeln, entsteht eine unterschwellige Gemeinschaft, die oft intensiver ist als bei ausagierten Gruppenprozessen. Warum das so ist, ist schwer zu erklären. Nach dem Gesetz der kommunizierenden Röhren sind die Exerzitanten spirituell miteinander verbunden jenseits von Worten und Aktionen. Sie sind sogar mit der Gemeinschaft aller Heiligen verbunden, da sie sich für eine Klausurzeit ausgesondert haben aus der Welt der Funktionen. Diese Seinsebene kommt am deutlichsten in der gemeinsamen Eucharistiefeier zum Ausdruck. Da sind nicht mehr die individuellen Profile wichtig, da ähneln wir alle einander wie die Weintrauben. Da wird das elementare Christuswort erfahrbar: »ICH bin der Weinstock, ihr seid die Reben«. Gerade als Meditierende und Übende und an sich selbst Arbeitende sind wir aus einer heillosen Ichbezogenheit herausgelöst und ins Energiefeld der Gnade eingebettet.

4. Vom ICH im WIR zum DU Gottes

In der Eucharistie begegnen wir dem Christus, der sich in der Sendung Gottes an uns dahingibt. Er gibt sich ja nicht an Gott hin, als müßte Gott versöhnt werden; er ist der Ausdruck der Versöhnung Gottes, der sich deswegen durch ihn an uns hingibt. So begegnen wir in der Eucharistie IHM selbst, bzw. IHR selbst, der Liebe. Die bedingungslose Liebe, der ich begegne, bewirkt, daß ich mich an sie verliere in dem Maße, wie ich mich gefunden habe. So weit ein Exerzitant dieses Mysterium der Liebe in der Eucharistie erfährt, so weit wird er eins mit sich selbst, eins mit dem Mitmenschen und eins mit dem dreieinen Gott. So gesehen sind Exerzitien das genaue Gegenteil von religiöser Nabelbeschauung. Die Eucharistie sorgt dafür, daß Exerzitien nicht zum Gesetz werden, sondern zum Evangelium.

5. Einübung in das Fest der Versöhntheit

Auch die Eucharistie ist als liturgische Feier eine Übung, ein Brauch, mit dem ausdrücklichen Befehl der Wiederholung. »Tut dies, so oft ihr's feiert, zu meiner Vergegenwärtigung!« Die tägliche Eucharistie ist ein tägliches Exerzitium, das alle Versöhnungsarbeit des Exerzitanten zusammenfaßt. Wir üben uns nicht in das tödliche Gesetz ein. Exerzitien entlarven ja gerade unseren heimlichen Moralismus. Wir üben uns ein in die Gnade, d.h. in die ewige Versöhntheit Gottes. In der Eucharistie feiern wir, daß sich Gott in Christus an uns Sünder hingibt ohne Vorwurf, ohne gekränkte Anklage, ohne Forderungen. Die beiden wichtigsten Worte der Einsetzungsworte sind nach Luther die Worte »für euch« – und die fordern »eitel gläubige Herzen«; hier hört die Exerzitienarbeit auf. Denn hätten wir eitel (d.h. pur) gläubige Herzen, bräuchten wir nicht in Exerzitien zu gehen.

II. Wie die Eucharistie in den Exerzitien gefeiert werden kann

1. täglich

Sie sollte nicht als »krönender« Abschluß oder als zeremonielles Ende der Exerzitientage gefeiert werden. Das ist protestantischer Stil. Sie sollte nach dem Brauch der Urgemeinde »täglich« stattfinden (Apg 2,46). Meiner Erfahrung nach ist die frühe Morgenstunde am geeignetsten, und zwar nach der wie immer gearteten morgendlichen Körperübung. Da ist der Geist wachgeworden. Es schließt sich dann das Frühstück an. Die andere Möglichkeit ist die Zeit vor dem Abendbrot, besonders wenn die offizielle Tagesstruktur damit ihren Abschluß gefunden hat. Die Wirkung und das Wesen jedes Exerzitiums besteht bekanntlich in der Wiederholung. Wiederholung ist Vertiefung. Der Geist will immer etwas Neues, das Herz will immer das Gleiche. Für das Herz bedeutet es keineswegs Abstumpfung, zehn Mal nacheinander das Hl. Mahl zu feiern. Im Gegenteil, es wird zu einem gesteigerten Erlebnis. Da zu den Exerzitien immer mehr Menschen kommen, die aus der Kirche ausgewandert sind, aber spirituelle Erfahrungen machen wollen oder wieder mit den Quellen ihres früheren Glaubens in Kontakt kommen wollen, dient die tägliche Mahlfeier gerade für solche Exerzitanten zu einer allmählichen Entdeckung oder Wiedererweckung des verlorenen Mysteriums des Glaubens.

2. mystagogisch

Nicht nur für diese Exerzitanten, sondern auch gerade für kirchlich geprägte oder gar monastisch Lebende ist es sinnvoll, im kurzen Wortgottesdienst vor der Mahlfeier kleine Stücke der Abendmahlslehre zu bringen, eventuell auch kurze Hinführungen vor dem jeweiligen Teil des Hochgebetes. Die uralte Tradition der mystagogischen Katechese, d.h. der Einführung in die Geheimnisse des Glaubens, muß wiedergewonnen werden, denn das geistliche Verstehen ist sowohl bei den Randsiedlern wie bei den Insidern weitgehend abhanden gekommen. Nicht um Belehrungswissen geht es aber, sondern um Hilfen zum meditativen Eindringen in die heilige Liturgie. Es handelt sich ja um hoch konzentrierte Texte: »Die Herzen in die Höhe«, »wahrhaftig würdig und recht«, das »Heilig, heilig, heilig«, das Lobgebet, die Anrufung des Hl. Geistes, die Einsetzungsworte, die Erinnerungsworte, das Vaterunser (das in der alten Kirche zum »arcanum«, also zur heiligen Verschlußsache gehörte), das »Christus, du Lamm Gottes«, das Friedenswort, die Austeilung selbst – alles höchst bedenkenswerte Stationen der Einswerdung mit sich, mit der Menscheit, mit der Gottheit.

3. schweigend

In normalen Abendmahlsfeiern ist zu wünschen und zu begrüßen, daß die Gemeinde hörbar korrespondiert, mit dem Amen antwortet, das Kyrie, Gloria und Halleluja singt, die Fürbitten selbst formuliert u.s.w. Bei intensiven Schweigeexerzitien aber sollte das Schweigen auch durch die liturgische Korrespondenz nicht gebrochen werden. Gerade der kirchlich versierte Exerzitant gerät sofort in die alte automatische Reaktionsweise, die in den Exerzitien ja gerade einmal unterbrochen und abgebaut werden soll. Die Ingangsetzung von Stimmbändern und Lippen bringt eine Äußerung mit sich, die wie alle Äußerungen zum Verlust von Gesammeltheit und Gewahrsamkeit im Inneren führen kann. Aus demselben Grund sollten übrigens Brüder oder Schwestern, die sonst das Tageszeitgebet singen oder sprechen, während der Exerzitien davon Abstand nehmen. »Abstand« bedeutet Reinigung. Unterbrechung der Routine ist wie eine Brache, die den Boden wieder fruchtbar macht.

4. ökumenisch

In der Exerzitienarbeit betreten wir, wie bei aller spiritueller Arbeit, den Raum der Gemeinschaft der Heiligen. Und dieser Raum ist nicht mehr konfessionell eingeengt. Gerade evangelische Christen verdanken die Entdeckung der Exerzitien mehr den anderen Kirchen als der eigenen. In der Tiefe der Einübung in den Glauben verlassen wir die exoterischen Formen. Ja sogar die Mystik der Gesamtchristenheit deckt sich weitgehend mit der Mystik der anderen Religionen. Nun ist aber die Eucharistie das besondere Kennzeichen der Christenheit. Sie ist unser besonderer Zugang zum Allerheiligsten. Weil in den Exerzitien sowohl die Begleitpersonen wie auch die Begleiteten fast immer interkonfesionell zusammengesetzt sind, hat sich anstelle des evangelisch anmutenden Begriffes »Hl. Abendmahl« und anstelle des römisch anmutenden Begriffes »Hl. Messe« der ökumenische Begriff »Eucharistie« durchgesetzt.

5. einfach

Dieser Charakter bezieht sich speziell auch auf die Raumgestaltung. Da wir in den Exerzitien mehr auf dem Boden, dem »humus« der Humilitas (= Demut) sitzen und nur in Fällen körperlicher Behinderung auf Stühlen, pflegen wir auch die Eucharistie in einem Meditationsraum auf dem Boden sitzend zu feiern. Meditationsschemel sind im Halbkreis um einen niedrigen Altar (oder gar nur ein Tuch auf dem Boden) angeordnet. Eine Ikone, eine Kerze, eine Blume, ein liegendes Kreuz genügen. Es bedarf keiner Orgel und keiner Gesangbücher. Es empfiehlt sich, den Meditationsraum den ganzen Tag über zur stillen Anbetung zugänglich zu halten. Vor der Ikone können jederzeit bereitgestellte Teelichter als »stehen gebliebenes Gebet« entzündet werden. Gerade wenn man stundenlang in engen Zellen meditiert hat, ist es eine Wohltat, den größeren Raum der Anbetung und den Ort der Eucharistie aufzusuchen. Jeder Exerzitant weiß, wie »lieb die Stätte seines Hauses und der Ort seiner Ehre« ist. Ja man wird es, wieder in den Alltag zurückgekehrt, schmerzlich vermissen, es sei denn, es ist durch die Exerzitienarbeit gelungen, sosehr bei sich selbst zu Hause zu sein, daß man unabhängig geworden ist vom Außen. Dann kann man im Innen immer und überall kommunizieren mit dem, der die Liebe ist.

WOLFGANG DIETZFELBINGER

Ignatianische Exerzitien evangelisch gesehen

Ignatianische Exerzitien – ich will zunächst erzählen, wie ich selber dazu gekommen bin. Als ich mich 1989 auf meine Tätigkeit am Pastoralkolleg vorbereitet habe, suchte ich nicht nur theologische, sondern auch geistliche Fortbildung. Ich stieß auf die breit gefächerten und zugleich selbstverständlichen Angebote der katholischen Orden; Vergleichbares habe ich anderswo nicht gefunden. Unter den vorhandenen Möglichkeiten entschied ich mich schließlich für Einzelexerzitien von gut acht Tagen Dauer, die mir zu einer seelischen Wohltat wurden. Was sie mir brachten, könnte ich am ehesten mit Revitalisierung meiner Frömmigkeit bezeichnen. Längst gelernte Choräle wurden lebendig, Bibeltexte fingen neu zu leuchten an, es erwachte Freude an Gebet und Meditation. Aber auch Schmerz und Trauer blieben nicht aus.

Ich hatte freilich starke innere Widerstände zu überwinden, bevor es zu den Exerzitien kam. Den ersten Vorschlag habe ich zunächst rundweg abgelehnt: Eine Woche lang allein mit Gott und mit mir, ohne irgendeine vorgegebene Struktur – davor schreckte ich zurück! Einen vollen Tag brauchte ich, bis ich dann doch die Chance erkannt und mich angemeldet habe. Dem Vorgespräch sah ich mit Unbehagen und Herzklopfen entgegen. Und in den Wochen bis zum Beginn war immer wieder Selbstdisziplin erforderlich, um bei der Stange zu bleiben. Noch als ich nach der Anreise auf den Klingelknopf drückte, kam mir der Gedanke: Es wäre doch eine Erleichterung, wenn schließlich nichts daraus würde! Ich erzähle von diesen inneren Widerständen, damit nicht der Eindruck entsteht, mein Weg zu den Exerzitien sei glatt und reibungslos verlaufen.

Von nicht zu unterschätzender Bedeutung war für mich der Exerzitienbegleiter. Schon im Vorgespräch war ich einem warmherzigen, ernsten und erfahrenen Mann begegnet, zu dem ich Vertrauen fassen konnte. Und der schenkte mir nun für eine Woche täglich seine Zeit, manchmal bis zu zwei Stunden, hörend, anleitend fragend, ratend. Ich merkte, welche hohe Verantwortung es mit sich bringt, Exerzitien zu geben. Man muß, abgesehen von der geistlichen Kompetenz, eine unbestechliche Kenntnis des Menschen mit Respekt vor seiner Würde verbinden. Das erlebte ich in beglückendem Maße. Der spirituelle Weg dieser Woche war deutlich geführt, mit Autorität und Fingerspitzengefühl. Es war zugleich mein persönlicher Weg mit meinen eigenen geistlichen Fortschritten und Verlegenheiten.

Eine Stärke sehe ich in dem starken formalen Charakter des Exerzitienbuches. Man soll es ja nicht lesen, wird mit Recht immer wieder gesagt. Das ist so wenig sinnvoll als läse man ein Kochbuch oder eine Fahrschule. Es ist ein Knochengerüst, beinhart, meinte ein Kenner, das Fleisch muß man selber darumgeben. Das Buch vermittelt nicht unbedingt neue Inhalte, sonder verlebendigt und verwandelt die vorhandenen.

Wann und wie hat es sich beim Vollzug ausgewirkt, daß ich evangelischer Christ bin und lutherischer Pfarrer? Nun, ich konnte etwa die zum engsten Bestand der Exerzitien gehörenden Mariengebete nicht mitvollziehen. Von meiner Tradition her ist es mir durchaus fremd, daß den Exerzitien der Ordensstand qualitativ höher gilt als der Ehestand. Darüber sprach ich unbefangen mit dem Begleiter. Ich meinte, diese Lücken verkraften zu können angesichts der langen Wegstrecke, die ich ungehindert und gewinnbringend mitzugehen in der Lage war.

Protestantische Vorbehalte

Während des Zweiten Vatikanischen Konzils war ich für ein Jahr als junger Pfarrer an der evangelischen-lutherischen Gemeinde Rom. In dieser Eigenschaft bekam ich eines Tages von einem deutschen Kollegen einen Brief: Als Repräsentant des Luthertums in der Ewigen Stadt hätte ich die Pflicht, gegen das Grabdenkmal des Ignatius in der Jesuitenkirche Il Gesù Protest einzulegen. Das barocke Triumphgebilde war mir wohl bekannt: Die Ignatiusstatue in überirdischer Höhe mit Blick zum Himmel, rechts unter ihm die allegorischen Figuren der Rechtgläubigkeit und der Ketzerei. Diese letztere, als abstoßendes Scheusal am Boden liegend, bedeckt mit dem Leib zwei Folianten. »Luther« steht auf dem Rücken des einen, »Calvin« auf dem anderen. Und dergleichen, so meinte mein Briefpartner, sei im Zeitalter der Ökumene doch ein Skandal, gegen den man einschreiten müsse.

Ich habe damals nichts unternommen. Aber die kleine Episode mag zeigen, in welchem Maß während der Kirchengeschichte Ignatius und die Gesellschaft Jesu zum gegenreformatorischen Symbol schlechthin geworden sind. Der erste Ordensgeneral gilt als Anti-Luther und seine Gefolgsleute als Elitetruppe, die dessen Anhängern mit allen Mitteln bekämpfen. Es ist erstaunlich, in welchem Umfang solche Einschätzungen verbreitet sind. Sie sind mir in Gesprächen und Zuschriften immer wieder begegnet; ich könnte sie mit folgenden Stichwörtern zusammenfassen: Die Gesellschaft Jesu sei angetreten zur Bekämpfung und Ausrottung protestantischer Häresie. Sie habe die Inquisition übernommen und Ketzer- und Hexenprozesse durchgeführt. Bei der Schultätigkeit des Ordens habe man die Schüler unter Weckung des Ehrgeizes geschickt angestachelt. Das Handeln des Ordens gehe von dem Grundsatz aus: »Der Zweck heiligt die Mittel.« Als milde Beichtväter hätten die Jesuitenpatres großen Einfluß an den Höfen gewonnen und seien bei der Rekatholisierung kleinerer und größerer Herrschaftsgebiete sehr erfolgreich gewesen. Von den Exerzitien weiß man, daß es ihr Ziel sei, den eigenen Willen dem Gehorsam gegen die Kirche zu unterwerfen, also zum Kadavergehorsam und zum sacrificium intellectus (= Opfer des Verstandes) zu führen. Überdies werde man dazu angeleitet, sich mit allen Sinnen die Hölle zu vergegenwärtigen: Das Geheul der Verdammten zu hören und zu riechen den Gestank von Schwefel, Unrat und faulenden Dingen.

Mit diesen Stichworten sei angedeutet, was in gar nicht wenigen protestantischen Köpfen über die Jesuiten zu finden ist. Begreiflich, daß von daher eine Beschäftigung mit den Exerzitien enorm erschwert, ja unmöglich ist. Und daß Mißtrauen und Abwehr entsteht, wenn sie im Raum der evangelischen Kirche angeboten werden.

Was soll man zu diesen protestantischen Vorbehalten sagen? Sie haben einen kirchengeschichtlichen und einen psychologischen Aspekt. Vom Kirchengeschichtlichen aus wäre zu fragen, wieweit die obigen Aussagen historisch zutreffend sind und inwieweit verzerrt zitierte Textstellen charakteristisch und inwieweit abseitig sind, inwieweit es sich um signifikante und inwieweit um untypische Fakten handelt. Da ich selber Kirchenhistoriker bin, verweise ich diesbezüglich auf den Aufsatz »Martin Luther und Ignatius von Loyola« von Gottfried Maron[1]. Er verarbeitet nicht nur die Literatur zu diesem Thema (die übrigens nicht sehr umfangreich ist), sondern erhellt auch die zeitbedingten Hintergründe mancher Interpretationen. So hat man etwa aus dem Nationalismus des 19. Jahrhunderts heraus den deutschen Geist der Reformation mit dem spanischen des Ignatius konfrontiert (der freilich gar kein Spanier war, sondern Baske). Darüber kommt Maron, gleichermaßen Kenner des Katholizismus wie der Reformationsgeschichte, zu einem sehr differenzierten und vorsichtigen historischen Urteil.

Im übrigen muß man die augenblicklichen Versuche, die Exerzitien in mancherlei Variationen zu beleben, keineswegs mit der Last einer 400jährigen Geschichte befrachten. Die Initiativen dazu gehen etwa zwanzig Jahre zurück, sind also nachkonziliar[2]. Sie werden getragen von Männern und Frauen innerhalb und außerhalb des Ordens, die heute leben und der Frömmigkeitsübung in unserer Zeit dienen wollen. Ihren gegenwärtigen Bemühungen hat unser Interesse zu gelten.

Der zweite Aspekt der Vorbehalte ist der psychologische. Ich habe offen von meinen eigenen Widerständen und Befürchtungen gesprochen, die ja keineswegs konfessionell bedingt waren. Aber wie leicht rechtfertigen sie sich damit, und wie bequem ist es, zum Schutz des eigenen Unbehagens und der eigenen Verletzbarkeit in die manchmal schon etwas angestaubte Waffenkammer der vorkonziliaren antikatholischen Polemik zu greifen! Ich habe Respekt vor jedem, der seine Bange äußert, die Exerzitien könnten ihm innerlich zu nahe gehen. Ich möchte aber auch manchen fragen, der mit Emphase theologische Besorgnisse äußert, inwieweit er dahinter eben jene Bange verbirgt.

»Berechnende Pädagogik«

Der große Lutherforscher Karl Holl hat im Jahre 1905 eine psychologische Studie über die Exerzitien geschrieben, die ich für eine kongeniale Darstellung halte, auch wenn sie einen letzten inneren Abstand nicht überwinden kann[3]. Holl nennt den Weg der Exerzitien am Ende eine »berechnende Pädagogik«. Den Begriff Pädagogik, unter Ausklammerung des Adjektivs, möchte ich gerne aufgreifen. Denn eine evangelische Einschätzung der Exerzitien deckt sich zu einem guten Teil mit der Einschätzung der Pädagogik.

Die Pädagogik, speziell die Religionspädagogik, hat im evangelischen Raum in der Nachkriegszeit beträchtliches Ansehen gewonnen. Man hat, was Religionsunterricht und Erwachsenenbildung anlangt, ein anspruchsvolles Instrumentarium zur möglichst effektiven Vermittlung religiöser Inhalte entwickelt. Man hat Rechenschaft verlangt über die Absicht, mit der man biblische, dogmatische, ethische Stoffe tradiert, und dafür Lernziele aufgestellt: kognitive, sofern sie den Intellekt betreffen, emotionale bezüglich des Gefühls, und pragmatische, die auf den Willen abzielen. Man hat gesehen, wie wichtig Ertragssicherung und Erfolgskontrolle ist. Man hat auf die soziokulturellen und anthropogenen Voraussetzungen des Lernens geachtet, das ganzheitlich sein, sich also aller sinnlichen und seelischen Potenzen bedienen sollte. Anschaulich sollte es sein und möglichst der individuellen Kapazität des Lernenden angepaßt. Man hat konstatiert, daß im Feedback, der unbedingt notwendigen Resonanz des Leiters oder der Mitlernenden, Akzeptanz und Ermunterung förderlicher sind als Strafe und Tadel.

Natürlich blieb hinter diesen hochgesteckten Zielen die pädagogische Wirklichkeit immer beträchtlich zurück. Es gab zudem grundsätzliche Kritik an dem System überhaupt, in erster Linie aus evangelischen Kreisen. Die Handhabung jenes Instrumentariums, etwa in der Gruppenpädagogik, sei ein unerlaubtes Vordringen in den seelischen Intimbereich. Es bestehe die Gefahr der Manipulation, des Mißbrauchs, der psychischen Schädigung. Deshalb solle man die Finger davon lassen, aus Respekt vor der Persönlichkeit des Menschen und dem heiligen Geist, dessen Unverfügbarkeit man sein ureigenstes Terrain nicht streitig machen dürfte.

Die Exerzitien des Ignatius ein pädagogisches Konzept? Durchaus und im vollem Umfang, insofern die kurz vorgestellten Termini recht gut für ihre Ausführung passen. Die Lernziele sind bereits in der Überschrift in wünschenswerter Deutlichkeit genannt: »Geistige Übungen, um über sich selbst zu siegen und sein Leben zu ordnen, ohne sich durch irgendeine Anhänglichkeit bestimmen zu lassen, die ungeordnet ist«[4] Das wird angestrebt, dazu wird hingeführt, das wird immer wieder repetiert und kontrolliert. Als ich selbst die Exerzitien kennenlernte, fiel mir bald die Verwandschaft mit der Gruppendynamik auf. Da gibt es eine Tabelle (EB 31) die zum Abbau einer Fehlhaltung helfen soll. Jeder Rückfall ist halbtäglich einzutragen und mit dem vergangenen Tag zu vergleichen. Bis ins Optische hinein wird gezeigt, wie sich so von Schritt zu Schritt eine Besserung einstellen kann. Da ist die häufig komparativische Ausdrucksweise, die man auf die »Grundhaltung des »magis« (= »mehr«)[5] zurückgeführt hat. «Jeder gute Christ muß bereitwilliger sein, die Aussage des Nächsten zu retten, als sie zu verurteilen« (EB 22), heißt gleich die erste Anweisung. In diesem das ganze Buch durchziehenden Komparativ steckt das Vertrauen in eine nicht erlahmende Dynamik: Der Grad der Bereitwilligkeit wird durch stete Übung immer wachsen. Wir begegnen Einsichten und Methoden neuerer Pädagogik, denen die Exerzitien auch darin verwandt sind, daß sie nicht nur den Intellekt aktivieren, sondern ebenso das Empfinden, die Phantasie, den Willen und die Entschlußkraft. Die Lernbedingungen werden aufs genaueste geregelt, keine Kleinigkeit scheint dem Ignatius zu gering: Ob der Exerzitant sein Zimmer selber in Ordnung bringen oder ob ihm dieser Dienst geleistet werden soll, und wenn ja, um welche Zeit. Wie hell oder dunkel das Zimmer sein soll, welche Körperhaltung zum Beten die günstigste ist, wieviel man schlafen und was man essen soll. Ignatius war ursprünglich Ritter und weiß, daß man in diesem Stand exerzieren muß. So hat er für das geistliche Leben ein Exerzierreglement erstellt in der festen Überzeugung, daß es auch für dieses Gebiet sinnvoll und erfolgreich ist.

Noch einmal: Die evangelische Bewertung der Exerzitien deckt sich mit der der Pädagogik im allgemeinen. Aus ihrem Bereich ist bekannt: Je tiefer die Personschichten reichen, desto schwerer sind sie pädagogisch beeinflußbar – und die geistliche Dimension reicht in die unterste Tiefe: Daraus darf aber nicht die Folgerung gezogen werden, daß man sie sich selbst überläßt. Denn es hat sich leider, und nicht selten im Protestantismus, gezeigt, daß dann Verwilderung, Verwahrlosung und Verkümmerung drohen. Besteht die Gefahr der Manipulation, der »Berechnung« im hinterhältigen Sinn? Natürlich dann, wenn der Exerzitiengeber nicht integer ist, seine Kompetenz und Einflußmöglichkeit mißbraucht. Deshalb ist die unbedingte Vertrauenswürdigkeit des Begleiters, wie ich selbst sie erlebt habe, eine unabdingbare Forderung. Aber es geht nicht an, wegen eines denkbaren Mißbrauchs das großartige Angebot pauschal abzulehnen. Ignatius hat die Frömmigkeit operationalisiert, lehr- und lernbar gemacht, in Schritte gegliedert, in Methoden gefaßt – und das alles geleitet von tiefer Menschenliebe und Ehrfurcht.

Seine Absicht hat in der Entfaltung der Religionspädagogik 400 Jahre später eine erstaunliche Bestätigung erfahren. Und vom Ja zu dieser Entwicklung her kann die evangelische Kirche auch Ja zu den Exerzitien sagen.

Menschliche Selbsterlösung?

Bei jeder methodischen Frömmigkeitsübung wird sehr bald von evangelischer Seite die kritische Frage gestellt, ob damit nicht menschliche Selbsterlösung versucht werde. Die Wurzeln dieser Befürchtung reichen letztlich auf Luther zurück, dem alles daran lag, die Erlösung als reines, niemals erzwingbares Geschenk zu verstehen, das wir Menschen in schlechthiniger Abhängigkeit allein von Gott empfangen. Die Rolle des Menschen kann dabei allenfalls die des Mitarbeiters (cooperator), niemals aber die des Mitschöpfers (concreator) sein[6] Dieser Übergang von der Theorie in die Praxis, vom Glauben zu den Werken, ist für den Protestantismus eine entscheidende Schaltstelle. Wenn menschliches Tun an der Erlösung beteiligt ist, besteht die Gefahr, daß Christi einzigartiges Werk geschmälert wird. Ist menschliches Tun ausgeschlossen, so besteht die Gefahr, daß der Glaube tot, nämlich ohne Auswirkung auf das praktische Leben bleibt. Über diese Aporie ist sogleich nach Luthers Tod eine Kontroverse entstanden, die im Artikel IV der Konkordienformel mehr einem Stillstand als einer Lösung zugeführt worden ist: Seligkeit werde in uns Menschen nicht durch Werke, sondern allein durch den Geist Gottes erhalten, für dessen Präsenz und Einwohnung die guten Werke allerdings Zeugnis gäben. Man sollte nicht verkennen, daß hinter der zeitgebundenen Formulierung eine sehr aktuelle Fragestellung zu erkennen ist. Da herrscht einerseits der Glaube an die »Machbarkeit« aller Dinge – ein sprachlich ebenso häßliches wie inhaltlich verhängnisvolles Wort. Und gleichzeitig schwindet das Vertrauen ins Unverfügbare, das Bewußtsein der Abhängigkeit davon und die Dankbarkeit für das Gehaltensein.

Wie steht es diesbezüglich mit den Exerzitien? Wir merken bereits hier, was uns gleich ausführlicher beschäftigen muß: Es ist klar, daß Ignatius die Alternativen in ihrer reformatorischen Schroffheit nicht kennt. Die Frage von des Menschen Beteiligung an seinem Heil wird nicht erörtert, sondern praktisch vorausgesetzt. so in dem Vorbereitungsgebet, das jedesmal den Übungen vorrausgehen soll; es lautet: »Gott, unseren Herrn, um Gnade bitten, damit alle meine Absichten, Handlungen und Betätigungen rein auf Dienst und Lobpreis seiner göttlichen Majestät hingeordnet seien« (EB 46). Dem entspricht die fünfte Vorbemerkung, in der der Exerzitant aufgefordert wird, daß er Gott »sein ganzes Wollen und seine ganze Freiheit anbietet, damit seine göttliche Majestät sich sowohl seiner Person wie alles dessen, was er hat, entsprechend seinem heiligen Willen bedient« (EB 5). Hugo Rahner, einer der besten Ignatiuskenner, formuliert dessen Gnadenlehre so: »Er will sagen, man müsse sich bei aller Mitarbeit dennoch immer bewußt bleiben, daß Gott alles tut, und man darf auch beim höchsten Gottvertrauen nicht darauf vergessen, selber mitzutun...Das typisch Ignatianische besteht darin, daß man alles Eigene einsetzen muß, aber im Mittun muß man innerlich so frei bleiben, daß man doch alles in Gottes Hände gibt«[8].

Ich finde, daß zwischen dieser behutsamen und doch deutlichen Beschreibung des Concursus zwischen Gott und Mensch bei Ignatius und der Konkordienformel nach verschiedener Vorgeschichte doch eine Nähe besteht. So kann man sich auch als evangelischer Christ der Exerzitien bedienen. Es ist unabdingbar, daß der Glaube Gestalt gewinnt, sich in Werke umsetzt. Die Reformation macht scharfsichtig auf gewisse Gefahren dieses Übergangs aufmerksam. Diese Warnung ist im Bewußtsein zu halten; sie darf aber nicht dazu führen, daß der Schritt in die Frömmigkeitspraxis aus Skrupulosität oder aus Bequemlichkeit überhaupt unterbleibt.

Zwei Glaubensweisen

»Der Mensch ist geschaffen, um Gott, unseren Herrn, zu loben, ihm Ehrfurcht zu erweisen und zu dienen und mittels dessen seine Seele zu retten« und die übrigen Dinge sollen ihm bei der Verfolgung dieses Zieles helfen (EB 23). So beginnt die berühmte Ziffer 23 der Exerzitien mit der Überschrift »Prinzip und Fundament«. Wenn man fragt, ob es wohl auch für Luther ein Prinzip und Fundament seiner Frömmigkeit gegeben habe, so wird man von allen Seiten auf das erste Gebot des Dekalogs[9] verwiesen: »Ich bin der Herr, dein Gott, du sollst nicht andere Götter haben neben mir«, dem er im Kleinen Katechismus die Auslegung gegeben hat: »Wir sollen Gott über alle Dinge fürchten, lieben und vertrauen.« Mich hat dieser Gleichklang frappiert: Des Menschen Verhältnis zu Gott: Dankbare Ehrfurcht und dessen unbedingte Überordnung über alle geschaffenen Dinge. Dem entspricht es, daß Peter Knauer, der Übersetzer und Herausgeber des Exerzitienbuches, sein Vorwort mit einem Zitat des evangelischen Theologen Bonhoeffer schließt, das den Gott, wie wir ihn uns denken und wünschen, schroff dem Gott Jesu Christi gegenübergestellt, der mit jenem nichts zu tun habe.

Eine verblüffend gemeinsame Basis also – freilich gehen Luther und Ignatius von da aus sehr verschiedene Wege. Hier spielt auch die Biographie mit herein: Luther ist Professor, Lehrer, durch und durch Theologe; der Versuch, ihn auf der Wartburg als Ritter zu verkleiden, ist kläglich gescheitert. Luther diskutiert, argumentiert, um Gottes Ehre groß sein zu lassen und zu schützen. Er rüttelt am Gebäude der Kirche, ob sich da etwas findet, was diese beeinträchtigen könnte – und das merzt er unnachsichtig aus: Vom Ablaß bis zum Papsttum, von der Heiligenverehrung bis zur Opfervorstellung in der Messe. Kriterium seiner

Grenzziehungen ist ihm das biblische Wort allein. Und das A und O seiner Frömmigkeit ist das Lauschen auf das Gotteswort, die Verkündung von Gericht und Gnade, die Anklage des Gesetzes wie der Freispruch des Evangeliums[10]. Und das »Exerzieren«, wie es Ignatius treibt – was würde Luther dazu sagen? Wahrscheinlich würde ihm vieles davon selbstverständlich sein. Seine bekannteste Anleitung zur Frömmigkeit, »Eine einfältige Weise zu beten«[11], gewissermaßen *seine* Exerzitien, können zeigen, wie Luther, auch als er nicht mehr Mönch war, die klösterliche Frömmigkeitstradition beibehalten und in entsprechend modifizierter Form weitergegeben hat. Empfindlich war er freilich an zwei Stellen: Einmal, wo jemand sich, unabhängig vom biblischen Wort, direkt auf den Geist Gottes berief, wie es ihm bei den Schwärmern begegnete. Zum anderen, wo er mit der Frömmigkeitsübung irgendeinen Anspruch auf Verdienst verbunden sah.

Sehr anders Ignatius, der Ritter, der sein Leben lang ritterlich sein wollte und erst als reifer Mann überhaupt studiert hat. Ihm ist die Theologie, wie erwähnt, Exerzierreglement, vorgegeben, fraglos, ein geschlossenes Ganzes, das man nicht zu diskutieren, sondern zu übernehmen hat, wie es ist, mit der Absicht, es von seiner Intention her bis in alle Einzelheiten bestmöglich zu verstehen und durchzuführen. Darauf verwendet er seine Energie und Phantasie, davon erhofft er sich eine Erneuerung der auch von ihm als reformbedürftig erkannten Kirche. Das Heilsnotwendige ist in der Kirche vorhanden, es gilt allerdings, es sich anzueignen, zu verwirklichen, mit dem ganzen Dasein zu realisieren. Für Luthers steile Antithesen hätte Ignatius vermutlich nur Verständnislosigkeit. Sola scriptura (die heilige Schrift allein)? Aber die Anweisungen für die vierte Exerzitienwoche sind doch nichts als Evangelienperikopen, also Bibeltexte, weithin wörtlich, für die meditative Betrachtung aufbereitet. Und daß sie in anderweitige Überlegungen, die nicht direkt aus der Bibel kommen, eingebettet sind – dient das nicht nur zu ihrem besseren Verständnis? Gesetz gegen Evangelium! Wieso gegen? würde Ignatius fragen. Auch er schätzt es über alles, »Gott, unserem Herrn, aus reiner Liebe sehr zu dienen«, aber »wo der Mensch nichts Besseres und Nützlicheres erreicht, hilft auch die Knechtsfurcht sehr, aus der Todsünde herauszukommen. Und ist man aus ihr heraus, kommt man leicht zur Sohnesfurcht, die ganz Gott, unserem Herrn, genehm und wohlgefällig ist, da sie mit der göttlichen Liebe in eins geht« (EB 370). Dieser letzte Satz der Exerzitien zeigt, daß das was für die lutherische Theologie unvereinbarer Gegensatz ist, für Ignatius zwar qualitativ verschiedenwertig gilt, aber schließlich doch auf einer Linie liegt.

Ein letztes Beispiel: Luthers Hauptsorge, der Mensch könne mit seinem Bemühen Gottes Ehre beeinträchtigen, spielt für Ignatius keine Rolle. Gott den ehrfurchtsvoll lobenden Dienst zu erweisen und die eigene Seele zu retten, und zwar »mittels dessen«, das sind ihm nur zwei Seiten ein und derselben Sache.

Wir sind hier bei den zwei Glaubensweisen angelangt, die in Ignatius und Luther einander gegenüberstehen[12]. Maron spricht von einem doppelten Ausgang des Mittelalters und fragt, ob dessen beide Wege »auf ewig geschieden« bleiben müßten oder vielleicht doch zusammenzudenken wären. Ob man von der Vorstellung des alles andere ausschließenden Mittelpunktes abrücken könnte zugunsten einer Ellipse mit zwei Brennpunkten. Ob sich wenigstens ignatianische Form und lutherischer Inhalt miteinander verbinden lassen.

Maron gibt keine Antwort, sondern er bekennt statt dessen, daß wir Protestanten es weithin an Phantasie, an Mut und an Hingabe haben fehlen lassen im Blick auf die Anfrage des Ignatius. Die Anfrage nach Nachfolge Christi, nach den Kräften der Seelsorge und der Liebe, nach dem intensiven Bemühen, einzelne Menschen zu gewinnen, die Frage nach der kirchlichen Verwirklichung also. Ich bin überzeugt, daß uns Evangelischen in einer Zeit geistlicher Dürre diese Frage dringlich aufgegeben ist. Dabei kann man Verwirklichung nicht nur bedenken und erörtern, man muß sie vollziehen in der Spiritualität und im Alltag. Mir war dabei das Buch des Ignatius hilfreich, und es blieb auch nicht ohne Auswirkung auf mein theologisches Denken.

Aktive Kirchenmystik

Man bricht die Mitte aus den Exerzitien, wenn man übersieht, daß ihr Verfasser ein Mystiker von tiefstem Gottdurchdrungensein gewesen ist. Seine Berichte darüber, die er am Ende seines Lebens im »Bericht des Pilgers« diktiert hat, sind spröde und verhalten und zugleich so glutvoll, daß sie bis heute unmittelbar anrühren. Da ist das Urerlebnis am Fluß Cardoner in der Nähe von Manresa, wo sich »ihm das Auge des Verstandes zu öffnen begann«. Und wenn Ignatius, so sagt er am Ende seines Lebens, »alle Hilfen zusammenzählte, wie er sie von Gott erhalten habe, und alle Dinge, die er erkannt habe, selbst wenn er sie alle in eines zusammen bringe, habe er nicht so viel erlangt wie mit jenem Mal allein. Und dies war in so großem Maß ein Im-Verstand-erleuchtet-Bleiben, daß ihm schien, als sei er ein anderer Mensch und habe einen anderen Instinkt, als er zuvor hatte« (EB 530). Was Ignatius hier andeutet, blieb kein vereinzeltes Erlebnis; sondern: »Er wachse immer in der Andacht, erklärte er, das heißt in der Leichtigkeit, Gott zu finden und jetzt mehr als in seinem ganzen Leben. Und jedesmal und zu jeder Stunde, wenn er Gott finden wolle, finde er ihn. Und daß er auch jetzt viele Male Visionen habe, vor allem jene, von denen oben gesprochen worden ist, Christus als Sonne zu sehen. Und dies geschehe ihm oft, wenn er dabei sei, über Dinge von Wichtigkeit zu sprechen; und dies werde für ihn zur Bestätigung« (EB 599). Ignatius; kein Zweifel, steht in der mystischen Tradition. Dabei ist es notwendig, sich zwei Eigenarten seiner Mystik stets gegenwärtig zu halten: Einmal, seine Mystik ist nie Selbstzweck, er gibt sich nie mit der Versenkung oder Entrückung allein zufrieden. Immer führt die Gottesbegegnung alsbald zur Tat. Der Vorwurf des Quietismus wird ihn also niemals treffen. Das gleiche gilt für den Vorwurf eines akirchlichen Individualismus, wie er der Mystik gelegentlich eignet. Nicht aber bei Ignatius, bei dem die Kirche als fortlebender Christus in die mystische Dimension immer eingeschlossen bleibt. Und es ist kaum eine Ausprägung der Mystik denkbar, aus der ein effektiverer Dienst für die Kirche erwachsen wäre.

Dem mystischen Ausgangspunkt der Exerzitien entspricht konsequent die Art ihrer Frömmigkeit, die man Erlebnisfrömmigkeit nennen könnte. Das geht weit über Hören, Verstehen und Gehorchen hinaus. Es ist Anleiten zum inneren Imaginieren einer Szene, bei dem die Phantasie intensiv angeregt und beansprucht wird. Es kommt darauf an, die Dinge zu spüren, mit allen Sinnen zu empfinden. Hinzu trifft die Aufforderung, sich in bestimmte Personen oder Zustände hineinzuversetzen und dann entsprechende Konsequenzen zu ziehen, zu festigen, dabei zu bleiben. Wobei freilich auch die weitttragendsten Entschlüsse durch die Kirchengebote begrenzt und gehalten sind.

Die Exerzitien, aus der Mystik erwachsen – das ist für den Protestanten eine gewaltige Hürde. Der Erlanger emeritierte Kirchenhistoriker Karlmann Beyschlag[13] schildert die unverhohlen antimystische Tradition dieses Jahrhunderts, von der wir als Protestanten durchschnittlich alle herkommen. Sie reicht von Adolf Harnack über Paul Althaus bis zu Emil Brunner, dem zeitweiligen Weggenossen von Karl Barth. Dessen Verwerfung verliert jedes Maß: Für Brunner ist Mystik ein »schlechthin antichristliches Phänomen urmenschlicher Selbstvergötzung, demgegenüber es nur *eine* Alternative gibt: die Mystik *oder* das Wort«.

Woher diese Ablehnung, die, auch wo sie weniger verheerend ausfällt, dem Protestantismus im Tiefsten innewohnt? Ich stimme Beyschlag zu, der darin den Protest gegen die religionsgeschichtliche Verwandtschaft der christlichen mit nicht-christlichen Frömmigkeitsformen sieht. Der Protestantismus ist leidenschaftlich am Eigentlichen interessiert, am Spezifischen, das ihn ausweist und von anderen abhebt. Und dieses Interesse sieht er in der Mystik vernachlässigt. So erhebt er das Veto des Besonderen gegen das Allgemeine, das Nein zu allem, was nur von ferne wie Synkretismus aussieht.

Wer von dem gegenwärtigen religiösen Jahrmarkt und damit von dem vielfach problemlosen Ineinanderfließen der verschiedensten Glaubensformen auch nur eine kleine Ahnung hat, kann dieses Nein nicht einfach überhören. Nur hat sich faktisch gezeigt, daß auch die dramatischste Warnung die Synkretisierung der christlichen Frömmigkeit nicht aufhalten konnte. Wo die Augen vor dieser Entwicklung verschlossen wurden und man rückwärtsgewandt allein auf dem »Wort« beharrte, da war weithin Verödung und Austrocknung die Folge; und der Protestantismus, soweit er von dieser Fixierung nicht loskam, ist in eine Sackgasse geraten. Es ist nicht damit getan, die religiöse Entwicklung außerhalb der eigenen Kirche, außerhalb der eigenen Religion, zu kritisieren oder zu ignorieren. Wir Evangelischen müssen mit ihr in einen Dialog eintreten, dessen Ausgang noch keineswegs festliegt. Wir müssen das, auch wenn wir dabei unsere tiefsitzende Abneigung gegen Mystik zu überwinden haben. Im Blick auf die Exerzitien möchte ich hierzu drei Überlegungen anstellen.

»In unserer Zeit ist häufig genug festzustellen, daß intellektuell gebildete Menschen im affektiven Bereich zurückgeblieben sind!«[14]. Diese Beobachtung eines erfahrenen Exerzitienbegleiters bestätigt sich leider voll und ganz im Bereich der protestantischen Frömmigkeit. Ob das damit zusammenhängt, daß hier fast ausschließlich durch das gesprochene Wort auf Menschen eingewirkt wird? Die einzige, aber wirklich gewichtige, Ausnahme von dieser Regel ist die Kirchenmusik, das evangelische Lied, der Choral. Durch die Musik auf den affektiven Bereich einzuwirken, hat sich der Protestantismus nie gescheut, und mindestens verbal sollen nach den Liedtexten auch unsere übrigen Sinne von Gott berührt werden: »Nimm mich freundlich in deine Arme«, wird Jesus gebeten, und umgekehrt: »Da will ich glaubensvoll dich fest an mein Herz drücken.« Oder die Sehnsucht: »Laßt mich sehen dein Bilde in deiner Kreuzesnot« oder: »Laß dein schönstes Lichte, Herr, berühren, mein Gesichte.« Da ist die Mystik wenigstens in Spuren im evangelischen Choral zu finden, und diese Spuren lassen heute dringlicher denn je erkennen, welcher Nachholbedarf im Protestantismus besteht.

Zum zweiten möchte ich noch einmal die ignatianische Synthese zwischen Spiritualität und tätigem Christenleben unterstreichen. Wie hier das eine zum anderen hin- und wieder zurückführt, wie die Spannung gehalten und immer neu das rechte Maß gefunden wird! Das könnte überall dort hilfreich sein, wo der Zerfall droht in abgekapselte Innerlichkeit einerseits und seelenlosen Aktivismus andererseits.

Drittens: der Protestantismus krankt je länger desto verhängnisvoller an der Entkirchlichung. Die Kirche wird beobachtet, kritisiert, beargwöhnt und als gesellschaftliche Größe politisch in Rechnung gesetzt. Aber es gibt zu wenig Leute, die sie innerlich tragen, sich mit ihr solidarisch wissen, sie ein wenig lieben, sich mit ihr identifizieren, kurz: die bereit sind, selbst mit die Kirche zu bilden. Das Exerzitienbuch endet mit 18 Regeln »für das wahre Gespür, das wir in der streitenden Kirche haben müssen« (EB 352). Der Herausgeber definiert dies als »die vom Wesen der Kirche gemäße Solidarität mit ihr«. Es gibt zu diesem Abschnitt sicherlich manches Kritische zu sagen; mir selbst begegnet darin besonders viel Zeitgebundenes. Hier finden sich übrigens auch die so oft oberflächlich und entstellt interpretierten Aussagen über den jesuitischen Gehorsam, der, nach berufenem evangelischem Urteil, aber jedenfalls »kein billiger und bequemer Gehorsam in der Kirche (ist), sondern ein letztlich für alle ziemlich unbequemer, aktiver, verantwortlicher, mitwirkender Gehorsam«[15]. Im Zeitalter der Emanzipation ist dieser Abschnitt sicher alles andere als populär. Aber des Ignatius tiefstes Anliegen, daß die Kirche Menschen braucht, die mit ihrem ganzen Dasein in ihr, von ihr, für sie, durch sie leben, ist auch für den Protestantismus so dringlich wie eh und je.

Katholisch werden?

Ich habe sehr persönlich begonnen, ich will auch persönlich schließen. Es sind mehr als 25 Jahre her, daß ich zusammen mit Edmund Schlink beim II. Vatikanischen Konzil als Beobachter der EKD gewesen bin. Wir waren innerlich sehr erfüllt von dem theologischen und geistlichen Aufbruch, den wir damals in der katholischen Kirche miterleben durften. Da fragte mich Schlink eines Tages unvermittelt: Ist Ihnen eigentlich schon einmal der Gedanke gekommen, katholisch zu werden? Ein wenig verblüfft, aber aufrichtig, sagte ich ein deutliches Nein. Ich würde diese Antwort heute ohne Zögern wiederholen. Aber ich weiß jetzt, wie ich meine, ein wenig besser, was ich damit sage. Denn ich habe inzwischen die katholische Frömmigkeit in ihrer ignatianischen Gestalt kennengelernt. Und ich bin zutiefst dankbar für die innere Bereicherung, die mir durch sie zuteil wird. Und dankbar bin ich auch den Menschen, die mich als Glied meiner Kirche ohne Hintergedanken, offen und selbstlos daran teilhaben lassen.

ANMERKUNGEN

1 Gottfried Maron, Martin Luther und Ignatius von Loyola in: Dank an Luther, Jahrbuch des Evangelischen Bundes 27, 1984, S. 31-52
2 Vgl. Rolf Silberer SJ, Die katholische Exerzitienarbeit in Deutschland, Deutsches Pfarrerblatt 72, 1972, S.257-261
3 Karl Holl, Die geistlichen Übungen des Ignatius von Loyola. Eine psychologische Studie, in: Gesammelte Aufsätze zur Kirchengeschichte, Band III, Der Westen, Tübingen 1928, S. 285-301
4 Ignatius von Loyola, Geistliche Übungen und erläuternde Texte, übersetzt und erklärt von Peter Knauer, Styria 1983; nach der ursprünglichen fortlaufenden Bezifferung zitiert: EB 21
5 Rogelio Garcìa-Mateo, Jugendzeit des Ignatius, in: Geist und Leben 4, 1988, S. 251
6 Vgl. Albrecht Peters, Die Spiritualität der lutherischen Reformation. in: Lutherische Kirche in der Welt. Jahrbuch des Martin-Luther-Bundes 1984, S. 18-41, hier S. 28
7 Die Bekenntnisschriften der Evangelisch-Lutherischen Kirche, Göttingen 1959 (4), S. 789
8 Hugo Rahner, Ignatius von Loyola als Mensch und Theologe; Herder 1964, S. 151
9 »...im ersten Gebot kulminiert... die reformatorische Spiritualität«, Peters, S.30
10 Peters, S. 21
11 Martin Luther, Ausgewählte Schriften, hrsg. von Karin Bornkamm und Gerhard Ebeling, 2. Band, Insel-Verlag 1983 (2), S. 269-292
12 Zum folgenden Maron, S. 49-51
13 Karlmann Beyschlag, Was heißt mystische Erfahrung? in: Herausforderung: Religiöse Erfahrung, hrsg. von Horst Reller und Manfred Seitz, Göttingen 1980, S. 169-196, hier S. 172 ff.
14 Andreas Falkner SJ, die »Leichten Exerzitien« in der frühen Praxis von Ignatius und Peter Faber, in: Korrespondenz zur Spiritualität der Exerzitien, Heft 54, 1989, S. 41-57, hier S. 55
15 Maron, S. 48

Dem Text liegt ein Referat zugrunde, das bei einem Studientag im Caritas-Pirkheimer-Haus in Nürnberg am 2. Februar gehalten wurde. Anlaß dieser Veranstaltung war das Ignatianische Jahr 1990/91 (Päpstliche Bestätigung des Ordens 1540, Geburtsjahr des Ignatius 1491). Erstveröffentlichung in: Korrespondenzblatt, hrsg. vom Pfarrer- und Pfarrerinnenverein in der Evang.-Luth. Kirche in Bayern; März 1991

Wolfgang Dietzfelbinger

Exerzitien im Pastoralkolleg

In Sommer des Jahres 1997 wurden im Pastoralkolleg Neuendettelsau[1] zum fünften Mal ignatianische Exerzitien durchgeführt. Etwa 50 Personen haben mittlerweile daran teilgenommen, manche auch mehrmals. Mich haben zu diesem Angebot immer wieder Anfragen erreicht, interessierte und skeptische, neugierige und dankbare. So möchte ich heute einige meiner Erfahrungen und Reflexionen[2] weitergeben, die mir zugewachsen sind, während ich die Geistlichen Übungen selber gemacht oder für andere organisiert habe.

»Ich möcht wissen, wie es um deine Seele steht«. Diese alte pastorale Frage könnte als Motto für die Exerzitien dienen. Wer sie sich geben läßt, Mann oder Frau, vernimmt sie regelmäßig, freundlich und ernst, aufmerksam und liebevoll, unbestechlich und tröstlich. Natürlich sprechen Begleiter oder Begleiterin das meist nicht expressis verbis aus. Aber bei dem Einzelgespräch, das sie täglich mit dem Exerzitanten führen, ist das der wichtigste Inhalt: Wie ist dein geistlicher Weg in den letzten 24 Stunden gelaufen und wie könnte er weitergehen?

Qualifizierte Begleitung

Aus dieser Konstellation mag deutlich werden, welch hohe Anforderungen an die Begleitperson zu stellen sind; »Exerzitienmeister« sagen wir nicht gerne. Der Eintritt in solch ein geistliches Verhältnis ist nur aufgrund eines vorgängigen Vertrauens möglich. Es wird in einem Kontaktgespräch einige Zeit vor der Exerzitienwoche vereinbart. In deren Verlauf muß dann der Begleiter dieses Vertrauen beständig mit seiner Person rechtfertigen und vertiefen. Das erfordert neben hohen menschlichen Qualitäten eine gute theologische Bildung, vor allem Vertrautheit mit der Bibel. Hinzu tritt ein waches Gespür und Respekt gegenüber der unverwechselbaren Subjektivität der Exerzitanten.

Denn nichts wäre verkehrter als die Meinung, dieser sollte in eine bestimmte Richtung gedrängt oder zu einem vorgeschriebenen Pensum veranlaßt werden; vielmehr sollen die Übenden in voller Freiheit entscheiden.

Es ist ein spannender und niemals einlinig zu beschreibender Vorgang, inwiefern sich die Begleitperson aktiv oder zurückgenommen, führend oder raumgebend verhält. So kommt es vor, daß der Exerzitant mit gewissen Anregungen, Bibel- oder Gebetstexten aus dem Gespräch entlassen wird. Beim nächsten Wiedersehen zeigt sich dann aber nicht selten, daß der Impuls nur eine unter anderen Kräften gewesen ist, zu der die Eigendynamik des aufgenommenen Wortes hinzugekommen ist und vor allem die innere Zielstrebigkeit des Exerzitanten. Dabei kann es durchaus geschehen, daß der Begleiter den Eindruck gewinnt, der Exerzitant sei noch nicht tief genug eingedrungen, so daß er bittet, die gleiche Übung noch einmal zu machen. Übrigens ist die mehrmalige Wiederholung bei den Geistlichen Übungen die Regel. Oft wird erst nach einigen Tagen deutlich, warum der Begleiter so beharrlich bei einem Punkt geblieben ist: Geistliche Vertiefung läßt sich zwar nicht erzwingen, aber anleiten, auch nicht abkürzen, aber geduldig fördern.

Es wäre indessen verfehlt, den Prozeß der Exerzitien ausschließlich von der psychischen Dimension her zu beschreiben. Diese ist unabdingbar, aber in jeden Fall nur die eine Seite. Wer hier Auflösung in bloße Subjektivität konstatieren würde, hätte sie gründlich mißverstanden. Das extra nos, vom Subjekt unterschieden und diesem gegenüberstehend, ist stets präsent. Im Exerzitienbuch heißt es so: »Die Geheimnisse des Leben Christi, unseres Herren«[3]. Ignatius hat die Jesusüberlieferung erstmals in des Ludolf von Sachsen »Vita Christi« kennengelernt, einer Art Evangelienharmonie. Davon ist noch etwas zu merken, wenn er chronologisch etwa 50 Perikopen von der Ankündigung der Geburt bis zur Himmelfahrt Jesu auflistet, mit Stichworten ihrem Inhalt nach berührt und in Schritte zur Betrachtung gliedert. Damit ist sozusagen der Elementarstoff umrissen, aus dem der Exerzitant sich aneignen kann. Das ist jedoch weder Pflichtpensum noch Einschränkung, denn der Schritt in den weiteren Bereich der Bibel Alten und Neuen Testaments und etwa auch des Gesangbuches wird in aller Regel getan, je nachdem, wohin Exerzitant und Begleitperson geführt werden. Dabei kann gar nicht nachdrücklich genug das Mißverständnis zurückgewiesen werden, als käme es auf die Bewältigung eines Stoffmaßes an. Es hat sich durchaus ergeben, daß ein einziger Evangelienabschnitt – und textlich nicht mehr – die ganzen acht Tage hindurch getragen hat. »Denn nicht das viele Wissen sättigt und befriedigt die Seele, sondern das Innerlich-die-Dinge-Verspüren-und-Schmecken« (EB 2).

Halten und Gehaltenwerden

»Verspüren – sentir – bedeutet bei Ignatius die Weise, wie man sich in seinem Selbstverständnis von einer erfahrenen Wirklichkeit betreffen läßt«, kommentiert Peter Knauer diese Stelle. Er will damit auf seine Weise definieren, worauf es bei den Geistlichen Übungen ankommt: sich die biblische Botschaft persönlich aneignen, könnte man sagen, sich ihr aussetzen, in sie eingehen, mit ihr verschmelzen. Mit Christus zeitgleich werden, bei ihm sein, mit ihm Gemeinschaft haben wie die Frauen oder Jünger, die er angeschaut hat, zu ihm reden, ihn um etwas bitten, sich ihm zur Verfügung stellen, an seinem Schicksal partizipieren, sich von ihm rufen lassen. Weder das Subjekt allein wird beansprucht noch der Stoff einseitig betont. Das Ziel der Exerzitien ist erst in der Begegnung erreicht, in der Durchdringung, in der Synthese, und zwar je tiefer, desto befriedigender.

Die unausweichliche Frage, ob und inwiefern es denn dazu kommt: zu dieser Gleichzeitigkeit von mir und dem biblischen Vorgang, daß ich ihn mir solchermaßen aneigne oder von ihm absorbiert werde, daß ich mich im Jüngerkreis vorfinde oder Jesus als Gestalt meines Alltags einbeziehe – diese unausweichliche Frage können die Exerzitanten je nur für sich im nachhinein mit einem Mehr oder Weniger beantworten: ob es bis zuletzt bei der ungestillten Sehnsucht geblieben ist, oder ob da oder dort jene beglückende Synthese statthatte.

Eine gewisse überpersönliche Gesetzmäßigkeit liegt freilich in dem Zusammenwirken von meiner eigenen Mühe, die ich investiere, einerseits, und der Gnade Gottes andererseits, über die ich nicht verfüge. Analogien sind mir aus der Predigtvorbereitung bekannt gewesen. Ich mühe mich um einen Text, er sperrt sich, ich halte ihn aus, ich lasse ihn liegen, ich werde ungeduldig oder ärgerlich, ich kämpfe mit ihm, ich setze mich ihm von neuem aus, ich bete damit und darüber. Am Sonntag morgen werde ich auf der Kanzel stehen, und da weiß ich dann meistens, ob im Lauf meiner Anstrengungen irgendwann jene Begegnung erfolgt ist oder nicht. Jenes unwiderlegliche Bewußtsein: das ist's jetzt! – beglückend oder bestürzend, bedrängend oder befreiend, jedenfalls unwiderstehlich zwingend. Wenn es aber dazu gekommen ist, muß ich mir je Rechenschaft geben über das Verhältnis von eigener Bemühung und verfügbarer Gnade. Bei den Exerzitien fehlt der Fremdadressat der Predigt; die Begegnung zielt ausschließlich auf mich selber. Werde ich innerlich getroffen, betroffen – inwiefern ist dies dann Frucht meiner Leistung und inwiefern Geschenk, das ich nur empfangen kann? Generell läßt sich diese Frage nur mit der alten paradoxen mönchischen Weisung beantworten: Strenge dich so an, als hinge alles von dir ab, und lege abwartend die Hände in den Schoß, als hinge alles von Gott ab; du wirst beides erfahren! Das ist logisch ein Widerspruch im Vollzug aber stimmig: Das Wort »Gnade« wird in der Gegenwartssprache ernsthaft nur vom »begnadeten Künstler« gebraucht. Der ist, so meint der Ausdruck, auf etwas angewiesen, über das er nicht verfügen kann. Aber er würde, auch im vollen Bewußtsein dieser Abhängigkeit, niemals darauf verzichten, sich zu mühen, beharrlich zu sein und unablässig um Form zu ringen. Dazu ein schönes Wort von Paschasius Radbertus: »Durch die Hand der Hoffnung wird Christus gehalten. Wir halten ihn und werden gehalten. Aber es ist etwas Größeres, daß wir von Christus gehalten werden, als daß wir ihn halten. Denn wir können ihn nur so lange halten, als wir von ihm gehalten werden.«

Analogisch zu Christus

Im »Gotteslob«, dem katholischen Gesang- und Gebetbuch, steht bei der Einführung in den Abschnitt »Fastenzeit«: In der Betrachtung von Christi Leiden lernen wir »unseren eigenen Lebensweg verstehen als ein gemeinsames Schicksal mit dem Herrn, der sein Kreuz getragen und dadurch die Welt erlöst hat. Die Bereitschaft, mit dem Herren für die Rettung der Welt zu leiden, muß sich in tatkräftigem Einsatz gegen Not und Ungerechtigkeit bewähren«[4]. Damit ist recht genau beschrieben, wohin es bei den Exerzitien früher oder später kommt: zu der Aufforderung nämlich, in eine Lebens- und Schicksalsgemeinschaft mit Jesus Christus einzutreten, neu in sie einzuwilligen, sie zu vertiefen. Ein hilfreicher Einstieg dahin ist die biblische Rede vom Licht, das Christus ist und das ich bin. Oder vom Weinstock, dessen Säfte mich, die Rebe, durchdringen. Es geht aber noch weiter, indem ich biblische Aussagen, die ich ausschließlich auf Christus auszulegen gewohnt bin, auf mich selber anwenden soll. Also Johannes 12: Das Weizenkorn, das in die Erde fällt und erstirbt, bin ich[5]. Oder: Die historische Gestalt hinter dem Gottesknechtslied Jesaja 53 ist unbekannt, offen, ob individuell oder kollektiv; die Karfreitagsliturgie rekrutiert dafür die Passion Christi. Und nun zeichne an seine Stelle einmal dich selber ein, im Sinne des Obigen, und sieh, wie weit und wohin du damit kommst!

Es bedarf nur geringer Phantasie, um den massiven Widerstand nachzuempfinden, das heftige Sträuben, welches durch diese Empfehlung hervorgerufen wird: Ich war der Allerverachteste ...ich trug unsere Krankheit...durch meine Wunden sind wir geheilt...der Herr warf unser aller Sünden auf mich.» Das grenzt ans Blasphemische, weil ich es nicht nur behaupten, sondern nachvollziehen und bejahen soll.

Nun lohnt es sich, diesem inneren Widerstand, zumal in seiner protestantischen Ausprägung, etwas näher nachzugehen. Kommt er aus der Scheu vor dem Leiden, in das ich solchermaßen einwilligen würde? Ist es die Anschauung, daß Leben und Leiden Christi in Relation zu mir so unvergleichlich anders ist, daß ich mein kleines banales Leben damit nicht in Verbindung bringen darf? Gerät eventuell sogar (trotz Kolosser 1,24) Christi Heilswerk auf diese Weise in Verdacht, nicht als voll genügsam, sondern als ergänzungsbedürftig betrachtet zu werden?

Es liegt mir fern, diese Bedenken zu bagatellisieren oder beiseitezuwischen; zu tief sind sie in mir selbst verankert. Ich möchte nur die Konsequenzen bedenken, die sich für die Frömmigkeit ergeben, wenn man sich in keiner Weise über sie hinausbewegen kann. Mein eigenes Leben mit seinen kleinen Höhen und Tiefen bleibt, scheinbar aus Bescheidenheit, abgeschottet in seiner Alltäglichen und Profanität. Es kommt von vornherein nicht dahin, daß ich »in Christus« bin und »Christus in mir«, wenn es mir unpassend erscheint, meine Niederlage und Freude direkt mit ihm zu verbinden. So halten sich »Die Geheimnisse des Lebens Jesu Christi, unseres Herren« in respektvoller, gleichwohl unerreichbarer Ferne. Sie drohen, im Blick auf meine Existenz rein gedanklich, aber das heißt von einem gewissen Punkt an unwirklich und damit wirkungslos zu bleiben. Dementsprechend speist sich der vom »Gotteslob« geforderte »Einsatz gegen Not und Ungerechtigkeit in der Welt« nicht mehr aus der unversieglichen Kraft, die uns aus der Schicksalsgemeinschaft mit Christus erfüllen könnte, sondern wird, problematisch genug, zu einem bloß moralischen Appell an unsere eigenen Möglichkeiten.

Die herkömmliche katholische Frömmigkeit kennt den Brauch, daß der Mensch Gott eine Lebensminderung »aufopfert«: eine Krankheit, einen Schicksalsschlag, einen Verlust, ein erlittenes Unrecht. Dergleichen wird im Gebet vor Christus gebracht mit der Bitte, es seinem Leiden einzufügen, mein kleines Kreuz in sein großes aufzunehmen. Sicherlich kann diese Praxis eine notwendige innere Auseinandersetzung mit jener

Beeinträchtigung verhindern. Sie kann verhindern, daß es zur Unterscheidung kommt zwischen vermeidbarem Leiden, dem man entgegentreten, und unvermeidbarem, dem man sich fügen muß. Aber: abusus non tollit usum (d.h. Mißbrauch verbietet nicht den richtigen Gebrauch)! Wir sind empfindlich und abwehrend geworden gegen eine allzu frühe Kapitulation vor dem Leiden, zumal wenn sie uns von dritter Seite womöglich mit Machtausübung und Druck nahegelegt wird: »Widerstand« haben wir gelernt. Ob dem aber nicht weithin die »Ergebung« zum Opfer gefallen ist, auch dort, wo sie den Umständen nach unbedingt angezeigt wäre? Ob wir in der Abwehr stark, im Einwilligen ins Unvermeidliche aber ungeübt geworden sind? Ob wir das Klagen und Hadern verlernt und uns der Sprachlosigkeit ausgeliefert haben? Und das letztlich, weil innere Hemmungen uns hindern, uns auf das Mitsterben und Mitauferstehen mit Christus einzulassen.

Theologische Erörterungen können beim Exerzitiengespräch als Fluchtweg dienen; können, müssen aber nicht. Ist denn nicht die Verschiedenheit zwischen dem Leben von mir und von Christus eine totale? Nein, lautet die Antwort des Begleiters, es ist eine weitgehende, aber keine totale. Man spricht von einem Analogieverhältnis, bei dem die Unterschiede die Übereinstimmungen bei weitem übertreffen, ohne sie jedoch ganz auszulöschen. Diese Übereinstimmungen sind zu benennen und zu pflegen. Karl Barth hat die Epoche seiner Kirchlichen Dogmatik mit seinem »Nein!« zur analogia entis eingeleitet. Ob wir davon, bewußt oder unbewußt, eingefärbt sind, zum Schaden unserer praktischen Frömmigkeit?

Ausführlich von meinem Glauben reden

Der Verdacht erhärtet sich noch von einer anderen Seite her. Die »Betrachtung, um Liebe zu erlangen« (EB 230) gibt Anleitung zu »schauen, wie Gott in den Geschöpfen wohnt«. Dies ist eine Aufforderung, mich und meine Welt als von Gott erschaffen zu nehmen und unter diesem Aspekt auf mich zu beziehen. Wo dieser Versuch auch nur ansatzweise gelingt, ordnen sich die Dinge von der eigenen Erfahrung bis zu technischen Geräten, von der Ökologie bis zu den Mitmenschen. Von ihrer Geschöpflichkeit her erkenne ich ihre Würde, ihre Funktion und ihre Begrenztheit. Ich werde davor bewahrt, sie in irgendeiner Weise geringzuschätzen oder sie andererseits »mit der Herrlichkeit des unvergänglichen Gottes zu verwechseln« (Röm 1,23). Aber freilich, ich darf mich dabei, siehe oben, nicht von vornherein durch das Verdikt einer natürlichen Theologie schrecken lassen. Bei den Exerzitien wird deutlich, daß der Weg der Spiritualität eine Gratwanderung ist, rechts und links gefährdet. Wenn ich die eine Gefahr vermeide, Pantheismus, muß ich darauf achten, nicht in die andere zu verfallen, Profanierung oder Vergötzung der Kreatur. Das Mißlichste wäre, leider vom Protestantismus nicht selten zwischen Skylla und Charybdis geübt: den Weg der Frömmigkeit überhaupt nicht mehr zu gehen, weil er – in der Tat – immer bedroht ist. Die Zurückweisung einer natürlichen Theologie hat die nationalsozialistische Ideologie bestehen helfen. Weil damit aber eine Verkümmerung der Frömmigkeit einher gegangen ist, wird heute eine Neubesinnung mit praktischen Konsequenzen erforderlich.

Gerhard Münderlein schreibt in seinem Erfahrungsbericht[6]: »Noch nie in meinem Leben habe ich so ausführlich und intensiv mit jemanden über meinen Glauben geredet!« Ich könnte diesen Satz unterschreiben und wüßte nicht, ob bei mir in diesem Erleben Glück und Freude oder Reue und Scham überwogen haben. Man bedenke: Eine Woche lang täglich ein einstündiges Gespräch führen über nichts anderes als meinen Glauben! Ich selbst bin gelegentlich während dieser Gespräche einen Augenblick hinter mich getreten und habe mich gefragt: Was tust du da eigentlich? Nicht von Kirche, nicht von Geld, nicht von Politik, nicht von anderen Menschen, mit keiner bestimmten Absicht, ohne Zweck, nur von deinem Glauben reden! Dafür unbekümmert seelische Kraft und Zeit verwenden! Dafür einen geeigneten Partner haben! Wo hättest du dergleichen schon einmal gemacht? Wo machst du dergleichen sonst außerhalb der Exerzitien?

Schmerzlich erlebt habe ich dabei, wie schwer es mir fällt, von meinen Glaubenserfahrungen, von meinem inneren Weg überhaupt zu reden. Die dafür erforderliche Sprache war mir weithin Fremdsprache. Welche fatale Hilflosigkeit! Hatte ich dieses Reden allein den Evangelikalen und Pietisten überlassen? Und warum kommen mir die mühsam zusammengekratzten Worte hülsenartig und formelhaft vor, gleich, ob sie wissenschaftlich oder erbaulich, theologisch oder psychologisch sind? Sicher, es gibt die Sprachhilfe der Großen; das Gesangbuch ist mir dafür unendlich lieb geworden. Aber ich komme nicht umhin, meinen eigenen Ausdruck, meine eigene Sprache, meine eigenen Worte zu finden. Und das bedarf elementarer und geduldiger Übung.

Ein großes Hindernis für mein Üben war die immer wiederkehrende Unlust: Ach, das kennst du doch schon! Damit hast du dich doch lange genug beschäftigt! Immer dasselbe! Ist doch schon ausgelutscht (als wäre das Evangelium ein Stück Kaugummi!). Irgendwann war mir in der aszetischen Literatur der Begriff acedia (etwa: Verdrossenheit) begegnet. Er hat mich nicht mehr losgelassen und fiel mir wieder ein als ich bei Ignatius »Von geistlicher Trostlosigkeit« (EB 317) gelesen habe.

Ist das nur meine Schwierigkeit bei den geistlichen Übungen oder geht es anderen ähnlich? Mir hat jedenfalls geholfen, was Josef Pieper zur Analyse der acedia und vor allem zu ihrer Bekämpfung gesagt hat. Sie gehört in der katholischen Frömmigkeitstradition zu den sieben Todsünden, ist »der Anfang und die Wurzel der Verzweiflung«, »eine Art von Traurigkeit .... angesichts des göttlichen Gutes im Menschen ... Sie ist eine Art von angsthaftem Schwindelgefühl, das den Menschen befällt, wenn er der Höhe inne wird, zu der ihn Gott erhoben hat. Der in der acedia befangene Mensch hat weder den Mut noch den Willen, so groß zu sein, wie er wirklich ist. Er möchte lieber weniger groß sein, um sich so der Verpflichtung der Größe zu entziehen. Die acedia ist eine pervertierte Demut; sie will die übernatürlichen Güter nicht annehmen, weil sie ihrem Wesen nach verbunden sind mit einem Anspruch an den Empfänger... der freudlose und verdrießliche, borniert, selbstsüchtige Verzicht des Menschen auf den – verpflichtenden Adel der Gotteskindschaft.« Zu überwinden ist sie aber »allein durch die klarsichtige Hochgemutheit, die sich das Große des selbsteigenen Daseins zutraut und zumutet, und durch den begnadeten Aufschwung der Hoffnung auf das Ewige Leben«[7].

Peter Knauer beschließt seine Einleitung zum Exerzitienbuch mit einem Zitat aus Bonhoeffers »Widerstand und Ergebung«: »Alles, was wir mit Recht von Gott erwarten, erbitten dürfen, ist in Jesus Christus zu finden. Was ein Gott, so wie wir ihn uns denken, alles tun müßte und könnte, damit hat der Gott Jesu Christi nichts zu tun. Wir müssen uns immer wieder sehr lange und sehr ruhig in das Leben, Sprechen, Handeln, Leiden und Sterben Jesu versenken, um zu erkennen, was Gott verheißt und was er erfüllt« (EB S.8). Dieser Rekurs wurde mir bestätigt, als ich in der Bethgebiographie im Anhang eine Seminarnachschrift gefunden habe, nach der der junge Bonhoeffer im Zusammenhang einer theologischen Anthropologie von »christlichen Übungen« spricht: Der individuelle habitus (die individuelle Ausformung) des christlichen Charakters werde durch Übungen erworben, Übungen der Kirchlichkeit, Übungen der Frömmigkeit und Gläubigkeit, Übungen der Sündenerkenntnis, Übungen des Tuns und Dienstes[8]. Und weil ich überzeugt bin, daß die Exerzitien dafür eine geeignete

Möglichkeit schaffen, deshalb will ich sie weiterhin im Pastoralkolleg anbieten.

Anmerkungen

1 Das Pastoralkolleg Neuendettelsau dient der Fortbildung von evangelischen Pfarrerinnen und Pfarren im Gemeindedienst und in Sonderdiensten.
2 Zuerst veröffentlicht im *Korrespondenzblatt*, hrsg. von Pfarrer- und Pfarrerinnenverein in der Evang.-Luth. Kirche in Bayern, 110. Jahrgang, Nr. 6, Juni 1995.
3 Zitiert werden die Exerzitien nach: Ignatius von Loyola, *Geistliche Übungen und erläuternde Texte*. Übersetzt und herausgegeben von Peter Knauer. Graz ³1988 =EB, das obige Zitat Nr. 261.
4 Gotteslob, *Katholisches Gebet- und Gesangbuch*. Ausgabe für das Erzbistum Bamberg. 1975, 232.
5 Vgl. *Evangelisches Gesangbuch*. Ausgabe Bayern/Thüringen, Nr. 553.
6 Korrespondenzblatt 6/1991, a.a.O., 88.
7 Josef Pieper, *Über die Hoffnung*. Leipzig ²1938, 55-62 passim.
8 Eberhard Bethge, *Dietrich Bonhoeffer, eine Biographie*. München 1967, 1094/5.

Erstveröffentlichung in: Geist und Leben, Zeitschrift für christliche Spiritualität, 68. Jhg. Heft 4/1995 (vgl. auch Anm. 2)

Irene Dilling

Das Kirchenjahr als geistlicher Übungsweg
Exerzitien im Alltag – Ein Werkstattbericht

I. Das Kirchenjahr als geistlicher Übungsweg

Immer mehr fragen die Menschen nach einem geistlichen Weg, der eine lebendige Gottesbeziehung wachsen läßt und im Alltag lebbar ist. Sie fragen nach einer klaren Struktur, die sie auf diesem Weg leitet und fordert; und sie sind auf der Suche nach einem christlichen Übungsweg, nachdem sie andere Übungswege kennengelernt haben.

So fanden wir[1], daß das Kirchenjahr als Übungsweg für Exerzitien eine Antwort auf die Frage der Menschen gibt. Es ist ein alter Übungsweg, in der Tradition unserer Kirche beheimatet. In der Zeit zwischen Advent und Pfingsten – der Zeit der Festkreise des Kirchenjahres – erlebt eine Gruppe von 12 – 15 Menschen wie sich ihr Leben mit den Bewegungen und Aussagen des Kirchenjahres verbindet.

Die Struktur des Übungsweges wird von den Texten und Festen, den Aussagen, Fragestellungen und Anstößen des Kirchenjahres gegeben. Sie sind Aufgabe, Halt, Leitung und Ziel. Es wird deutlich, daß auf diesem Weg das Heilsreden und Handeln Gottes in die ganz konkrete Lebenssituation hinein gesprochen wird. Das Leben ordnet sich neu, Altes wird in Frage gestellt und Neues zeigt sich. Es wächst der Mut, die eigenen Fragestellungen anzuschauen und auszuhalten. Die vorgezeichneten Linien des Kirchenjahres rufen zu immer neuem Aufbruch und geben Kraft zum Weitergehen.

Dieser Übungsweg ermöglicht auch Erinnern und Wiederholen, ein Grundelement allen geistlichen Lebens. Die Inhalte und Aussagen der Feste des Kirchenjahres sind noch vielen Menschen bekannt. So kann das Erinnern belebt und das Wissen vertieft werden. Auch nach Beendigung der Exerzitien wird im Jahreskreislauf die Erinnerung an die Übungszeit wachgerufen und der geistliche Prozeß neu angestoßen.

Der Übungsweg verbindet auch mit der Kirchengemeinde. Die Feier der Gottesdienste in den Festkreisen wird von den Teilnehmerinnen und Teilnehmern ganz neu und intensiv erlebt. Es wächst die Sprachfähigkeit über die Inhalte der christlichen Feste. Auf diesem Weg können sich auch Menschen unterschiedlicher Gruppierung und geistlicher Ausrichtung zusammenfinden. Es ist gut, wenn in der Gruppe Menschen verschiedener Altersstufen und soziologischer Prägung sind. Der Blick weitet sich dadurch und die eigenen Probleme werden dadurch relativiert. Sie erleben in dieser langen gemeinsamen Zeit Bestärkung und Tröstung, aber auch Durst- und Wüstenstrecken. Es wird deutlich, daß beides zum geistlichen Wachstum gehört und daß jeder Mensch seine eigene unverwechselbare Geschichte mit Gott hat.

Die wichtigsten Stationen des Weges sind:

Advent	Zeit der Erwartung und Verheißung
Weihnachten	Zeit der Erfüllung
Epiphanias	die Herrlichkeit Gottes
Fastenzeit	die Wüstenwanderung
Karwoche und Ostern	Tod und Leben
Himmelfahrt und Pfingsten	lebensspendender Geist

II. Die Gesamtkonzeption

Wir beginnen vor dem ersten Advent mit der Einführung, der Vorstellung des Leitungsteams und einer ausführlichen Gesprächsrunde über den geistlichen Standort der einzelnen. Voraussetzung für die Teilnahme sind psychische Gesundheit und die Fähigkeit, sich mitteilen zu können. Nach diesem ersten Treffen fällt die endgültige Entscheidung über die Teilnahme. Sie ist dann in hohem Maße verpflichtend.

Der zeitliche Rahmen sieht folgendermaßen aus:
– Zwölf Treffen im Abstand von vierzehn Tagen, davon zehn Abende 18.00 – 21.00 Uhr; zwei Samstage, 10.00 – 18.00 Uhr
– eine Kurswoche
– ein Wüstentag
– ein Abschlußtag
– fünf besondere Gottesdienste: Zum Beginn; am Aschermittwoch; am Wüstentag, am Ostersonntag und am Abschlußtag.

Dieser geistliche Übungsweg stellt eine hohe Forderung an die Übenden. Er findet mitten im Alltag statt, inmitten der Belastung von Beruf, Familie und normaler Umwelt. Es ist kein geschützter Raum, keine Ausnahmesituation. Die Konflikte und Fragestellungen des Alltags werden nicht ausgeschlossen, sondern müssen integriert werden. So kann eine Form der geistlichen Übung von jedem einzelnen gefunden werden, die im Alltag lebbar ist.

Am 1. Advent beginnt der Übungsweg mit dem ersten Impuls, einem Gottesdienst mit Eucharistiefeier, Segnung und Sendung. Die Übenden werden ermutigt, in ihrer Wohnung einen festen Ort für das tägliche Gebet zu finden. Als verbindenden geistlichen Mittelpunkt erhalten sie das Bild einer Ikone, als Hilfe und Angebot ein kleines Gebetbuch.

Zu jedem Treffen gehören Zeit des Schweigens, ein Gespräch in den Trios (siehe weiter unten) über den Impuls des vorigen Treffens und eine Vertiefung und Klärung im Plenum. Nach einer Pause folgt eine neue Einheit mit einem Impuls.

Die Struktur für diese Einheit ist aus der Meditationsarbeit erwachsen. Sie führt die Menschen ins Schweigen und in die Anbetung. Die Meditation des eigenen Lebens im Licht des Evangeliums läßt Betroffenheit und Heilwerden wachsen.

Die Menschen finden einen geistlichen Raum, in dem sie sich schweigend auf die Ikone hin ausrichten. Sie sitzen auf Stühlen oder Meditationsbänken. Eine Viertelstunde Schweigen am Anfang gibt Zeit für die Entfaltung geistlichen Lebens, für das Zur-Ruhe-Kommen oder das Erkennen der Unruhe und des Umgetriebenseins. Es ist notwendig auch darüber immer wieder zu sprechen, um Hilfe und Entlastung zu geben.

Die angeleitete Meditation, die nun folgt, hat ganz unterschiedliche Formen. Wiederholende Gesänge, Körper- und Atemübungen, Gesten und einfache Tanzbewegungen lassen die Menschen mit Leib und Seele erfahren, daß sie ins Heil gerufen sind. Auch Malen und Gestalten, das Betrachten von Bildern und Symbolen, können Element sein. Zielpunkt ist immer ein biblischer Text, er wird aber meist von *einem* Apskt her angesprochen und verdeutlicht. Damit sich Text und Leben verbinden, werden die Menschen behutsam in die eigene Betroffenheit geführt. Bei Gesprächen ist der Auftrag, immer in der Ich-Form zu reden.

Immer wieder ist Zeit für das Bei-Sich-Sein und Schweigen. Wichtig ist, daß mit der inneren Bewegung der Menschen behutsam umgegangen wird, das heißt, sie sollen in der Meditation immer auf das Heil des Evangeliums ausgerichtet sein. Nur ganz selten und unter guter Begleitung werden Dunkelheit, Tod und Schmerzen meditiert.

Ein Nachtgebet und der gemeinsam gesprochene Segen stehen am Ende. Der Impuls (siehe weiter unten) ist aus der Gesamtheit des Abends gewachsen. Er wird von der Leitung noch einmal formuliert. Er muß deutlich und offen sein, er ist Begleiter und Anstoß auf dem Weg zum nächsten Treffen.

Kurz vor Pfingsten endet der gemeinsame Übungsweg mit einem Abschlußtag und Gottesdienst.

III. Die einzelnen Elemente

Die Exerzitienbegleitung

In der Exerzitienbegleitung wird geistliche Leitung wahrgenommen. Es gehören Lebenserfahrung, das Wissen um Menschen und Gruppen dazu und die Fähigkeit, gelassen und aufmerksam alle inneren und äußeren Bewegungen der Übenden wahrzunehmen. Ganz klar wird am Anfang des Übungsweges gesagt, daß das eigentliche Gegenüber Gott ist. Ignatius schrieb darüber im 15. Abschnitt des Exerzitienbuches: »Derjenige, der die Übungen vorlegt, soll weder zu der einen noch zu der anderen Seite sich wenden und hinneigen, sondern, mehr wie eine Waage in der Mitte stehend, unmittelbar den Schöpfer mit seinem Geschöpf und das Geschöpf mit seinem Schöpfer wirken lassen.«

Die Leitung der Übungseinheiten und das Geben der Impulse wird von einer Person wahrgenommen. Im Team sind außerdem noch zwei Menschen, die auch für die seelsorgerliche Begleitung da sind. Jede/jeder Übende wählt für sich den Menschen seines Vertrauens für die Zeit des Übungsweges. Diese seelsorgerliche Begleitung ist ein wichtiger Teil des Weges und muß in Anspruch genommen werden. Die Häufigkeit der Gespräche hängt von der Situation der Übenden ab, es findet aber im Durchschnitt jeden Monat ein Gespräch statt.

Der Impuls

In jeder Übungseinheit wird ein biblischer Text erfahren und verdeutlicht. Daraus ergibt sich jeweils ein Anstoß, ein Impuls, der das eigene Leben mit dem Text in Verbindung bringt. Der Impuls wird zum Abschluß der Übungseinheit formuliert (immer in der Ich-Form) und ist Anstoß und Aufgabe. Er ist zugleich offen und konkret. Die Impulse wandeln sich im Hören und Erleben, je nach der Situation des Einzelnen. Sie werden auch unterschiedlich nah oder fern empfunden, sie können Schmerz oder das Gefühl von Freude oder Befreiung auslösen. Hier ist das nachfolgende Gespräch in den Trios sehr wichtig und hilfreich, weil es die eigenen Erfahrungen einerseits relativieren und andererseits vertiefen kann.

Die Trios

Die Trios (Gruppen von drei Personen) werden vom Leitungsteam eingeteilt. Die Gespräche finden nach festen Spielregeln statt (siehe A-B-C-Gruppen in der Gruppendynamik). In den meisten Fällen gelingt die Einteilung so, daß die Gespräche in den Trios hilfreich und weiterführend sind. Es wird hier eine gute Form der Seelsorge geübt, die das erwachsene Christsein aller TeilnehmerInnen deutlich macht.

Die Ikone

Das gemeinsam verbindende Zeichen ist eine Christus-Ikone aus unserer Zeit. Sie begleitet die Gruppe bei den einzelnen Treffen, und jede TeilnehmerIn erhält einen Abdruck für die Gebetsecke im Haus. Diese Ikone wird von fast allen als hilfreich und geistlich wirksam empfunden. Es wird aber immer ausdrücklich freigestellt, ein anderes Bild oder Symbol für sich zu wählen.

Die Gebetbücher

Für die persönliche Andacht haben wir kleine Gebetbücher zusammengestellt mit Texten, Liedern, Psalmen und Gebeten zum Kirchenjahr.
Es sind drei Hefte:
Advent – Weihnachten – Epiphanias
Fastenzeit – Ostern
Ostern – Pfingsten.
Ein viertes Heft ist ein Heft für die übrige Zeit. Es ist nach Wochentagen eingeteilt. In jedem stehen Gebete für den Morgen und den Abend.

Die Kurswoche

Die Kurswoche ist zu Beginn der Epiphaniaszeit angesetzt. Es ist die einzige Zeit während der Exerzitien, in der die TeilnehmerInnen aus ihrem Alltag herausgenommen sind und eine geschützte Zeit haben. Die Thematik des Weihnachtsfestkreises wird hier noch einmal vertieft und ausgeleuchtet. Die Beheimatung der Kurse auf dem Schwanberg[2] als einem geistlichen Ort und einer besonderen Form geistlichen Lebens gibt dem Kurs Tiefe und Ausrichtung.

Die Fastenaufgabe

Zu Beginn der Fastenzeit werden die Übenden gebeten, sich eine persönliche Fastenaufgabe zu geben. »Verzichte auf etwas, was die Entfaltung deines geistlichen Lebens hindert«. Diese Fastenaufgabe wird mit dem seelsorgerlichen BegleiterIn besprochen. Es ist sehr wichtig, daß sie sich in den persönlichen geistlichen Übungsweg einordnet und ihm nicht zuwiderläuft. Es könnte sein, daß eine solche Fastenaufgabe gerade das Gegenteil davon ist, was man sich gemeinhin darunter vorstellt.

Der Wüstentag
Der Wüstentag in der Mitte der Zeit ist ein Tag im Schweigen und in der Einsamkeit. Er beginnt mit einer Eucharistiefeier. Die Übenden werden dann mit einem persönlichen Impuls, den der seelsorgerliche BegleiterIn ausgewählt hat, in den Tag entlassen. Sie bleiben den Tag über allein, auf Wanderwegen oder in einem geschützten Raum. Den Abschluß bildet ein seelsorgerliches Gespräch.

Tagebuch und Schlußbericht
Für die Zeit der Exerzitien werden die TeilnehmerInnen ermutigt ein Tagebuch zu führen. Gerade weil der Alltag oft wenig Raum läßt, ist es gut, die Bewegungen und Fragen, die Erkenntnisse und Worte, die wichtig sind, schriftlich festzuhalten. Es dient zur inneren Klarheit und läßt sprachfähig werden über geistliche Inhalte und eigene seelische Prozesse. Für den Abschlußtag werden die Übenden um einen ausführlichen Bericht gebeten.

Gottesdienst und Segen
An allen wichtigen Stationen des Übungsweges werden gemeinsame Gottesdienste gefeiert. Die Eucharistie, die persönliche Segnung und Sendung sind das geistliche Zentrum des gesamten Übungsweges.

IV. Auszüge aus Exerzitienberichten

»Bisher war für mich das Kirchenjahr eine schematische Darstellung in Kreisform, klar verständlich an die Tafel gemalt wie ein Kalender. Wohl mit dem Kopf erfaßt, aber kaum mit dem Herzen. Auch habe ich nicht besonders darüber nachgedacht. Dann kam die Möglichkeit dieser Exerzitien mit ihren Meditationen über die Inhalte und Hintergründe der Festzeiten des Kirchenjahres, und mir tat sich eine neue Welt auf. Nun habe ich das Gefühl, das Kirchenjahr als einen guten Raum wahrgenommen zu haben, in dem ich leben und mich zurechtfinden kann. Mein Schema hat zu atmen und zu blühen begonnen, sich mit Inhalten und

Erlebnissen gefüllt – so als würde ich Gottes Wirken in meinem Alltag fast körperlich spüren.

Wichtig war mir die Gemeinschaft von Menschen, die sich mit mir auf den Weg machten, über den Alltag hinaus geistliche Impulse zu erleben, ausgerichtet auf unseren Herrn Jesus Christus. Dazu gehörte die Geborgenheit in dieser Gruppe, die es erlaubte, innere Anliegen und Prozesse zu äußern und bewußt zu machen. Gemeinsames Feiern schenkte Freude und Verbundenheit.

Die Möglichkeit einer persönlichen Aussprache mit einem Begleiter entlastete und klärte meine Gefühle von Unsicherheit und verstärkte mein Gefühl, Hilfe und Vergebung von Gott zu erlangen und eingebunden zu sein in seine Gemeinde.

Ich glaube, meiner eigenen Mitte ein Stück näher gekommen zu sein. Ich habe Freude gefunden an den täglichen Morgen- und Abendandachten und möchte sie nicht mehr missen. So empfinde ich die vier Gebetshefte als einen hilfreichen Wegweiser dafür ...«

»Gleich zu Beginn war da die Frage nach der Erwartung in meinem Leben. Zu diesem Zeitpunkt habe ich eigentlich nichts anderes erwartet, als daß ich vor Entsetzen, Trauer und Heimweh kaputt gehe. Wo war mein Gott, der da hört und hilft?

So habe ich mich von einem Treffen zum anderen gehangelt, immer einen neuen Impuls bekommen. Und nun im Zurückschauen weiß ich, daß es lebensrettend für mich war, zu diesem Zeitpunkt in der Exerzitiengruppe zu sein ...«

»... durch die Exerzitien bin ich nach vierzig Jahren Wüste im guten Land angekommen. Aber ich weiß auch, daß ich auf allen den Um- und Irrwegen von Gott geführt worden bin. Ich lernte, meinen zuletzt sehr angenehmen Krankenstand zu verlassen und bekam die Kraft endlich ein seit zwei Jahren anstehendes Problem zu lösen. Ich merkte, daß es mir früher im Beruf zu sehr um Gerechtigkeit um jeden Preis ging und die Barmherzigkeit und die Milde zu kurz kam. Einiges nahm ich auch viel zu persönlich, war dann in meinem Stolz gekränkt und wurde anschließend vom Ehrgeiz gepackt, dies in den Griff zu kriegen.

Durch die Exerzitien lebe ich jetzt viel bewußter und freudiger und frei von Angst und Sorgen, weil ich weiß, daß ich in Gott geborgen bin und daß Jesus Christus immer bei mir ist, und dadurch habe ich mehr Zeit und Verständnis für meine Mitmenschen und Nöte ...«

»... einige Impulse habe ich links liegen lassen. Aber im Lauf der Zeit sammelte sich in mir ein Vorrat an Worten, die gerufen oder ungerufen im richtigen Moment auftauchen. Besonders intensiv habe ich das mit dem Text vom Karsamstag erlebt: Mein Leben ist verborgen mit Christus in Gott (Kol. 3). Eine Erfahrung ist mir noch wichtig: ich lernte – und lerne noch – Zusagen der Bibel für mich gelten zu lassen und zu beanspruchen, ohne Einschränkung..

Ich merke, wie Freiheit und Standfestigkeit wachsen ...«

ANMERKUNGEN

1 Die Beauftragte für Meditation in der evang.-luth. Kirche in Bayern, Irene Dilling, Nürnberg, und Priorin Edith Theresa Krug, Communität Casteller Ring (CCR), Schwanberg
2 Auf dem Schwanberg leben Schwestern der Communität Casteller Ring als evangelische Ordensgemeinschaft. Das benediktinische Leitwort »ora et labora – bete und arbeite« prägt ihr Leben.

GOTTFRIED WOLFF

Im Schatten der atheistischen Macht
Exerzitien in der ehemaligen Deutschen Demokratischen Republik

Der Rückblick auf die evangelische Exerzitienarbeit in der DDR umfaßt eine Zeit von fast dreißig Jahren. Zur Bezeichnung wurden auch die Begriffe Retraiten, Einkehrtage und Tage der Stille gleichbedeutend verwendet. Unabhängig vom jeweiligen Leiter lag den Tagen das Schema der anglikanischen Retreats zugrunde. Auch die katholischen Ordensgeistlichen blieben ganz in diesem Rahmen. Die Unterschiede in der Bezeichnung waren deshalb nur zufälliger Natur und hatten keine inhaltliche Bedeutung.

Es gibt wenig literarisches Material über diese Arbeit, wurde sie doch in aller Stille getan, wie es den Umständen entsprach. Die Publikationsmöglichkeiten waren sehr eingeschränkt. Schon eine Vervielfältigung war ein Problem, an Druckgenehmigungen für Einladungen gar nicht zu denken. Im wesentlichen waren nur bekannte kirchliche Aktivitäten erlaubt, neue Arbeitszweige im Prinzip verboten. Es war langjährige Erfahrung, daß umso mehr kirchliche Arbeit getan werden konnte, je weniger darüber geredet wurde. Da alle Nicht-DDR-Bürger für ein Auftreten in der DDR eine spezielle Genehmigung gebraucht hätten, mit der in den seltensten Fällen zu rechnen war, mußten die Leiter aus der Bundesrepublik oder dem Ausland als Privatpersonen einreisen und ein Pfarrer aus der DDR mußte offiziell die Leitung übernehmen. In den Ausschreibungen in den Kirchenzeitungen erschien darum auch nur jeweils der Name des einheimischen Pfarrers, der im allgemeinen dann wenigstens die Gottesdienste hielt. Die Teilnehmer waren darum bisweilen überrascht, wenn sie nach ihrer Ankunft erfuhren, wer eigentlich die Tage begleitete und die Betrachtungen hielt und zum Gespräch zur Verfügung stand. Aber jeder verstand dies. Der ungestörte Verlauf der Kurse hing sehr davon ab, daß möglichst wenig über den Kreis der Teilnehmer hinausdrang. Unter diesen Einschränkungen ist es ganz erstaunlich, wieviel doch in diesen drei

Jahrzehnten bis zur Wende in der DDR an Einkehrtagungen gehalten wurde.

Ein Anfang wurde im Jahr 1962 gemacht. Eine Gruppe junger Pfarrer, die in Leipzig studiert hatten, war während ihres Studiums schon ziemlich regelmäßig einmal wöchentlich in der Thomaskirche zu einer Abendmahlsfeier vor der Vorlesung zusammengekommen. Gegen Ende des Studium wuchs die Sorge, daß die während des Studiums kaum vorhandene seelsorgerliche Begleitung dann im Gemeindedienst ganz ausbleiben würde. Über die Gemeinden machten wir uns kaum Illusionen, und von der kirchlichen Obrigkeit war es unwahrscheinlich geistliche Begleitung und Stärkung zu erwarten.

Die ersten Jahre im Dienst übertrafen dann die Befürchtungen. Die Suche nach Hilfe wurde wichtig und dringlich. In dieser Situation tauchte der Begriff der Exerzitien auf. Mit dem Wort verband sich aber keinerlei Kenntnis. Doch erhofften wir uns davon konkrete Stärkung und suchten nach Kontakten zur katholischen Kirche. Da einer von uns den einzigen Dominikanerpater in der DDR kannte, fragte er unbekümmert Pater Gordian, ob er bereit sei, etwa fünfzehn evangelischen Pfarrern viertägige Exerzitien zu halten. Er sagte gerne zu und hielt den ersten Kurs mit fünfzehn Teilnehmern im evang. Rüstzeitheim in Leisnig. Trotz schwierigster Verhältnisse – in einem Achtbett-Zimmer ist es mit dem Schweigen nicht so leicht – verlief der Kurs so gut, daß wir das Vorhaben im folgenden Jahr unbedingt wiederholen wollten. Sowohl bei dem Leiter als auch bei den Teilnehmern war die Verwunderung groß, daß im Geistlichen ein geradezu problemloses Miteinander erlebt wurde. Die unbekannte Welt des Schweigens, unsere Hilflosigkeit bei längeren biblischen Betrachtungen, der innere Weg der Tage, die fast tägliche Sakramentsfeier beeindruckten so, daß wir uns auf die Wiederholung in nächsten Jahr, diesmal im Pastoralkolleg, freuten. Doch da kam vom Bischof der Landeskirche ein Einspruch. Es sei doch wohl nicht in Ordnung, wenn evangelische Pfarrer von einem katholischen Ordensmann zum Dienst zugerüstet würden. In längeren Verhandlungen wurde dann aber doch noch einmal die Bewilligung erteilt, weil die teilnehmenden Pfarrer als bewußte Lutheraner bekannt waren und wir darlegen konnten, wie wichtig die geistliche Begleitung für uns sei und wir in der evangelischen Kirche keinen erfahrenen Leiter von Einkehrtagen gefunden hätten. Unsere Erfahrung, daß wir von einem Priester einer anderen Konfession außerordentlich gut für unseren eigenen Dienst gestärkt worden waren, wurde uns abgenommen. Die Landeskirche hatte dann das Vertrauen, daß nichts dem Evangelium zuwiderlaufe. Der Bitte, doch im evangelischen Bereich nach Leitern zu suchen, kamen wir selbstverständlich nach. 1963, kurz nach dem Bau der Mauer, war natürlich an Verbindungen nach Westdeutschland nicht zu denken. Da stießen wir durch eine frühere Bekanntschaft auf die Retreatarbeit in der Schwedischen Kirche. Der Leiter des 1962 in Schweden gebauten ersten Retreathauses, Stiftsadjunkt Nils-Hugo Ahlstedt, war bereit, uns im folgenden Jahr im Predigerseminar Lückendorf eine lutherische »Retreat« zu halten. Er reiste als offizieller Gast der Kirche ein. Zu den Tagen waren auch interessierte Teilnehmer aus der Pommerschen und der Thüringer Landeskirche eingeladen. So wuchs schon im Anfang die Arbeit über die Grenzen der sächsischen Kirche hinaus. Von 1974 an konnten jährlich einige Kurse angeboten werden, mit katholischen und schwedischen Leitern. Allerdings zeigte sich, daß die äußeren Voraussetzungen verbessert werden mußten. Wenn wirklich mit dem Schweigen ernst gemacht werden sollte, mußten Einzelzimmer vorhanden sein. Für ein Feiern der Gottesdienste war eine Hauskapelle nötig. Es war sehr wichtig, daß ein solcher Raum auch tagsüber offen war und zur Verfügung stand. Beide Voraussetzungen waren in den evangelischen Rüstzeitheimen nicht gegeben. Dort wurde entweder eine volle Auslastung der Doppelzimmer gefordert oder das Personal konnte mit den schweigenden Teilnehmern nicht zurechtkommen; als Andachtsraum war der Tagungsraum oder der Speisesaal vorgesehen. Deshalb schieden die evangelischen Häuser für unser Anliegen aus und wir wendeten uns an die verschiedenen katholischen Exerzitienhäuser und Caritasheime. Dort fanden wir nicht nur sehr gute äußere Bedingungen vor, sondern wurden auch über Erwarten freundlich und herzlich willkommen geheißen. Einzelzimmer waren selbstverständlich, ebenso das Schweigen, auch bei den Mahlzeiten; die Kapelle stand ganztags zur Verfügung, in manchen Häusern – wie in Halberstadt und Heiligenstadt – auch für die Betrachtungen (ebenso wie in Rättvik, Schweden). Die schöne Architektur und die ruhige Lage waren für die Tage eine wesentliche Hilfe. Da es ja für die Evangelischen ganz ungewohnt war, einige Tage im Schweigen nur auf das persönliche Gespräch mit Gott angewiesen zu sein, war es eine spürbare Förderung, durch gute Räumlichkeiten mit dem Anliegen der Tage, nämlich der Besinnung, Neuorientierung und inneren Stärkung voranzukommen.

Gerade weil es uns selbstverständlich war, täglich eine evangelische Abendmahlsfeier zu halten, haben wir immer aufs neue dankbar die große Gastfreundschaft der verschiedenen Häuser erfahren und angenommen. Erst im Nachhinein ist uns bewußt geworden, welches

Neuland wir da betreten hatten. Sicher waren wir die ersten Nichtkatholiken, die in den jeweiligen Klosterkirchen und Ordenskapellen am Altar standen. Für die meisten Teilnehmer war es auch der erste intensive Kontakt mit der katholischen Kirche. Beim ersten Mal brachten wir 1975 nach Dresden zu den Jesuiten unsere eigenen Altargeräte mit. Dies stieß aber auf solche Verwunderung, daß wir dann immer nur das im Haus vorhandene dankbar gebrauchten. Als wir einige Jahre später deshalb zu den Benediktinern selbstverständlich ohne Abendmahlgeräte kamen, löste das zunächst großes Fragen und Unsicherheit des Sakristeibruders aus. Doch mit der Versicherung, bei den Jesuiten wäre die Überlassung der Hauskapelle nie ein Problem, konnte er sich ganz zufrieden geben und stellte dann jeweils den schönsten Kelch des Hauses bereit und sehr gerne alles, was zum Gottesdienst nötig war. Ohne es zu ahnen haben wir auch andere Grenzen überwunden. Nichtsahnend brachten wir für unsere Exerzitien im Haus Hoheneichen in Dresden »unseren« Dominikanerpater mit; erst bei dem etwas erstaunten Zögern des Jesuitenpaters auf die Frage nach dem Leiter und unserer unbekümmerten Antwort merkten wir, daß das sicher sonst noch nicht der Fall gewesen war. Er sagte dann nur ganz leise und bescheiden: »Dies machen wir eigentlich sonst selbst«, zwar verwundert, aber in keiner Weise tadelnd. Und im Redemptoristenkloster in Heiligenstadt, der katholischen Hochburg in der DDR, war unser Sakramentsgottesdienst vielleicht der erste evangelische Abendmahlsgottesdienst überhaupt; zwei Patres auf der hintersten Bank feierten ihn neugierig mit. Sie waren verunsichert, als sie dabei Teile des zweiten Hochgebetes hörten, allerdings von einem Pfarrer im schwarzen Talar. Doch wir waren viel mehr überrascht, als dann beim Mittagessen die Bitte leise an uns herangetragen wurde, ob die Predigt nicht noch einmal am Abend im Fronleichnamsgottesdienst gehalten werden könne, weil »so schön vom Herrenmahl gepredigt worden sei«. Ob bei den Benediktinern auf der Huysburg, den Redemptoristen in Heiligenstadt, den Franziskanern in Halberstadt, den Jesuiten in Dresden und Berlin, überall fühlten wir uns wohl und willkommen. Auch die Küchenschwestern hatten die Evangelischen gern, die »ganz richtige Exerzitien machen und das Schweigen ganz genau einhalten«, vielleicht noch genauer als manche katholischen Kurse.

Mit den Jahren veränderte und erweiterte sich der Teilnehmerkreis. Trotz der sehr eingeschränkten Werbemöglichkeit waren durchaus Kurse in einem Haus von achtundzwanzig Plätzen bald nach der Ausschreibung mit achtzig Anmeldungen überfüllt. Die Nachfrage überstieg das Angebot beträchtlich. Die etwa fünfundzwanzig Kurse im Jahr konnten zahlenmäßig nicht erweitert werden, da ja die katholischen Gastpatres nicht unbeschränkt zur Verfügung stehen konnten und ein evangelischer Gemeindepfarrer neben seinem vollen Dienst kaum mehr als sechs Kurse im Jahr halten konnte. Wir erreichten die Gemeindeglieder durch eine jährliche Liste, die in der Kirchenzeitung »Die Kirche« veröffentlicht wurde. Eine weitergehende Werbung war nicht möglich und ja auch nicht nötig. Durch diese Art der Ausschreibung veränderte sich allmählich der Kreis der Interessenten. Kamen am Anfang vor allem Pfarrer und Diakonissen, so wurden es später immer mehr Gemeindeglieder aller Altersstufen und Berufe. Zu dieser regen Nachfrage aus den Gemeinden hat sicher auch die äußere Situation mit beigetragen. In einem politischen System, das im Alltag ständig mit Anweisungen, Reglementierungen, staatlichen Machtstrukturen konfrontierte und oft zu Stellungnahmen aufforderte, wurde ein Raum des Schweigens, des Hörens, der Einladung ohne jeglichen Zwang, geschützt vor jeder, auch gut gemeinter Beeinflussung, als großes Geschenk einer Freiheit erfahren und gesucht. So wurde das Schweigen nie als Belastung oder Gesetz empfunden, sondern als Angebot eines geschützten Raumes dankbar angenommen und immer wieder aufgesucht. Daher entstand auch kaum ein Verlangen nach veränderten Formen oder zusätzlichen Angeboten besonderer Techniken. Manche Kursbegleiter, die aus dem Westen kamen, haben dies mit einiger Verwunderung wahrgenommen. Sie erlebten aber, wie die unterschiedlichen Teilnehmer mit dem altvertrauten Schema der Vortragsexerzitien sehr gut zurechtkamen und im wesentlichen genau dies suchten.

In den ersten Jahren bis 1970 waren wir natürlich vollständig auf auswärtige Gastreferenten angewiesen, also auf katholische Priester aus der DDR und dem Ausland und auf schwedische Lutheraner. Ausländer konnten insofern leichter einreisen, als sie selbst die Aufenthaltsgenehmigung beantragen konnten und auch praktisch immer erhielten. Erst seit 1970 wurden mehr und mehr Kurse auch von Evangelischen begleitet. Als einzige »Ausbildung« diente die Erfahrung, die man als Teilnehmer bei unterschiedlichen Kursleitern gesammelt hatte und nun weiterzugeben versuchte. Auch dadurch kam es zu einer erstaunlichen Konformität bei den Angeboten. Natürlich hatte jeder auch seinen eigenen Stil, aber Grundkonzeption und Tageslauf waren weitgehend ganz gleich. Die katholischen Leiter mußten in jedem Fall von einem Evangelischen begleitet werden, der den Behörden gegenüber die volle Verantwortung für den Kurs wahrnehmen mußte. Natürlich stand dieser auch für die Gottesdienste und Stundengebete zur Verfügung. Sein Name stand allein bei der Ausschreibung in der Liste. Dadurch wußten die Teilnehmer oft vorher nicht, wer die Betrachtungen wirklich hielt und zu den Gesprächen zur Verfügung stand. Aber jeder akzeptierte dies, weil wir alle die politische Situation kannten und aus ihr das Beste zu machen versuchten. Daß der Gast erst bei Beginn der Tage vorgestellt wurde, soweit dies nicht einigen durch Mundpropaganda vorher mitgeteilt worden war, half auch mit, das Anliegen der Tage zu verdeutlichen: Nicht zu Menschen oder Startheologen zu kommen, sondern zu dem Herrn, der zu sich einlädt und ruft.

Die ökumenischen Verbindungen erweiterten sich ständig. Wir lernten durch Stiftsadjunkt Ahlstedt nicht nur die Arbeit der Retreats der Schwedischen Kirche kennen. Durch seine regelmäßigen Besuche und die vom zweiten Pfarrer des Retreathauses, Per Måses, konnten wir den Teilnehmern – Studenten, Diakonissen, Gemeindegliedern – Pfarrer in verschiedenen katholischen Häusern für Exerzitien anbieten. Da sie von erfahrenen Leitern gehalten wurden, die außerordentlich gut auf die Situation im Osten eingehen konnten, war das Echo natürlich auch sehr positiv. Schon bei der ersten Teilnahme waren alle überzeugt, ja geradezu begeistert. Ihre persönliche Werbung reichte aus, die Angebote schnell auszubuchen.

Für uns unerwartet erschloß sich über Schweden auch völliges Neuland: Die Retreatarbeit der anglikanischen Kirche. Die Schweden hatten ihrerseits in England gelernt, die hundertjährigen Erfahrungen auszuwerten und den größten Teil problemlos übernehmen zu können. Auf der Suche nach einem geeigneten Anglikaner stießen wir auf dem Umweg über Südafrika auf die Community of the Resurrection in Mirfield. Von dort wurde 1970 zum ersten Mal Pater Lowe in die DDR für 4 Wochen gesandt, auf private Einladung von Pfr. Dr. Wolff, weil das sächsische Landeskirchenamt nicht glauben wollte, daß ein Ordenspater kein Katholik, sondern ein Anglikaner sei. Seither kam er jährlich weiterhin vier Wochen in die DDR, leitete Retreats, besuchte Kommunitäten, sprach mit Kirchenleitungen, betreute Theologiestudenten, organisierte Jahrestreffen und begann auch mit einer Ausbildung von interessierten und geeigneten Begleitern. Sein Dienst und seine Erfahrung haben die Arbeit in vielen Jahren wesentlich mit geprägt. Weil die Retreatarbeit in England seit langem in ganz enger Verbindung von anglikanischer und katholischer Kirche geschah, bekamen unsere ökumenischen Ansätze eine Vertiefung und Stabilisierung.

Auch außerhalb der angebotenen Kurse kam es zu gemeinsamer Arbeit. Zur Jahrestagung des Exerzitiensekretariates des Bistums Meißen unter der Leitung von Pfarrer Walter (Bad Schandau) waren immer auch die evangelischen Mitarbeiter eingeladen, allerdings bisweilen zur Verwunderung des Ordinarius. Aber die Anwesenheit und die Unterstützung des Dominikanerpaters Gordian machte eine ausgesprochene Kritik oder gar ein Verbot unmöglich. Weil auch in der katholischen Kirche nicht genug Exerzitienbegleiter vorhanden waren, begann 1975 eine gemeinsame, auf fünf Jahr angesetzte Ausbildung mit einer Arbeitstagung pro Jahr und jährlichen sechstägigen Exerzitien, die jeweils von ausgesprochenen Kapazitäten aus dem deutschsprachigen Raum gehalten wurden, von Jesuiten und Benediktinern.

Sicher war es für unsere Arbeit ein unschätzbar großer Vorteil, daß wir wegen der schwierigen Lage unserer Kirchen ganz ausgezeichnete und berühmte Referenten aus der Bundesrepublik für unsere Ausbildung und die Einkehrtage bekamen, die im Westen sicher schon auf Jahre ausgebucht waren und trotzdem zu uns, etwa zu einer kleinen Gruppe von Theologiestudenten oder Jugendlichen kamen. Es war für uns ein ganz großes Geschenk, daß sie nicht nur auf jedes Honorar verzichteten – wir verfügten ja über keinerlei Westgeld –, sondern auch ihr Fahrtgeld selbst bezahlten. Außerdem mußten sie, da sie ja als Privatpersonen einreisten, noch täglich 25 Mark zusätzlich umtauschen. Ohne diese großzügige Unterstützung hätten wir kaum von einer evangelischen Exerzitienarbeit in der DDR sprechen oder auch nur träumen können. Die ökumenische Ausrichtung unserer Arbeit, Länder- und Konfessionsgrenzen von Anfang an überschreitend, war ein Wesenselement unserer Arbeit von Anfang an.

Daß es in den siebenundzwanzig Jahren eigentlich nie einen Konflikt mit den staatlichen Stellen gegeben hat, ist im Rückblick wirklich ein großes Wunder. Sicher ist ihnen trotz all unserer Vorsicht nicht unbekannt geblieben, daß etliche Menschen einreisten und in der Kirche tätig waren, die dazu keine Genehmigung hatten. Sicher wollte man auf unsere Ausländer einen guten Eindruck machen. Auch eine Formulierung im Veranstaltungsgesetz kam uns zu Hilfe: Jeweils drei Tätigkeiten der Kirche waren grundsätzlich meldefrei. Neben Gottesdiensten in der evangelischen Kirche der Konfirmandenunterricht und in der katholischen Kirche die Exerzitien. Darum war es zumindest staatlichen Stellen gegenüber eine Hilfe, wenn wir unsere Retraiten bisweilen Exerzitien nannten.

Die Beibehaltung des guten ökumenischen Klimas erforderte, daß wir auf Interkommunion, d.h. auf gemeinsame Sakramentsfeiern, verzichteten. Dadurch gestatteten die katholischen Bischöfe offizielle gemeinsame Priester- und Pfarrerexerzitien, bei denen die Betrachtungen abwechselnd von katholischen und evangelischen Pfarrern gehalten wurden, die Gottesdienste aber getrennt stattfanden. Diese Trennung wurde uns immer wieder schmerzlich bewußt, aber die starke innere Verbundenheit war viel größer.

Ein nicht zu unterschätzender Faktor für die guten Beziehungen war die Arbeit und Haltung von Pater Gordian OP aus Leipzig. Als geistliche Persönlichkeit und profilierter Dominikaner hatte seine Stimme und sein Engagement für die Zusammenarbeit bei Exerzitien ein solches Gewicht in seiner Kirche, daß die eher skeptischen und bisweilen bremsenden Persönlichkeiten seiner Kirche sich nicht ernsthaft der gemeinsamen Arbeit entgegensetzen konnten. Der Kommentar eines Bischofs, die gemeinsame Ausbildung von Exerzitienleitern habe sich nicht gelohnt, da keine Konversionen stattgefunden hätten, blieb die absolut einzige Äußerung in dieser Richtung.

Auf evangelischer Seite trug sicher zu einem ungestörten Verlauf mit bei, daß die evangelischen Pfarrer meist aus bewußt lutherischen Kreisen kamen, denen man eine evangelische Verkündigung unbesehen zutraute. Natürlich läßt sich trotz allem nicht feststellen, wieviele Ressentiments im Stillen noch vorhanden waren und sind. Wahrscheinlich ist noch jetzt bei einigen die Retraitarbeit »etwas katholisches«, auch wenn das Wort Exerzitien nicht verwendet wird. Direkt ausgesprochen wurde ein solcher Vorwurf kaum. Wir haben uns auch in all den Jahren sehr darum bemüht, nicht irgendeiner Gruppierung zugeordnet zu werden. Die Arbeit sollte nicht den Stempel »Michaelsbruderschaft«, »Hochkirchler«, »Altlutheraner« oder »Evangelikale« bekommen und die Stundengebete und Gottesdienste wurden bewußt unabhängig von bestehenden Vorlagen gehalten, so daß sich die unterschiedlichsten Teilnehmer angesprochen fühlen konnten. Durch die Vielzahl der Leiter war es ja ohnehin immer eine Verbindung von schwedischen Lutheranern, Anglikanern, Katholiken und deutschen Evangelischen.

Weil die Arbeit aus persönlicher Initiative entstand, hat sie auch weitgehend einen unabhängigen Charakter bewahren können. Sie wurde privat organisiert und von allen Beteiligten finanziell getragen, ohne irgendwelche Zuschüsse von den Landeskirchen. So konnte in einer Zeit des beginnenden Pluralismus eine sehr geprägte, ziemlich konforme Arbeit in aller Stille stabil wachsen. Die tragende Schicht waren die Gemeindeglieder aus den verschiedensten Berufen, Gemeinden, Altersstufen, Konfessionen, Landes- und Freikirchen, die die Konzentration und zugleich Beschränkung auf biblische Betrachtung und geistliches

Gespräch und seelsorgerliche Begleitung wünschten, schätzten und angenommen haben. Inwieweit in einer verfaßten Kirche – wegen der politischen Lage waren Einkehrtage ja ausschließlich in kirchlichen Häusern möglich – allerdings eine von Vorgesetzten unabhängige Arbeit tatsächlich auch innerlich akzeptiert und begrüßt worden ist, müßte im Nachhinein noch einmal bedacht und erforscht werden.

Mit der Öffnung der Grenzen 1989 hat sich mit der äußeren Lage auch die innere Situation für die Kirche und die Menschen im Lande geändert. Zu den wenigen früheren Möglichkeiten, die eine Konzentration auf weniges forderten und ermöglichten, trat nun ein übergroßes Angebot der unterschiedlichsten Aktivitäten. Der Unterschied wird offenkundig, wenn man die jährliche Angebotsliste in der Kirche von 1980 etwa mit dem Leipziger Kirchentag von 1997 vergleicht, falls dieser Vergleich statthaft ist. Hier ungefähr zwanzig einander sehr ähnliche Einkehrtage im Stil der englischen Retreats oder der katholischen Vortragsexerzitien – dort ein außerordentlich vielseitiges Angebot, in dem so ungefähr alles aufgeführt ist, was es an Meditations- und Besinnungskursen und Körperübungen gibt.

Im Kontrast zu der dort gebotenen Fülle greifen jezt zunehmend Sparmaßnahmen immer tiefer in die vorhandene Substanz ein. Exemplarisch wird das daran deutlich, daß das drei Wochen vor der Wende in Möser bei Magdeburg eröffnete Haus der Stille 1997 schon wieder geschlossen wurde. Wieviel von den gemachten und gesammelten Erfahrungen evangelischer Exerzitienarbeit in der DDR noch in zukünftige Dienste einfließen kann, ist nicht sicher. In der sächsischen Landeskirche ist zum Johannisfest 1997 in Grumbach bei Dresden ein Haus der Stille durch Landesbischof Kreß eingeweiht worden. Vielleicht wird dort einiges von dem fortgesetzt werden können, was in aller Stille in den Kirchen der DDR aufgebaut worden ist und sich für viele bewährt und als segensreich erwiesen hat. In jedem Fall wird eine starke ökumenische Zusammenarbeit bleiben.

Zusammenfassend können die einzelnen Elemente der Einkehrtage noch einmal hervorgehoben werden, so wie sie durch die Möglichkeiten und Erfordernisse der Lage in der DDR entstanden sind und sich bewährt haben.

Aufgabe und Ziel war Stärkung und Vertiefung des Glaubens. Daher standen die biblischen Betrachtungen im Mittelpunkt. Meist waren es zwei am Tage, selten drei. Die zwanzig – dreißig Minuten waren als Hilfe zur eigenen Beschäftigung mit dem jeweiligen Thema gedacht, Hinführung zur eigenen Besinnung und zum Dialog mit Gott. Die Vielfalt der Texte ergaben mit der Verschiedenheit der Begleiter bei gleicher Tagesordnung eine erstaunliche Bandbreite, die kaum Wünsche nach zusätzlichen Übungen aufkommen ließ.

Da in der schwierigen politischen Situation weder viel Zeit noch viele Mitarbeiter zur Verfügung standen, wurde auf eigene Experimente verzichtet und dafür übernommen, was sich bei anderen bewährt hatte. So orientierte sich das Angebot an den Erfahrungen der anglikanischen Kirche und der schwedischen Lutheraner in Rättvik. Mehr beiläufig erlebten wir, daß zwischen ignatianischen Exerzitien in dieser Form und den anglikanisch-schwedischen Retreats kein wesentlicher Unterschied bestand, auch zwischen diesen beiden nicht.

Durch die überwältigend vielfache Mitarbeit katholischer Priester und ihren unermüdlichen persönlichen und zeitlichen Einsatz war die Arbeit von Anfang an ökumenisch, nicht zuletzt auch durch die Gastfreundschaft der katholischen Häuser. Die ursprüngliche Notlage, kein eigenes Haus zur Verfügung zu haben, erwies sich als großer Vorteil für die Arbeit.

Die tägliche Sakramentsfeier war von Anfang an neben den biblischen Betrachtungen der wichtigste Bestandteil unserer Einkehrtage. Viele Teilnehmer sprachen es auch aus, daß sie die Möglichkeit einige Tage nacheinander mit dem Herrenmahl zu beginnen, als besonderes Geschenk empfanden. Es ist sicher kein Zufall, daß auch in Schweden die Retreatarbeit in Västerås aus einem Kreis um Bischof Cullberg und Stiftsadjunkt Ahlstedt entstanden ist, der wöchentlich in der Domkirche an einem Werktag zur Abendmahlsfeier zusammenkam. In Leipzig war es der Kreis von Studenten, die wöchentlich in der Thomaskirche die Eucharistie feierten.

Durchgehendes Schweigen in den Tagen war nie ein Problem. Es wurde von den Teilnehmern gesucht und gehalten. Als Gegengewicht zum Alltag, der von Arbeit und politischer Spannung genug belastet war, wurde es als freier, weiter Raum erfahren. Es war Angebot, keine Forderung, Evangelium, kein Gesetz.

Diese Freiheit wurde auch besonders beim Gesprächsangebot durchgehalten. Im Unterschied zu manchen evangelistisch geprägten Rüstzeiten wurde ausnahmslos die absolute Freiwilligkeit eines seelsorgerlichen Gesprächs betont und garantiert. Anglikaner wie Schweden waren darin vorbildlich. Zur Überraschung etlicher war es bei den katholischen Begleitern selbstverständlich, daß die Initiative zu einem Gespräch unbedingt vom Teilnehmer ausgehen mußte, daß alle bei einigen anfänglich vielleicht doch vorhandenen Befürchtungen einer Indoktrination nach kurzer Zeit völlig verschwanden. Die Forderung des Ignatius, daß »der Begleiter dem Schöpfer gestatten müsse, unmittelbar mit dem Geschöpf zu verkehren«, wurde strikt eingehalten. Das wurde im Gegensatz zu den regelmäßigen Beeinflussungsversuchen der staatlichen Stellen dankbar wahrgenommen. Da die Teilnehmer aus ganz verschiedenen Gemeinden kamen, wurde allerdings auch das große Defizit an persönlicher Seelsorge in der durchschnittlichen Gemeinde offenkundig. In vielen Kursen war die für Gespräche zur Verfügung stehende Zeit schnell ausgebucht.

Daß sich die Teilnehmer immer mehr aus Gemeindegliedern und immer weniger aus Pfarrern zusammensetzte, kann nur festgestellt werden; diese Entwicklung bleibt trotz aller Erklärungsversuche ein Rätsel.

Als letztes wäre zu erwähnen, daß die Arbeit von Anfang an die Grenzen einer Landeskirche überschritt. Teilnehmer wie Leiter kamen aus den verschiedenen Kirchen, die Häuser lagen in verschiedenen Territorien und gehörten zu verschiedenen Konfessionen und Orden. Dies wird vielleicht in Zukunft so nicht weitergeführt werden können. Im Rückblick ist es aber eine ganz besonders schöne Erfahrung, die auch sachlich begründet ist. Es wäre gut, wenn beim Anwurzeln der Retraitarbeit in der evangelischen Kirche, diese grundsätzliche Weite beibehalten werden könnte.

Pertii Repo

Mein Weg zu den Exerzitien – in Finnland

Die christliche Kirche hat in Finnland erst eine etwa tausendjährige Geschichte. Diese Zeilen schreibe ich nicht weit entfernt von dem Ort, wo sich im 11. Jh. die katholische Kirche von Süden und Westen her ausbreitete und wohin die orthodoxe Kirche den äußersten westlichen Rand ihres Einflußbereiches ausbreitete.

Trotzdem ist Finnland das bekenntnismäßig am einheitlichsten lutherische Land der Welt und wohl kaum anderswo ist die Persönlichkeit Luthers so volkstümlich und sein Geist und sein Glaube hat sich allen Schichten der Bevölkerung so stark eingeprägt wie gerade hier. Einmal noch gab es eine ähnlich starke Beeinflussung von Kirche und Volk: Im Nordischen Krieg (1700 – 1721) gewannen pietistische Strömungen – der sog. »ältere Pietismus« – immer mehr Eingang in Finnland. Dazu kamen dann noch verschiedene andere pietistische Strömungen, die auf den unterschiedlichsten Wegen ins Land kamen.

Einflüsse der Mystik

Nun ist es sehr interessant zu wissen, daß es in dieser pietistisch geprägten lutherischen Frömmigkeit auch starke Einflüsse von der Mystik her gibt. Der Grund liegt in einer lokalen Besonderheit. In den finnischen Gemeinden spielen die »seurat«, die Andachtsstunden, eine große Rolle. Diese finden meist nicht in einem Bethaus oder Gemeindehaus statt, sondern auf dem Hof eines Bauern in der Stube. Der Bauer selbst ist es, der einlädt – den Pastor, die Freunde und Nachbarn. Natürlich werden auch die Kinder mitgebracht. Es wird viel gesungen, was den Kindern das Hineinwachsen in diese Frömmigkeitsform über die Generationen hinweg erleichtert. Vor allem aber wird bei diesen Versammlungen aus den »Postillen und Andachtsbüchern« vorgelesen, z.B. aus Thomas von Kempen »Nachfolge Christi« oder den »Vier Büchern vom wahren Christentum« von Johann Arndt und vielen anderen. In meiner Heimat spricht man von der verborgenen Natur der Glaubensdinge. Sie seien verborgene Dinge, die geheime Weisheit müsse sorgfältig bewahrt bleiben. Den Glauben bewirke der Geist Gottes auf geheime Weise in der Seele, der Feind der Seele lasse nicht zu, daß auch nur ein Wort von der geheimen Weisheit in Christo gesprochen werde. Man müsse die geheime Freundschaft mit dem gekreuzigten Heiland suchen. Der Glaube, den der Mensch aus sich selbst begründet, ist »Hirnglaube«, dem die innere Christuserfahrung fehlt. Der Mensch soll sich immer danach sehnen, diese Freundschaft mit Christus fühlen zu dürfen. So lange und inständig soll der Mensch in seinem Sehnen verharren, bis er in seinem Inneren fühlt, daß er darauf vertrauen darf, Christus zu seinem Helfer zu haben, ein wie großer Sünder er auch sein mag. Ein bekanntes Wort lautet:»So lange man den Daumen noch bewegen kann – die Augen auf Christus!«

So ist die Mystik, die ja auch in den Exerzitien ihren deutlichen Ausdruck findet, den finnischen Christen in dieser volksnahen Form sehr vertraut. Und das trotz der antimystischen Tradition der letzten zwei Jahrhunderte, die z. B. F. Schleiermacher (1768 – 1834), A. Ritschl (1822 – 1889), A.v. Harnack (1851 – 1930) u.a. bis zu P. Tillich (1886 – 1965) verkörpern. Darüber hinaus haben die Jesuiten in Finnland einen schlechten Ruf.

Ganz im Gegensatz zu diesen antimystischen Tendenzen meine ich, daß wir die Mystik vernachlässigt haben, obwohl wir sie doch für unser Leben so nötig brauchen. Ich selbst habe sie bei Ignatius gefunden und bejahe ihre Synthese von Spiritualität und tätigem Christenleben. »Er wachse immer in der Andacht«, erklärt er ,»das heißt in der Leichtigkeit, Gott zu finden und jetzt mehr als in seinem früheren Leben.« Zu jeder Stunde, wenn er Gott finden wolle, finde er ihn auch. Er habe auch viele Visionen, vor allem jene, Christus als Sonne zu sehen. Ignatius steht in der mystischen Tradition. Sie ist nie Selbstzweck, er gibt sich nie mit Versenkung oder Entrückung zufrieden. Immer führt die Gottesbegegnung alsbald zur Tat.

Dem mystischen Ausgangspunkt der Exerzitien entspricht konsequent die Art ihrer Frömmigkeit, die man Erlebnisfrömmigkeit nennen könnte. Das geht weit über Hören, Verstehen und Gehorchen hinaus. Es ist Anleiten zum inneren Imaginieren einer Szene, bei dem die Phantasie intensiv angeregt und beansprucht wird. Es kommt darauf an, die Dinge zu spüren, sie mit allen Sinnen zu empfinden.

Pädagogik und Gruppendynamik

Meine Bewertung der Exerzitien deckt sich mit der der Pädagogik im allgemeinen. Aus ihrem Bereich ist bekannt: Je tiefer die Personschichten reichen, desto schwerer sind sie pädagogisch beeinflußbar. Die geistliche Dimension reicht in die unterste Tiefe. Ignatius hat die Frömmigkeit operationalisiert, lehr- und lernbar gemacht, in Schritte gegliedert, in Methoden gefaßt – und das alles geleitet von tiefer Menschenliebe und Ehrfurcht.

Wir Protestanten haben es an Phantasie, an Mut und an Hingabe fehlen lassen. Die Anfrage nach der Nachfolge Christi, nach den Kräften der Seelsorge und der Liebe, nach dem intensiven Bemühen, einzelne Menschen zu gewinnen, die Frage nach der kirchlichen Verwirklichung also, ist zu wenig gestellt und kaum beantwortet worden. Ich bin mir sicher, daß uns Evangelischen diese Frage dringlich aufgegeben ist in einer Zeit geistlicher Dürre. Ihre Verwirklichung kann man aber nicht theoretisch bedenken und erörtern, man muß sie vollziehen in der Spiritualität und im Alltag.

In der Gruppendynamik wird unter Selbsterfahrungsgruppe eine Gruppe verstanden, in der sich Menschen gegenseitig helfen, sich selber tiefer zu erfahren. Bei den Exerzitien dagegen wird ein Übungsweg angeboten, bei dem der einzelne zwar die Methode vorgelegt bekommt – aber als Anregung. Er muß dann jedoch allein und streng für sich diesen Weg des Übens gehen, damit er durch und nach diesen Übungen tun kann, was im Alltag zu tun ist.

»Der Mensch ist geschaffen...«

In den Exerzitien werden die Fähigkeiten geübt mit dem Ziel, die inneren Sinne entfalten zu können. Du sollst lernen, so lautet eine wichtige Anforderung – mit den inneren Sinnen zu schauen, zu hören, zu fühlen, zu schmecken, also die Welt in der Phantasie lebendig werden zu lassen. Dabei handelt es sich aber nicht um ein Spiel, sondern um das Entdecken und Hochkommenlassen des Unterbewußten.

Um es sehr persönlich zu sagen: Die Exerzitien wirken auf die Sensibilisierung meines gesamten Gefühls- und Gemütslebens, also meines Empfindens und meiner Erfahrung von Werten, d.h. des Erlebens von Hoffnung, Liebe, Freude, Dankbarkeit. »Der Mensch ist geschaffen...« bedeutet, eine Ahnung davon zu bekommen und in Leben zu verwandeln, was Liebe ist. Alles, was sonst auf der Erde existiert, ist dazu da als Mittel zu dienen, das erste und einzige Ziel des Menschen zu erreichen. Deshalb soll der Mensch den Dingen und Ereignissen dieser Welt gleichmütig gegenüber stehen und alles gebrauchen, um dieses Ziel zu erreichen.

Lob, Ehrfucht und Dienst Gottes, worin der Mensch sein Heil erreicht, entspringen der Grundhaltung, die in dem Gebet der Hingabe beschrieben wird. Das findet sich im Exerzitienbuch in dem Abschnitt »Betrachtung, wie Liebe zu erlangen ist« (ExB 230ff). Wer anfängt, sie zu erfahren, ist auf dem Wege – psychologisch gesprochen – zu seiner »Individuation«. Umsetzung der Liebe in die Tat macht den Menschen erst im Vollsinn zum Geschöpf Gottes

»Gott in allen Dingen finden...«

Die Exerzitien sind kein theologischer Fortbildungskurs, sondern sie wollen ein Weg sein, auf dem das eigene Leben in Ordnung kommen kann. Diesem Ziel dienen nicht Vorträge oder ausführliche Meditationsanregungen, sondern es geht um den Weg des Einzelnen. Die Exerzitien führen zunächst einmal zu einer besseren Erkenntnis meiner selbst, meiner Lebensgeschichte und zu ihrem Ergebnis: den Stärken und Schwächen meiner Persönlichkeit. Das Ziel ist dabei nicht ein möglichst lückenloses Kennenlernen, sondern die Erfahrung, daß ich als gerade dieser Mensch von Gott angenommen bin. Weiterhin geschieht ein Kennenlernen der Person Jesu Christi, wie es in dieser Intensität für gewöhnlich auf andere Weise nicht erlebt werden kann. Damit verbindet sich der Wunsch, mein Leben mit diesem Jesus zu verbinden – bis zum Teilnehmen an seinem Schicksal.

Die Exerzitien sind entstanden aus der Frage nach dem inneren Zustand des (geistlichen) Lebens und aus der Herausforderung intensiver mit Jesus zu leben und eine bewußte religiöse Praxis in das Leben einzubeziehen. Das alles geschieht nicht mit rationalen Entschlüssen vom Kopf her, sondern mit dem Gemüt und mit dem Herzen.

Der Jesus des Evangeliums

Wie von selbst rückt durch die Übung der Exerzitien der konkrete Jesus in die Mitte der Betrachtungen und Meditationen. Zusammen mit den vergegenwärtigten Inhalten und dem ständigen Bezug auf die Eucharistie verweist die Unmittelbarkeit der eigenen Lebens- und Leiberfahrungen auf eine unmittelbare Begegnung mit dem lebendigen Jesus. Er, sein Ruf, sein Weg, sein Vorbild wird zum Grundthema der geistlichen Tage. Wer bin ich? Wohin führt mich Gott? Wohin führt mich mein Leben? Wo ist mein Platz unter den Schwestern und Brüdern Jesu?

In den Exerzitien finde ich den eigentlichen roten Faden in folgendem: Es geht um das Erspüren des Willens Gottes – durch die leibliche Erfahrung, in den konkreten Situationen des Alltags, mit den Menschen, mit denen ich zu tun habe, mit mir selbst – und um die Begegnung mit Jesus Christus. Je tiefer die Teilnehmer in die Selbstfindung eintauchen, desto bewußter wird der Ruf, daß der Mensch nicht in sich selbst, sondern im Gegenüber zu Gott und den Mitmenschen seinen Weg finden kann. »Der Mensch ist geschaffen, um Gott unseren Herrn zu loben, ihm Ehrfurcht zu erweisen und zu dienen und mittels dessen seine Seele zu retten « (ExB 23).

Wie von selbst rückt in den Exerzitien der konkrete Jesus in die Mitte der Betrachtungen und Meditationen. Durch sie und den ständigen Bezug auf die Eucharistie, ermöglicht sich die Direktheit der eigenen Lebens- und Leiberfahrungen mit Jesus.

Gerade das Öffnen des eigenen Inneren von den leibgebundenen Erfahrungen her stellt den Menschen in die kommunikativen Bezüge, die der eigene Leib vermittelt, und stellt ihn auch in die eigene Endlichkeit, die Gott, den Unendlichen, sucht. Die Stille, in der anschließend Gottes Wort sich einsenken kann in jeden, führt die Teilnehmer tief hinein in das Hören auf den Ruf Gottes.

Wichtig ist die Ganzheitserfahrung: Mit Leib und Seele, mit Augen und Händen, mit der Erfahrung von Liegen und Bewegen, mit dem Erlebnis des Füreinander-Daseins und Einander-Vergebens, mit dem Beten (allein und auch in der Gemeinschaft) auf Gott hin.

Mein Weg zu den Exerzitien – und die Situation in Finnland

Es ist verständlich, daß sich die finnische lutherische Kirche gegenüber den Exerzitien ziemlich zurückhaltend verhält. So bekam ich von einem Komitee für Fragen des Gottesdienstes und der Kirchenmusik auf einen Antrag für ein Stipendium die Antwort: »Wir sehen keine Notwendigkeit für die Abhaltung von Exerzitien«. Trotzdem bekam ich später von der Kirche ein Stipendium für Studien und Erfahrungen auf diesem Gebiet.

Seit 1988 beschäftige ich mich nun damit. Natürlich haben wir noch keine Tradition in Finnland, aber wir stehen am Anfang. Ich habe inzwischen viele kleine Exerzitiengruppen in Lahti und in der Umgebung geleitet. Von ihnen werden dann Informationen weitergegeben an andere. Ich mache die Erfahrung, daß viele Gemeindeglieder Interesse zeigen, trotz der Interesselosigkeit der offiziellen Kirche. In unserem Land besteht nach wie vor Interesse an der Mystik; das beruht auf der langen Tradition der (pietistischen) Erbauungsliteratur. Ich meine, daß die Exerzitien in Finnland in nächster Zeit Fuß fassen werden.

Inzwischen habe ich gute Kontakte mit Jesuiten in München und in Augsburg, von denen ich auch Material bekam. Mit ihnen werde ich im Jahre 1997 und dann wieder 1998 diesmal sogar mit offizieller Genehmigung der Kirchenleitung in Helsinki und Turku, den zwei größten Städten des Landes, ignatianische Exerzitien leiten. Ich schreibe auch Artikel über Themen der Spiritualität und der Exerzitien in der (katholischen) Zeitschrift »Fides«.

Für moderne Gottsucher

Wenn der moderne Gottsucher den Exerzitien begegnet, kann er wieder anfangen zu ahnen, wie reich, wie menschlich erfüllend, wie hochherzig und wie richtig der Weg zu Gott ist, der Jesus Christus heißt und den uns seine Kirche weist. Durch die Exerzitien kann eine mystische Gottverbundenheit gelingen, die nicht von schwärmerischen Gefühlen, sondern von der Klarheit des christlichen Glaubens geprägt ist.

Zum Schluß möchte ich sagen: Ich habe auf diesem Weg ein Stück katholische Frömmigkeit kennengelernt. Ich bin dankbar für diese innere Bereicherung, die mir hier zuteil wird. Ich bin dankbar für zahlreiche Menschen, die mich als Christen meiner lutherischen Kirche offen und selbstlos daran teilhaben lassen.

Eleonore von Rotenhan

Mit Leib und Seele beten
Die Bedeutung des Leibes für den Exerzitienweg

»Wieder einmal fragt mich ein junger Mensch, was das Gebet für ihn bedeuten könne. Ich erkläre ihm zunächst: «Suchen Sie keine Antwort, die Ihr Menschsein überspringt.. Ich meinerseits wüßte nicht, wie ich beten sollte ohne Einbeziehung des Leibes. Ich bin kein Engel und beklage mich darüber auch nicht. Es gibt Perioden, in denen ich den Eindruck habe, als betete ich mehr mit dem Leib als mit dem Geist. Ein Gebet auf dem bloßen Boden: niederknien, sich niederwerfen, den Ort betrachten, wo die Eucharistie gefeiert wird, die beruhigende Stille ausnutzen, und selbst die Geräusche, die aus dem Dorf heraufdringen. Der Leib ist da, ganz gegenwärtig, um zu lauschen, zu begreifen, zu leben. Wie lächerlich, nicht mit ihm rechnen zu wollen.«

Frère Roger Schutz, Taizé

Irgendwann in ihrer Geschichte ist die christliche Kirche in nahezu allen ihren Ausprägungen leibfeindlich geworden. Jesus war es nicht. Im Gegenteil, er schätzte den Leib so hoch, daß er ihn »für die Sünden der Welt dahingab« und in und an ihm durch die Auferstehung Gottes Liebe zu den Menschen verkündete. Auch noch Paulus sprach davon, daß »unser Leib ein Tempel des Heiligen Geistes« sei, was in unserer modernen Sprache wohl heißt, daß dieser geistdurchatmet ist. In den fast zweitausend Jahren christlicher Geschichte wurde der Leib aber genau nicht mehr so gesehen. Man schätzte ihn, wenn er Kriege führen und Feinde töten konnte, wenn er für andere arbeitete und ausgebeutet werden konnte und man quälte ihn häufig, sogar im Namen Gottes. Selbst in unserer Zeit, wo der Körper nach allen Regeln der Kunst gepflegt und verschönt wird, hat er seine ihm eigene Würde, Tempel des Heiligen Geistes zu sein, noch nicht voll wieder gefunden. Man weiß zwar heute, daß es eine unaufhebbare Wechselwirkung von Leib und Seele gibt, daß der Körper seelische Stimmungen und Erlebnisse somatisiert, also in körperliche Leiden oder Wohlgefühle verwandelt und auch, daß, umgekehrt, körperliche Beschwerden ihre seelischen Auswirkungen haben. Aber daß er ein Raum sein kann, in dem Gott sich finden läßt, weil Gott uns näher ist, als wir uns selbst, ist weder in der Theologie noch im kirchlichen Alltag sichtbar.

Auch die Exerzitien haben sehr lange Zeit die leibliche Dimension nicht in ihre Praxis einbezogen. Erst im Rahmen ihrer Erneuerung, also etwa nach dem Zweiten Vatikanischen Konzil, entdeckte man, daß Ignatius von Loyola durchaus den Leib als einen Tempel des Heiligen Geistes betrachtete, insbesondere dort, wo er über die Haltung beim Gebet spricht, über Bußübungen, über das Essen oder das Atmen. Aus dieser Wiederentdeckung entstand die heutige Praxis der Exerzitien, die versucht, den Menschen ganzheitlich anzusprechen, also in seiner Einheit von Geist, Seele und Körper. Konkret heißt dies, daß bei allen Formen von Exerzitien sogenannte Körperübungen angeboten werden. Bei den Angeboten im Bereich der GIS (Gruppe für ignatianische Spiritualität) und der GCL (Gemeinschaften Christlichen Lebens) nutzt man vor allem die Übungsweise der Eutonie nach Hannelore Scharing (von dieser heute auch als Übungen in »Rythmus-Atem-Bewegung« bezeichnet). Diese führt nicht zu einer Art Trance und stellt auch keine Autosuggestion dar, sondern sie aktiviert das Fühlen hin zur realen Welt, zu der auch der menschliche Körper gehört.

Kriterien für körperliche Übungen bei Exerzitien

In den Exerzitien geht es darum, Gott »in allen Dingen zu suchen und zu finden«. Also dürfen wir ihn auch in unserem Körper finden oder diesen zumindest als ein Werkzeug sehen und gebrauchen, mit dem und in dem wir Gottes Gegenwart erfahren. Allerdings gilt es auch hier die Grund-Regel der ignatianischen Exerzitien wahrzunehmen: was mich zur größeren Ehre Gottes (ad maiorem dei gloriam) führt. Im Bereich unseres Leibes können wir dazu auf einige Kriterien zurückgreifen, die klären, warum und wozu wir mit Leib und Seele beten wollen und sollen und welche körperlichen Übungen geeignet sind. Dazu empfiehlt es sich, vier Fragen zu stellen und zu prüfen:
1) Helfen uns die gewählten Übungen, durchlässiger zu werden für Gottes leise Sprache?
2) Verbessern wir damit unsere Wahrnehmungsfähigkeit?
3) Werden wir uns unserer Fehlhaltungen besser bewußt und
4) erfahren wir unseren Leib als Tempel des Heiligen Geistes?

1. Durchlässigkeit

In der christlichen Geschichte gab es viele Menschen, nicht zuletzt solche, die man vielleicht als Heilige oder von Gott besonders Begnadete bezeichnen würde, die berichteten, daß sie Gott vor allem in Schmerzen und in körperlichen Leiden gefunden haben. Oft fügten sie sich solche Leiden sogar selber zu, indem sie schmerzverursachende Kleider trugen oder sich geißelten. Ignatius, der dies alles selber mitgemacht hatte, hat später immer wieder gesagt, daß man auf diese Weise Gott nicht finden kann.

So wird heute in Exerzitien nicht nur versucht körperliche Selbstquälereien zu vermeiden, sondern stattdessen geübt, den Körper in einen Zustand zu versetzen, in dem er sich wohl fühlt, sich in einer angenehmen (eu) Muskelspannung (Tonus) befindet und so wenig wie möglich körperliche Kraft aufwenden muß, etwa durch irgendwelche schmerzenden oder unbequemen Haltungen. Dahinter steht die Erkenntnis, daß unser Körper, indem er durchlässig und wohl gespannt ist, Kraft spart, – etwa um sich aufrecht zu halten – die er für eine Begegnung mit Gott besser nutzen kann. Je mehr ich da bin, umso mehr erfahre ich mich als ein Wunder, geschaffen nach dem Abbild Gottes.

2. Die Verbesserung unserer Wahrnehmungsfähigkeit

In der protestantischen Frömmigkeit haben wir uns daran gewöhnt, Gott vor allem im diskursiven Denken und im Hören auf die Predigt, vielleicht noch in der vertonten Sprache und im sozialen Tun wahrzunehmen. Damit fallen wir aber häufig aus der Gegenwart heraus, weil sich unser Kopf vor allem mit der Vergangenheit und der Zukunft beschäftigt. Viele Menschen erkennen heute, daß diese Wege allein ihnen keine Gotteserfahrung mehr vermitteln.»Wenn Gott da ist, warum erfahren wir ihn nicht ganz unmittelbar?« fragen sie. Und wir können von Glück reden, wenn sie mit dieser Frage nicht einfach in die esoterische Szene abwandern, sondern noch immer nach christlichen Wegen und Traditionen suchen, die ihnen helfen, Gott in ihrem Alltag wahrhaftig zu erleben.

Am Anfang solcher neuen Erfahrungen steht nun vor allem die Wahrnehmung dessen, was ist, ohne daß wir gleich wieder denken, überlegen oder beurteilen. Wir nennen dies heute eine kontemplative Haltung, erfahren aber gerade bei Exerzitien, wie schwer es dem heutigen Menschen fällt, auch nur darauf aufmerksam zu sein, daß es überhaupt etwas wahrzunehmen gibt. Wer einmal versucht hat, auch nur zehn Minuten ruhig zu sitzen oder zu stehen und nur wahrzunehmen, was wir alles hören, sehen oder riechen können, weiß, daß wir in unserer an Sinneseindrücken überreichen Zeit genau dieses nicht mehr können. In kurzer Zeit werden wir abgelenkt und, was für viele Menschen höchst belastend ist, verspüren wir plötzlich in unserem Körper alle möglichen Spannungen, eine wachsende Unruhe, oft auch Schmerzen oder auch Widerstände. Hier können bestimmte Übungen im leiblichen Bereich helfen, denn die Erfahrung zeigt, daß über die Wahrnehmung solcher Verspannungen Ent- oder Wohlspannung erreicht wird.

3. Abbau von Fehlhaltungen

Es gibt zwar keine Regel dafür, was eine normale, aufrechte Haltung ist. Aber wir können doch feststellen, daß wir wohl die eine oder die andere Fehlhaltung einnehmen, wenn wir in uns gekrümmt sind, nicht richtig tief atmen können, Verspannungsschmerzen haben oder sogenannte psychosomatische Beschwerden aufweisen, z.B. weil unsere Verdauung nicht mehr richtig funktioniert oder unser innersekretorischer Haushalt blockiert oder überreizt ist. Insbesondere durch eutonische Übungen lernen wir, diese Fehlhaltungen überhaupt erst einmal wahrzunehmen und sie dann möglicherweise auch abzubauen. Erfahrene Begleiter werden immer auch darauf zu achten haben, wie ihre Exerzitanten gehen, stehen oder sitzen und sie auch oft nach ihrem körperlichen Wohlbefinden fragen. Je mehr wir mit dem Leiden unseres Körpers beschäftigt sind oder uns verkrümmen, um Schmerzen zu vermeiden oder Furcht zu verbergen, desto mehr Aufmerksamkeit ziehen wir von unserem Wunsch ab, Gott in allen Dingen zu suchen und zu finden. Oft erkennen wir durch das Wahrnehmen von Fehlhaltungen aber auch das, was wirklich dahinter steht: alles selber machen wollen, statt zuzulassen und abzuwarten, keine Veränderungen zu erlauben und festzuhalten statt loszulassen und zu empfangen. Wir spüren Lebenserfahrungen, die auch unseren Weg zu Gott blockieren oder uns für ihn öffnen.

4. Unser Leib als Tempel des Heiligen Geistes

Je mehr Aufmerksamkeit wir unserem Leib zuwenden, desto leichter wird es uns, uns so wie wir sind wahrzunehmen, ja uns in unserem körperlichen Sosein gern zu haben und uns als Geschöpf Gottes zu fühlen. Allein: wirkliche Heilung geschieht erst, wo der Mensch durch eine tiefe Seinserfahrung neues Vertrauen gewinnt in das große Mysterium, das wir Gott nennen. Nur so und nicht umgekehrt, kommen wir in Fühlung mit unserem inneren Grund und Wesen.

In der zweiten Woche der Exerzitien heißt die Eingangsbitte »daß ich nicht taub bin für deinen Ruf« (EB 91). Das setzt voraus, daß ich tatsächlich in der Lage bin mit Leib und Seele zu hören, mich Gott zu überlassen, damit ich ihn anschauen und bewundern kann. Es bedeutet aber auch, daß wir beginnen an Leib und Seele heil zu werden, was nicht heißt, daß wir gleich geheilt werden.

Oft erfahren wir zunächst, daß es uns leichter wird, mit unseren Mitmenschen neue Beziehungen aufzubauen. In der »Betrachtung zur Erlangung der Liebe« heißt es im Exerzitienbuch (EB 235): »Betrachten, wie Gott in den Geschöpfen wohnt ... und so auch in mir: Wie ER mir Dasein gibt, mich belebt, mir Sinne erweckt und geistige Einsicht verleiht, wie Er gleichfalls einen Tempel aus mir macht, da ich zum Gleichnis und Bild seiner Göttlichen Majestät geschaffen bin«. Uns in unserem Körper wahrnehmen, heißt nicht, nur eine Hilfe zu spüren, sondern mit uns selbst in Berührung kommen, unseren inneren Grund finden.

ANHANG

1. Notizen zum Stattfinden von Ignatianischen Exerzitien im evangelischen Bereich, vor allem im evangelischen Bayern

Das erste Angebot Ignatianischer Exerzitien machte 1991 das Pastoralkolleg der evang.-luth. Kirche in Bayern, also eine offizielle theologische Fortbildungseinrichtung, deren Rektor Dr. W. Dietzfelbinger ist. Die Kurse werden seither jährlich angeboten und finden sehr regen Zuspruch. Leiter der Exerzitien sind P. Dr. A. Falkner SJ und verschiedene Exerzitienbegleiterinnen, darunter z.B. Frau H. Joeres von GCL. Im Jahr 1998 fanden dort zudem noch je eine Woche Meditation, ignatianische Kontemplation verbunden mit Bibliodrama (geleitet von P. P.Köster SJ) statt.

In der evangelischen Communität Christusbruderschaft Selbitz (CCB) entwickelte sich seit mehreren Jahren aus stärker von der Erweckungsfrömmigkeit bestimmten Formen biblischer Betrachtung eine an den ignatianischen Exerzitien orientierte Arbeit. Zuerst nahmen Schwestern und Brüder an Einzelexerzitien teil, seit 1994 werden in Selbitz und Kloster Wülfinghausen bei Hildesheim Einzelexerzitien für Gäste angeboten. Mehrere Schwestern der CCB sind als Exerzitienbegleiterinnen ausgebildet.

Im »Haus der Stille« in Schloß Altenburg bei München begann M. Reichel 1997 erste Schritte in Richtung Exerzitien zu gehen. Allerdings gehört die von ihr gestaltete Form nicht direkt zu ignatinaischen Exerzitien, ist aber nahe verwandt. Ähnlich wird von I. Dilling eine anders strukturierte Form von »Exerzitien im Alltag« seit Ende der 80er Jahre in der Evang. Stadtakademie (früher: Studienzentrum Hl. Geist) Nürnberg angeboten.

Die Ausbildung zu Exerzitienbegleiter/innen haben bisher gemacht: Schwestern der Communität Casteller Ring (CCR), Schwanberg, der Communität Christusbruderschaft Selbitz (CCB), verschiedene Nichttheologinnen und einige Pfarrer/innen.

Als Anmerkung seien die weitgehend unbekannten Tatsachen angefügt, daß bereits seit 1962 in der ehemaligen DDR eine Exerzitienbewegung entstand, an der Karin Johne und Dr. G. Wolff entscheidend beteiligt war, (eine Dokumentation darüber ist erhältlich bei Pfr. Dr. W. Breithaupt; Hauptstr. 94; 17498 Weitenhagen) und daß im stark lutherisch geprägten Finnland durch die Arbeit von P. Repo sich eine solche bildet. Auch die Evang. Kirche von Hessen-Nassau bietet seit 1997 Ignatianische Exerzitien an.

2. Notizen zu »Gemeinschaft Christlichen Lebens« (GCL)

Diese Gruppe blickt auf eine sehr lange und wechselvolle Geschichte zurück. Schon 1564 wurde von P. Leuni SJ eine Studentengruppe gegründet, die sich »Congregatio Mariana« nannte und aus dem Geist ignatianischer Spiritualität leben wollte. Es folgten z.T. sehr schwierige Jahrhunderte, auch mit starken Veränderungen der inhaltlichen Ziele. In den mittlerweile über die ganze Welt verbreiteten Gemeinschaften brach Anfang der fünfziger Jahre unseres Jahrhunderts der Wunsch auf nach »einer weltweiten Erneuerung und Rückkehr zu den eigenen Wurzeln. Jährliche Exerzitien, regelmäßige und möglichst wöchentliche Treffen in kleinen Gruppen, tägliche persönliche Gebetszeiten, geistliche Begleitung sind als Grundlage für das ›apostolische‹ Leben neu deutlich geworden – und es zeigt sich, daß dies durchaus auch für Laien lebbar ist.«

Bei dem Welttreffen 1967 erhält die Kongregation einen neuen Namen: »Gemeinschaft Christlichen Lebens« und unterstreicht damit die tiefgreifende Veränderung der inneren Ausrichtung.

Die Gruppe bietet für Einzelne, Familien und Gruppen in Deutschland zahlreiche und thematisch unterschiedliche Kurse an. Dazu gehören auch: Meditationskurse / Kurzexerzitien; Einzelexerzitien mit Gemeinschaftselementen und Einzelexerzitien.

Kontaktadressen:

Gemeinschaft Christlichen Lebens – Sekretariat
Sterngasse 3
86150 Augsburg
Tel.: 0821 / 34668-0
Fax: 0821 / 34668-20

Erzbischöfliches Seelsorgeamt
GCL-Referat/Exerzitien
Postfach 449
79004 Freiburg
Tel.: 0761 / 5144-145

GCL – Regionalstelle Nord
Sentmaringer Weg 55
48151 Münster
Tel.: 0251 / 778944
Fax: 0251 / 72596

GCL – Regionalstelle
Goldenluftgasse 11
55116 Mainz
Tel.: 06131 / 228253
Fax: 06131 / 237762

CGL – Regionalstelle
Seestr. 14
80802 München
Tel.: 089 / 38185-270 oder -271

3. Notizen zu »Gruppe für Ignatianische Spiritualität« (GIS)

Nach längeren Vorarbeiten wurde diese Gruppe 1984 von den Jesuiten des deutschen Sprachraumes gegründet. Sie beschreibt sich selbst folgendermaßen: »GIS versucht im Sinne einer «apostolischen Kommunität» ihren Auftrag in ihre Sendung umzusetzen: nicht nur Arbeitsteam, sondern gemeinsames Leben mit regelmäßigem persönlichem Austausch, gemeinsames Suchen und Entscheiden, Mitleben in einer Kommunität, gemeinsame Stellungnahmen und gemeinsame Arbeit an einzelnen Projekten.« Nach 15 Jahren suchen nun die Jesuiten eine neue Weise, ihren Dienst an der christlichen Spiritualität entsprechend dem Charisma ihres Gründers anzubieten. Die Gruppe von 1984 wird aus ihrem Sendungsauftrag entlassen.

Die Hauptschwerpunkte der Arbeit lagen in der Aus- und Fortbildung von Exerzitien- und geistlichen Begleiter/innen; in der direkten Exerzitienarbeit und der geistlichen Begleitung Einzelner und schließlich auch in Veröffentlichungen und Gestaltung und Teilnahme an Tagungen u.a.m.

Die Tendenz der Arbeit wurde oben (S.6) von mir folgendermaßen beschrieben: »GIS und GCL verstehen die Exerzitien als seelsorgerliches Geschehen. Von daher steht das sorgsame und vorsichtige Begleiten des geistlichen Wachstums der Exerzitanten absolut im Vordergrund. Es geht um ein Kennenlernen des eigenen Glaubens, ein Verstehen seines Werdens und seiner Gestalt, um das Aufnehmen, Annehmen, Ausprobieren der Anstöße, die aus der Hl. Schrift herauswachsen, im begleiteten Gehen auf dem spirituellen Weg und damit um die Ermöglichung und Pflege eines sehr persönlichen Verhältnisses zu Jesus Christus.«

Kontaktadresse für weitere Informationen:

Provinzialskonferenz der zentraleuropäischen Assistenz SJ
Seestr. 14
80802 München
Tel.: 089 / 38185-0
Fax: 089 / 38185202

4. Adressen

(Aus verständlichen Gründen ist eine Vollständigkeit der hier aufgeführten Adressen nicht zu erreichen; sie enthalten auch keinerlei Wertungen. Die Angaben können aber ein erstes Bekanntwerden mit verschiedenen Möglichkeiten erleichtern.)

a) Allgemeine Auskünfte über Gelegenheiten zu Meditations- und Einzelexerzitien sind über folgende Adressen zu erhalten (Wer Wert darauf legt, sollte sich erkundigen, ob die Exerzitien nach den Leitlinien von GCL und GIS gehalten werden):
– Arbeitsgemeinschaft Einkehrtage, Pastor Wolfgang Breithaupt; Hauptstr. 31; 17498 Weitenhagen / Greifswald.
– »Aus der Stille leben« – Geistliche Angebote innerhalb der Evang. Kirche in Hessen und Nassau; Pfarrer Paul Martin Clotz; Rosberg 3; 56340 Dachsenhausen
– Einkehrhaus der evang. Landeskirche; Pfarrer Dr. Udo Hofmann; Bismarckstr. 12; 72574 Bad Urach
– Gemeindedienst Nordelbien; Pastor Wolfgang Lenk; Ebertallee 7; 22607 Hamburg.
– Haus der Stille; Pfarrer Christian Schreier, Am oberen Bach 6; 01723 Grumbach.
– Haus der Stille; Pfarrerin Astrid Schwertfeger; Bergstr. 26; 37441 Bad Sachsa.
– Haus Werdenfels; 93152 Nittendorf (bei Regensburg).

Anhang 195

- Frau Karin Johne, Meditationsbeauftragte, Oberholzerstr. 67 a; 04683 Threna / Sachsen.
- Kommunität-Jesu-Weg e.V.; Schloß Craheim; 97488 Stadtlauringen.
- Dr. Gottfried Wolff; Kastanienallee 5 a; 39291 Möser.
- Prospekt »Meditation im Süddeutschen Raum« – Frau Maria Brunnhuber; Kardinal-Döpfner-Haus; Domberg 27; 85354 Freising.
- »Exerzitienkalender für Deutschland, Österreich und Schweiz« hrsg. von: Bischöfliches Generalvikariat, Hauptabteilung Spirituelle Dienste; Hinter dem Dom 6; 54290 Trier.
- Auskünfte geben auch die Exerzitienreferate der Bischöflichen bezw. Erzbischöflichen Ordinariate der jeweiligen Diözesen (, deren Adressen in den katholischen Pfarrämtern zu erfahren sind).

b) Auskünfte über Möglichkeiten zu Einzelexerzitien – die nach den Leitlinien von GCL und GIS gehalten werden oder sehr stark davon bestimmt sind – können an folgenden Adressen erfragt werden:

- Communität Casteller Ring (CCR); Schwanberg; 97348 Rödelsee.
- Communität Casteller Ring (CCR) im Augstinerkloster; Augustinerstr. 10; 99084 Erfurt.
- Communität Christusbruderschaft Selbitz (CCB); Wildenberg 23; 95147 Selbitz.
- Communität Christusbruderschaft Selbitz (CCB); Kloster Wülfinghausen; 31832 Springe
- Erzbischöflliches Seelsorgeamt, GCL – Referat Exerzitien; Postfach 449; 79004 Freiburg.
- Gemeinschaft Christlichen Lebens (GCL) – Sekretariat; Sterngasse 3; 86150 Augsburg
- Gemeinschaft Christlichen Lebens (GCL) – Sekretariat; Kardinal-König-Haus; Lainzerstr. 138; A 1130 Wien.
- Gemeinschaft Christlichen Lebens – Sekretariat; Lasalle-Haus; Bad Schönbrunn; CH 6313 Edlibach / Zug.
- Pfarrer Paul Martin Clotz; Rosberg 3; 56340 Dachsenhausen

5. Adressen der Mitarbeiter/innen

- Sr. Reinhild von Bibra CCB, Kloster Wülfinghausen, 31822 Springe
- Barbara Dietzfelbinger, Kreuzlach 18 a, 91564 Neuendettelsau
- Dr. Wolfgang Dietzfelbinger, Kreuzlach 18 a, 91564 Neuendettelsau

- Irene Dilling, Frickenhöchstadt 10 a, 91487 Vestenbergsgreuth
- P. Dr. Andreas Falkner SJ, D 6 / 5, 68159 Mannheim
- Dietrich Koller, Michaelisstr. 13, 99084 Erfurt
- Hans Löhr, Heßstr. 14/III, 80799 München
- Marie-Louise Merz, Ludwig-Thoma-Str. 33, 86157 Augsburg
- Evmarei Münderlein, Heimstättenstr. 7, 90411 Nürnberg
- Dr. Gerhard Münderlein, Heimstättenstr. 7, 90411 Nürnberg
- Maria Reichel, Aurelianastr. 28, 53225 Bonn
- Lic. theol. Pertti Repo, Vesijärvenkatu 47 B 21, SF – 15140 Lahti
- Eleonore von Rotenhan, Hirschgartenallee 37, 80639 München
- Sr. Adelheid Wenzelmann CCB, Koster Wurbinghausen, 31822 Springe
- Dr. Gottfried Wolff, Kastanienallee 5 a, 39291 Möser

Spiritualität im Alltag

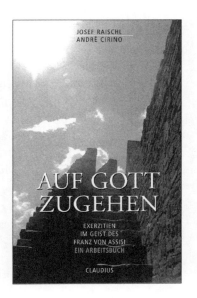

Josef Raischl/André Cirino
Auf Gott zugehen
Exerzitien im Geist des Franz von Assisi.
Ein Arbeitsbuch
280 S., Pb., 14 x 22 cm, DM/sFr 38,–, öS 277,–,
ISBN 3-532-62240-8

Bonaventura von Bagnoregio schrieb Itinerarium Mentis in Deum (»Der Wanderweg des Menschen in Gott hinein«), eines der größten Meisterwerke spiritueller Literatur.

Der Franziskaner André Cirino und Josef Raischl haben sich 700 Jahre später zusammengetan, um diesen Klassiker aus den Stuben der Gelehrten hinaus in den Alltag der Menschen zu tragen.

Das Ergebnis ihrer Zusammenarbeit haben sie seit 1988 international weitergegeben und erprobt.
Aus diesen Erfahrungen entstand das vorliegende Arbeitsbuch, ein Modell für 40tägige franziskanische Exerzitien, das sowohl von einzelnen als auch von Gruppen leicht umzusetzen ist.

Claudius Verlag · Birkerstraße 22 · 80636 München

Spiritualität im Alltag

Ruhe und Gelassenheit im Alltag finden

Wolfram Nugel
Alles in uns schweige
Erfahrungen der Stille
*128 S., Pb., s/w-Abb., 11,7 x 22 cm,
DM/sFr 22,80, öS 166,–,
ISBN 3-532-62232-7*

Wie kann ich in meinem Alltag mehr Gelassenheit und Ruhe finden, in der auch Gott Raum findet?
»Alles in uns schweige« ist ein kompetentes, praxisorientiertes Buch für alle, die christliche Meditation für sich entdecken wollen.

Die Lebenskraft der Bäume spirituell erfahren

Eckart Winter
Ich sehe die Menschen wie Bäume
Begegnungen mit einem Symbol des Lebens
*88 S., Pb., s/w-Abb., 11,7 x 22 cm,
DM/sFr 19,80, öS 145,–,
ISBN 3-532-62235-1*

Der Autor verknüpft alte Annäherungsweisen mit eigenen spirituellen Erfahrungen und ermöglicht so einen ganz neuen, umfassenden Zugang zu Bäumen als Mitgeschöpfen und Symbolen des Lebens.

Claudius Verlag · Birkerstraße 22 · 80636 München